★★★★★
이 책을 함께 만든 독자에디터들의 평가

독자에디터는 본 책의 초안을 검토하고, 편집 아이디어를 제공하고, 오탈자를 확인하는 등 독자의 눈높이에 맞는 책을 만들 수 있도록 많은 도움을 주셨습니다. 바쁜 시간을 쪼개어 참여해주신 독자에디터 여러분께 깊은 감사를 드립니다. (닉네임 가나다순으로 수록)

『돈되는 부동산 1인법인』을 첫 투자 책으로 결정한 운 좋은 소수의 사람들은 불필요한 시행착오를 생략한 채 투자를 이어나가고 있다. 지금 투자를 시작하는 모든 분들에게 가장 먼저 법인 투자를 권할 것이다. 이제 법인은 선택이 아니라 필수니까. – 다능 님

모르면 손해! 아는 만큼 손해를 줄이고 아낄 수 있다는 것을 새삼 느끼게 하는 책입니다. 부동산 투자에 관심 있는 분들에게 필독서로 강력 추천합니다. – lihaisonnew 님

『돈되는 부동산 1인법인』은 부동산 법인 설립 방법, 주의해야 할 점, 실천할 것들에 대해 이해하기 쉽게 설명한 책입니다. 법인에 대한 두려움을 가진 분이라면 이 책을 통해 이겨낼 수 있을 것입니다. 이 책을 추천합니다. – 마르코지호 님

부동산으로 사업을 한다는 것은 남의 일인 줄로만 알고 살아왔습니다. 부동산은 단순히 집이라고만 알고 있는 저같은 독자도 쉽게 이해를 할 수 있도록 설명해 놓았다는 점이 이 책의 매력이 아닐까 싶어요. 부동산을 잘 알지 못하는 초보에게도, 잘 알지만 실행하지 못하고 주저하는 분들에게도 이 책은 든든한 길잡이가 될 것입니다. – 미니멀랑이 님

지금도 앞으로도 유효한 법인 투자, 이 책에서부터! 절세에 대한 고민을 하다보면 자연스럽게 법인까지 고민하게 됩니다. 개정판으로 다시 읽어보니, 여전히 유익하게 느껴지네요. 투자자라면 꼭 한번은 읽어봐야 할 책이 확실합니다. – 민담파파 님

부동산 법인에 대해 쉽게 설명해주니 초심자인 저도 1인 법인을 만들 수 있다는 자신감이 생겼습니다. 법인을 설립한다는 것이 초보자에게는 먼 이야기처럼 느껴지지만, 이러한 방법도 있다는 것을 알고 안 하는 것과 몰라서 못 하는 것은 향후 투자자로 성장하는 데 큰 영향을 미칠 것입니다. – 민디치 님

무엇이든 직접 경험해 본 사람에게 배워야 한다! 많이 아는 것만으로는 부족하다! 저자는 부동산 법인 투자의 고수입니다. 법인 투자를 일반인의 눈높이에서 쉽게 설명해 주네요. 혼돈의 부동산 시장에서 살아남기 위해서는 시장을 다양한 각도에서 생각해야 합니다. 대출 규제와 세금을 핑계로 멈추었던 투자에 "그럼에도 투자는 지속되어야 한다"라는 결론을 짓게 해주네요. - 복들 님

부동산 법인 책 중에서도 순한 맛이 있다면 바로 지성 님의『돈되는 부동산 1인법인』이 아닐까 싶다. 부동산 생초보가 읽어도 부담되지 않고 술술 소화되는 맛이 있다. 책 마지막 장에 서류양식까지 있으니 '실천'이라는 숟가락만 있으면 준비 끝! - 북로수길 님

부동산 규제가 심한 이 시기에 부동산 투자를 계속하기 원한다면 법인 투자는 선택이 아닌 필수라고 생각합니다. 관련 강의도 들어봤지만 섣불리 시작하기에 어렵게만 느껴져 계속 망설이고 있었는데, 왜 법인 투자를 해야 하는지 다시금 깨닫게 해준 책입니다. 제목처럼 '돈되는 1인 부동산 법인'을 설립하는 데 큰 용기를 얻었습니다. - 산타쪼이 님

세금은커녕 법인에 대한 개념조차 없던 제가 읽어도 어려움이 없을 만큼 상세하고 친절한 책입니다. 투자가 점점 더 어려워지고 있는 시기에 꼭 필요한 책이라고 생각합니다. 당장 법인을 세우지 않더라도 어떤 장점이 있는지, 법인 투자에서 주의해야 할 점은 무엇인지 미리 공부해둔다면 정말 필요할 때 고민은 줄이고 빠르게 실행하여 결과를 낼 수 있을 거예요! - 삶을짓다 님

형광펜, 그어가며, 인덱스 붙여가며 이 책을 열심히 읽고 저도 법인을 만들었습니다. 부동산 법인 설립과 운영에 있어 단연 독보적인 책이라고 할 수 있습니다. 법인을 만드는 과정에서 옆에 두고 보게 될 것이고, 법인을 운영하는 과정에서도 항상 옆에 두고 보는 책이 될 것입니다. - 소니도로 님

취득세 중과 및 종부세 등 법인에 대한 규제로 법인 운영의 난이도가 높아졌지만 법인 투자는 여전히 유효합니다. 이 책을 통해 법인 운영에 대한 노하우를 습득하여 어려운 투자 환경 속에서도 투자를 이어나가야 하겠습니다. - 쉐어럭 님

부동산 법인에 대해 조언을 구하면 하나같이 이 책을 추천하더라고요. 읽고 나서야 그 이유를 알았습니다. 술술 읽히는 마법같은 책이네요. 부동산 법인에 대해 이보다 더 쉽고 친절한 책이 없을 것 같아요. - 슈퍼엄마 님

부동산 투자에 관심을 갖고 공부를 하고 있지만, 수도권 다주택자라 투자를 망설이고 있던 중 법인 투자에 대해 알게 되었어요. 단순히 이론적인 내용이 아닌 오랜 기간 부동산 투자를 해온 저자의 살아있는 경험이 녹아있는 책이라 저와 같은 고민을 하는 투자자들에게 실질적인 도움을 줍니다. 달라진 투자 환경에 따라 새롭게 나온 개정판을 읽고 나니 1인법인을 설립할 용기가 생깁니다. - 에버래스팅 님

법인 설립과 관련한 책이지만, 투자 선배에게 조언을 들은 기분입니다. 이 책은 법인 투자에 대한 지식을 제공할 뿐 아니라 투자자들에게 용기를 주는 책이기도 합니다. - 예슬 님

법인에 대해 관심이 생기면서 읽게 된 책입니다. 쉽고 명확한 설명에 이해가 잘 되었지만 구체적인 세율이 바뀐 게 많아 아쉬웠는데 이렇게 개정판이 나와 바로 적용해 볼 수 있어 정말 좋습니다. - 지중공 님

세금이라는 까다로운 상대를 만났을 때 곁에 있는 믿음직하고 든든한 친구가 바로 부동산 1인 법인이라는 사실. '주부인데', '초보인데'라며 나와는 상관없는 책이라 생각해서 집어 들지 않았던 것은 바보짓이었습니다. 쉽고 친절하게 법인 설립과 운영에 대해 알려주어 회사 설립의 꿈을 가지게 되었습니다. - 진금 님

법인 책을 처음 접하는 초보에게는 쉽고 친절하며 신세계를 만나는 느낌을 줍니다. 이미 투자자라면 한 번쯤 읽어보셨을 책이지만, 개정판을 통해 현재 상황에 맞는 현명한 투자의 길을 안내해 줄 것입니다. 모두가 열린 마음으로 읽어보면 좋을 훌륭한 투자의 필독서로 적극 추천합니다. - 책읽는재미주의자 님

부동산 투자 좀 해봤다는 사람들의 책장에는 늘 이 책이 꽂혀 있다. 법인을 만들까 말까 고민하기에 앞서 꼭 읽어봐야 할 필독서이자, 법인 운영에 대해 궁금한 게 있을 때마다 펼쳐보게 되는 바이블! 저자의 따뜻하고 세심한 어투로 A부터 Z까지 설명하고 있어 초보자도 어려움 없이 읽어나갈 수 있다. 지나간 기회를 아쉬워하지 말고, 일단 시작해보자. - 타임큐 님

**지성의
돈 되는
부동산
1인법인**

지성의
돈되는 부동산 1인법인

초 판 1쇄 발행	2019년 1월 3일
개정판 1쇄 발행	2022년 2월 16일
개정판 6쇄 발행	2023년 12월 11일

지은이	지 성
감 수	이승현 세무사

발 행 처	잇 콘
발 행 인	록 산
마 케 팅	프랭크, 예디, 감성 홍피디
경영지원	유정은
디 자 인	김은정
출판등록	2019년 2월 7일 제25100-2019-000022호
주 소	경기도 용인시 기흥구 동백중앙로 191
팩 스	02-6919-1886

ⓒ 지 성, 2022

ISBN	979-11-90916-30-1 13320
값	19,000원

● 이 책은 저작권법으로 보호받는 저작물로 무단전재 및 무단복제를 금합니다.
● 이 책의 전부 혹은 일부를 인용하려면 저작권자와 출판사의 동의를 받아야 합니다.
● 잘못된 책은 구입처에서 바꿔드립니다.
● 문의는 카카오채널 '잇콘'으로 부탁드립니다.(카카오톡에서 '잇콘' 검색. 평일 오전 10시 ~ 오후 5시)

◀ 독자설문
더 나은 책을 만들기 위한
독자설문에 참여하시면
추첨을 통해 선물을 드립니다.
(당첨자 발표는 매월 말 개별연락)

◀ 커뮤니티
네이버카페에 방문하시면
출간 정보 확인, 이벤트, 원고투고,
소모임 활동, 전문가 칼럼 등
다양한 체험이 가능합니다.

세금·명의분산·보험료 때문에 골치 아프다면
지금 당장 이 책을 펼쳐라!

지성의
돈되는
부동산
1인법인

지 성 지음 | 이승현 세무사 감수

 **일러두기**

본 책은 세금과 법인 운영과 관련된 복잡한 내용을 일반 독자의 눈높이에 맞춰 쉽게 풀어낸 것으로 일부 내용은 정확한 법률 용어 또는 회계용어와 일치하지 않을 수 있습니다. 본 책은 2022년 1월의 상황을 기준으로 집필되었으므로 이후 관련 법령이 변경될 수 있습니다. 실제 투자 및 법인 운영과 관련하여 의사결정의 책임은 독자 개인에게 있으므로, 본 책의 내용을 참고하시되 반드시 전문가와 상담하시거나 관련 법령을 확인하시기 바랍니다.

개정판 서문

'아직도 법인 하냐'는
사람들에게

작년에는 "요즘 어떻게 지내시느냐"는 질문을 참 많이 받았습니다. 단순한 안부 인사이지만 그 속에 걱정과 호기심이 섞여 있다는 걸 잘 압니다. 부동산 법인에 대한 규제가 강화된 상황에서 법인투자자의 대표 격인 제가 어려움을 겪고 있는 건 아닌지에 대한 걱정, 그러면서도 한편으로는 상황을 해결할 방법이 있는 것인지에 대한 호기심이겠지요.

2019년 초 『지성의 돈되는 부동산 1인법인』의 초판이 처음 출간되었을 때는 예상 밖의 사랑을 받은 덕분에 한동안 행복한 비명을 질러야 했습니다. 법인 설립에 대한 뜨거운 관심을 보면서 그동안 투자자들이 얼마나 대출, 명의, 세금 문제로 속을 썩어왔는지 새삼 느꼈습니다. 그런 분들에게는 부동산 법인 설립이 마치 가뭄 속 단비 같았을 것입니다. 그랬던 것이 정부가 부동산 법인에 대한 규제를 강화하면서 분위기는 한순간 뒤집혔습니다. 이제 법인은 주택담보대출에서 오히려 불리해졌고, 취득세나 종합부동산세에서도 더 높은 세율을 적용받고 있습니다. 많은 분들이 "이제 법인은 끝났다"며 돌아선 것도 사실이지요.

그래도 투자자에게는 법인이 필요하다

명의를 많이 써서 손이 잘리고, 법인을 많이 써서 발이 잘린 시점. 솔직히 말씀드리면 한동안 참 힘들었습니다. 그동안 벌여 놓은 저의 투자건도 문제지만, 여기저기서 들려오는 도와달라는 아우성도 모른 척할 수 없으니까요. 함께 부자가 되고자 투자 노하우를 공유한 것이었지만, 그분들의 좌절감에 어느 정도는 제 탓도 있는 게 아닐까 싶기도 했습니다.

하지만 배운 게 도둑질이라고, 집 사는 것이 업인 투자자가 마냥 넋 놓고 한탄만 할 수는 없는 노릇이지요. 무슨 일이 있어도 다음 날 아침이면 자동으로 출근을 하는 직장인처럼, 저도 아침이면 자동으로 노트북을 열고 투자할 물건을 찾아봅니다. 대신 이번에는 조금 다른 전략으로 접근합니다. 이대로 가면 세금이 역대급으로 많이 나올 것 같으니 일부러 세금을 많이 내서(?) 전체 세금액을 줄일 만한 물건을 찾아봅니다. 그리고 법인 취득세나 종합부동산세가 중과되지 않을 만한 물건, 대출을 받지 않고도 투자가 가능한 물건 등을 중심으로 투자 대상을 물색합니다.

그렇게 한 건, 한 건… 또다시 정신없는 시간을 보낸 후 저의 결론은 무엇이었을까요? '앞으로는 법인으로 투자하지 말아야지'였을까요? 아닙니다. 오히려 반대로 '역시 투자자에게는 법인이 필요하구나'가 제 결론이었습니다. 강력한 규제에도 불구하고 부동산 법인은 여전히 다양한 장점을 갖고 있기 때문이지요. 실제로 저와 전꿈사(네이버 카페 '전업을 꿈꾸는 사람들') 회원들은 법인의 장점을 최대한 활용하며 투자를 해왔고 나쁘지 않은 성과를 거두었습니다.

규제가 등장했을 때 잠시 사그라들었던 법인에 대한 관심도 요즘은 다시 뜨거워지는 분위기입니다. 지금 보고 계신 개정판이 그것을 방증하지요. 출판사 대표님이 개정판에 대한 요구가 빗발친다고 했을 때 별로 놀라지 않았던 것도 그 때문입니다. 오히려 변화된 환경에서 신나게 투자를 하느라 개정판에 대한 독자들의 요청을 빨리 들어드리지 못한 것이 죄송하다는 생각까지 듭니다.

물론 이 책의 초판이 나왔을 때의 법인 활용법과 개정판을 준비하고 있는 지금의 법인 활용법은 다를 수밖에 없습니다. 장점은 최대한 활용하고,

단점은 최대한 보완해 나가는 방법을 고민할 때입니다.

훌륭한 농사꾼에게는 훌륭한 도구가 필요하다

"출중한 지혜를 갖는 것보다 유리한 기회를 잡는 것이 더 낫고, 좋은 농기구를 갖는 것보다 적절한 농사철을 기다리는 게 낫다."

『맹자』에 등장하는 제나라 격언입니다. 농사꾼에게 아무리 좋은 삽과 괭이가 있어도 때맞춰 씨를 뿌리지 않으면 곡식을 거둘 수 없습니다. 농기구는 수확량을 좀 더 늘리거나 줄일 뿐 한 해 농사에서 훨씬 중요한 변수는 '적절한 시기'입니다. 그런데 말입니다. 농사의 경험이 조금만 쌓이게 되면 씨 뿌릴 때를 맞추는 것은 그다지 어려운 일이 아닙니다. 천재지변이 벌어지지만 않는다면 해마다 반복되는 계절에 따라 해야 할 일이 정해져 있기 때문이지요. 부동산 투자에서도 마찬가지입니다. 자본의 논리에 따라 수시로 널을 뛰는 부동산 시장이지만, 경험이 어느 정도 쌓인 투자자라면 과감히 도전할 때와 재정비를 해야 할 때를 자연스럽게 알게 됩니다.

제가 전업투자자의 길을 걸은 지도 벌써 21년째, 20대의 열정 하나로 뛰어든 부동산 투자에 청춘을 갈아 넣었다고 해도 과언이 아닙니다. 영혼이라도 팔고 싶을 만큼 간절했던 2008년 세계 금융위기를 지나, 롤러코스터 같았던 상승과 하락장을 경험하고, 다시 시작된 2013년 상승장을 거쳐 다시 최근의 혼란스러운 시장에 이르기까지, 변화무쌍한 시장을 몸으로 겪어온 저는 이제 베테랑 농사꾼이 되었다고 자부할 수 있습니다. 더 이상 흐름에 휩쓸리지 않을 자신감이 생겼다는 말이지요.

적절한 시기를 맞추는 기술을 익혔다면 그 다음은 좋은 농기구로 수확량을 늘려야 할 차례입니다. 저에게는 부동산 법인이 그런 존재였습니다. 개인투자자와 법인투자자 양쪽을 오가며 효율적인 투자 전략을 구사할 수 있게 해주는 훌륭한 농기구인 것이죠. 초창기에 이 책의 초판을 읽으셨거나 제 강의를 들으신 후 일찌감치 법인을 활용하고 계신 분이라면 공감하실 겁니다. 지금처럼 혼란스러운 부동산 시장에서 활용할 카드가 하나 더 있다는 것이 얼마나 좋은지 말입니다.

이 책에서는 물건을 쓸어담는 방법이나 현금이 묶이지 않는 방법 등의 요령을 가르쳐드리지는 않습니다. 대신 동일한 투자 환경에서 법인을 활용함으로써 어떻게 절세를 할 수 있는지, 명의 문제는 어떻게 해결할 수 있는지, 법인의 수익을 어떻게 개인이 활용할 수 있는지 등의 유용한 정보를 제공할 것입니다. 큰 방향성이 달라진 것은 아니지만, 초판이 나온 이후 수많은 법령 개정이 있었기 때문에 세세하게 달라진 부분은 꽤 많습니다. 정부의 부동산 규제에 대한 정책이 앞으로 또 어떻게 달라질지 모르지만 반영할 수 있는 부분은 최대한 반영했습니다.

돌아보면 혼자만의 노력으로 할 수 있는 것은 아니었고, 함께 나누고 공유했던 많은 분들이 있었습니다. 농부가 수확물을 얻기까지는 많은 인고의 시간이 필요하듯이 투자의 성과도 거저 얻어지는 것은 아닙니다. 그래도 방법을 궁리하고 모색한다면 언제 어느 때든 투자의 길은 반드시 있습니다. 이 책이 여러분에게 그런 길을 열어주었으면 좋겠습니다.

2022년 개정판 출간을 앞두고

지 성 드림

초판 서문

투자를 시작하는
새로운 방법

　부동산 투자를 시작한 지 올해로 벌써 18년째가 됩니다. 세상 무서울 게 없었던 20대에 겁도 없이 투자 시장에 뛰어들어서 돈이 좀 모이면 사고, 가격이 오르면 팔고, 고장나면 고치고, 문제가 생기면 정신없이 해결하기를 반복하다 보니 어느새 그렇게 됐습니다.

　이렇게 말하면 "와! 대단한 고수시네요!"라고 하는 분들이 많지만 꼭 그렇지도 않은 것 같습니다. 그 정도 투자를 했으면 빌딩이나 몇 채 관리하면서 해외로 놀러 다녀야 하는데 아직도 은퇴를 하지 않았으니까요. 게다가 투자를 하면 할수록 배워야 할 것들이 자꾸 생기다 보니 아직은 은퇴하고 싶은 생각이 전혀 없습니다.

　그래도 오랜 시간 투자를 했으니 시장 흐름은 좀 볼 줄 압니다. 급등하는 시장도 겪어 봤고 추락하는 시장도 겪어 봤으니까요. 가장 최근에 경험한 바닥은 많은 분들이 기억하시다시피 2010년에서 2012년 사이입니다.

글로벌 금융위기 이후 추락한 부동산 시장이 도무지 회복할 기미를 보이지 않았고, 사람들은 하나같이 "집을 사는 건 바보짓"이라고 했습니다.

저는 그때 무엇을 했을까요? 바로 그 '바보짓'을 하고 있었습니다. 오히려 집을 사 모으고 있었죠. 그것도 '재개발 반대! 뉴타운 반대!'라는 현수막이 붙은 지역의 낡은 빌라들을 말입니다. 안 그래도 집값이 바닥인데 재개발이 무산될 분위기가 되니 그야말로 헐값에 주워 담을 수 있었거든요. 주변에서 걱정을 많이 했습니다. 그런 빌라를 대체 어떻게 팔 생각이냐고요. 하지만 저는 확신이 있었습니다. 몇 년 안에 집값은 다시 오른다고, 속된 말로 지금은 '개집을 사도 돈을 버는 시장'이라고 말입니다.

돈이 많아서 그랬던 건 아닙니다. 다만 그때는 실투자금이 거의 들지 않는 이른바 무피투자를 했을 뿐입니다. 사람들이 집을 사지 않는 대신 전세로만 몰리다 보니 전세가격이 천정부지로 뛰었고, 매매가격과 전세가격 사이의 차이(갭)가 거의 없다시피 한 독특한 시장이 형성된 것입니다. 그때는 12평짜리 낡은 빌라를 경매로 1억 원에 낙찰받아서 깨끗이 수리하면 전세를 1억 5,000만 원에 놓을 수가 있었습니다. 그렇게 전세를 놓으면 내 돈이 들어가기는커녕 현금이 다시 돌아오므로, 그 현금을 이용해서 다시 다른 집을 매입할 수 있었죠.

자산이 많아지면 법인만이 살 길이다

이런 식으로 부지런히 하다 보니 보유 물건의 수가 쭉쭉 늘어났습니다. 한창 신나게 투자할 때는 1년 동안 70채가 넘게 매입한 적도 있었습니다. 일주일에 한두 채씩 매입한 셈이죠. 그런데 이렇게 집을 '쓸어 담다' 보니 문제가 생기기 시작했습니다.

가장 큰 문제는 명의가 부족하다는 것이었습니다. 저는 주로 경매를 통해 싼 값에 낙찰을 받았는데, 그때는 아직 경매가 대중화되지 않아서 낙찰받는 것 자체는 무척 쉬웠습니다. 그런데 문제는 아무리 무피투자라고 해도 낙찰받을 때만큼은 현금이 필요하다는 겁니다. 법원에 잔금을 치러야 소유권을 이전받을 수 있고 수리를 할 수 있거든요. 당장 잔금을 치를 돈이 없으니 일단은 대출을 받아서 해결한 후 나중에 전세를 들여서 보증금을 받으면 그 대출을 다시 상환하는 식으로 투자를 했지요. 하지만 거의 매주 낙찰을 받다 보니 그렇게 하기도 쉽지 않았습니다. 아무리 대출이 잘 나오던 시기였다고 하지만, 1년에 70채씩 담보대출로 집을 사는 사람에게 선뜻 추가로 대출해 주겠다는 은행을 찾기가 힘들었던 거죠.

한 번은 하루에 물건 일곱 개에 입찰했는데, 입찰하고 보니 막상 현장

분위기가 별로 뜨겁지 않은 겁니다. 왠지 일곱 개 다 낙찰되어 버릴 것 같은 불길한(?) 예감이 들었습니다. 남들은 제발 낙찰되게 해 달라고 빌 때 저는 '제발 낙찰되지 않게 해 주세요'라고 빌었지만, 하늘이 무심하게도 모두 낙찰이 되었습니다. 그 바람에 동시에 대출 문제를 해결하느라 얼마나 애를 먹었는지 모릅니다.

그렇게 힘들었으면 투자를 쉴 법도 합니다. 하지만 사놓으면 분명히 돈이 될 물건인 걸 아는데 차마 포기할 수는 없었습니다. 그래서 방법을 찾기로 결심했고, 백방으로 알아보며 열심히 머리를 굴려서 결국 최선의 선택지를 찾아냈습니다. 바로 지금부터 설명할 부동산 법인 설립이 그것입니다. 그때는 지금처럼 법인 설립, 특히 직원 없이 대표가 혼자서 일하는 1인법인 설립에 대한 정보를 찾기가 쉽지 않았습니다. 무조건 세무사나 세무공무원을 찾아가서 꼬치꼬치 물어보면서 배우는 수밖에 없었죠. 다행스럽게도 저는 시행착오를 무서워하는 성격이 아니다 보니 어찌어찌 결국 법인 설립을 할 수 있었습니다.

그런데 만들 때는 정신없고 힘들었지만, 막상 만들고 운영하다 보니 생각보다 장점이 더욱 많더군요. 그 동안의 비용과 노력은 아무것도 아니란 생각이 들면서 왜 진작 법인을 만들지 않았을까 싶었습니다.

법인은 대체 왜 좋다는 걸까

첫째, 명의 활용의 제약이 적습니다. 법인을 세운 사람은 저이지만, 법인과 저는 엄연히 별개의 존재입니다. 따라서 법인 명의로 부동산을 매수하면 내 명의를 사용할 필요가 없고, 대출받을 때에도 내 명의를 사용할 필요가 없습니다. 투자자들은 보유한 물건의 수가 많아질수록 명의가 부족해서 발목을 잡히기 마련이지만, 법인을 활용하면 계속 1주택자로 남아있을 수 있습니다.

둘째, 절세 효과가 큽니다. 개인 자격으로 투자를 하면 양도소득세와 종합소득세를 내야 하는데 이 두 가지는 세율이 모두 최소 6%에서 최대 45%까지입니다. 법인을 통해 투자하면 법인세를 내는데 세율은 최소 10%에서 최고 25%입니다. 최소 세율만 보면 개인보다 법인이 높습니다. 하지만 개인은 과세표준이 1,200만 원만 넘어가도 세율이 15%로 껑충 뛰는 반면 법인은 과세표준 2억 원까지 10%가 그대로 유지됩니다. 소득이 많아질수록 법인의 세율이 더 낮은 것입니다. 단, 법인이 비사업용토지나 주택을 매도할 때는 양도차익에 대한 추가과세 20%를 내야 합니다.

셋째, 투자 관련 비용을 세금에서 공제받을 수 있습니다. 부동산 투자를 하다 보면 어쩔 수 없이 도배·장판 교체 비용, 현장답사 교통비, 주택담보대출 이자 등을 지출해야 하는데 이 돈은 양도소득세에서 공제를 받을 수 없습니다. 쓰고 나면 그냥 사라지는 돈인 거죠. 하지만 부동산 투자를 사업목적으로 하는 법인의 경우는 이러한 비용들을 사업과 관련된 지출로 인정받을 수 있고, 법인세를 납부할 때 공제받을 수 있습니다. 그만큼 절세 효과가 더욱 커지는 것입니다.

넷째, 건강보험(의료보험) 부담이 줄어듭니다. 건강보험료는 직장에 소속되지 않은 개인 투자자들에게 상당한 부담입니다. 하지만 법인의 대표는 법인으로부터 연봉을 받는 엄연한 직장인 신분이기 때문에 건강보험료도 직장인과 동일한 기준을 적용받습니다. 이는 직원 없이 대표 혼자 일하는 1인법인도 마찬가지입니다. 매월 현금으로 지출되는 보험료가 줄어든다는 것은 큰 장점이죠.

그 외에도 법인이 개인투자자에 비해 유리한 점은 꽤 많습니다. 이 책에서는 과연 어떤 점이 그러한지 세부적으로 짚어 보고, 그것을 어떻게 활용할 수 있을지를 이야기해 보려고 합니다. 주로 다음과 같은 내용들입니다.

- 법인과 개인의 세금은 어떻게 다른가

- 세금을 줄이기 위해 법인을 어떻게 활용할 수 있는가
- 법인의 수익을 개인에게 배당하는 방법은 무엇인가
- 혼자서 법인을 설립하기 위한 절차와 준비물은 무엇인가
- 개인 명의의 기존 부동산을 법인 명의로 옮기는 방법은 무엇인가
- 인건비와 의료보험료는 어떻게 처리할 것인가
- 법인카드는 어디에 어떻게 사용해야 하나
- 법인 명의로 매입하고, 임대하고, 매도하는 절차는 무엇인가
- 법인 주식을 매각하거나 증여하는 방법은 무엇인가

법인의 주요 개념만 이해하면 나머지는 쉽다

독자 여러분 중에는 위의 내용만으로도 귀가 솔깃한 분들이 계실 겁니다. 특히 최근 몇 년간 갭투자가 유행하면서 보유 물건의 수가 많아진 분들, 8·2 부동산 대책 등으로 양도소득세 중과 적용을 받게 된 분들, 투자 수익이 늘면서 건강보험료가 부담스러워진 분들이라면 더욱 그럴 것입니다. 그런 분들에게 이 책은 분명 큰 도움을 드릴 수 있을 겁니다. 물론, 세

금과 대출 규제가 심해질 앞으로의 시장에서 투자 방향을 고민하는 분에게는 말할 것도 없을 테고요.

법인 설립이 부동산 투자의 만병통치약은 아닙니다. 운영 방향을 잘못 잡으면 비용은 비용대로 들고, 일은 일대로 많아지는데, 세금은 별로 줄어들지 않는 난감한 경우도 생깁니다. 그러므로 법인을 설립한다면 어떻게 해야 하는지, 장점은 무엇이고 단점은 무엇인지를 객관적으로 살펴볼 필요가 있습니다.

솔직히 쉬운 내용은 아닙니다. 부동산을 이제 처음 접한 초보자라면 이 책의 내용이 조금 어려울 수도 있습니다. 가능하면 초보자들도 이해할 수 있도록 기본 개념만 골라서 쉽게 풀어내려고 노력했지만, 세금이나 회계라는 것이 원래 복잡하고 방대하다 보니 아무래도 한계가 있긴 있겠죠.

하지만 겁먹을 필요는 없습니다. 이 책은 재무제표나 복식부기 같은 복잡한 내용은 다루지 않습니다. 투자를 하다 보면 꼭 알아야 할 기본적 세금 구조와 법인의 핵심적인 운영 내용만 다룹니다. 구체적 업무는 모두 세무대리인에게 맡기면 되고, 모르는 것은 세무사나 세무공무원에게 물어보면 됩니다. 개인과 법인의 세금 구조가 다르다 보니 처음에는 낯설다고 느낄 수도 있습니다. 하지만 그 단계만 넘어서면 법인 운영도 별 것 아니라는 것을 알게 되실 겁니다.

우리가 집중해야 할 것은 한 가지입니다. 법인은 개인과 구별되는 가상의 투자자라는 개념입니다. 이것을 내 투자에 어떤 식으로 적용할지에 집중하다 보면 나머지 문제는 자연스럽게 해결됩니다.

투자자가 기억해야 할 단 한 가지는 수익을 내는 것입니다. 왜 법인을 설립하려고 하나요? 세금을 줄여서 세후수익을 높이기 위해서입니다. 왜 세후수익을 높여야 하나요? 하루라도 빨리 경제적 자유에 도달하기 위해서입니다. 그거면 충분합니다. 목표가 확실하다면 구체적 방법은 이 책을 통해서 하나씩 배워 가면 되니까요.

남들보다 한 발 먼저 움직이면 그만큼 많은 것을 얻게 됩니다. 자, 이제 한 번 시작해 봅시다. 어깨를 펴세요. 여러분은 이제 어엿한 부동산 법인의 대표님이니까요.

새해, 새로운 출발의 계절에

지성 드림

감수의 말

"이봐, 해 보기나 했어?"

이승현(세무사 · 공인회계사)
진진세무회계사무소 대표 | 부동산절세연구소 소장

양도소득세 중과세가 적용되고 대출 규제가 심해지면서 많은 분들이 부동산 법인 설립에 대해 관심을 보이고 있습니다. 부동산 법인이 정말로 세금을 아껴주는지, 어떻게 하면 설립할 수 있는지, 운영할 때는 어떻게 해야 하는지에 대한 문의도 많이 늘었습니다.

하지만 수많은 문의에도 불구하고 실제로 법인을 설립하겠다는 결정을 내리는 투자자들은 아직 많지 않습니다. 아마도 법인이라는 것에 대한 막연한 두려움, 그리고 부족한 정보 때문일 것입니다.

어떤 일을 성공적으로 진행하려면 이론을 하나하나 공부해 가는 것도 좋지만 가장 효율적인 방법은 제대로 된 전문가의 조언을 듣는 것입니다. 시행착오를 줄이기 위해서는 먼저 경험한 사람의 이야기를 듣는 것만큼 좋은 방법도 없습니다. 그렇다면 부동산 법인과 관련해서는 누구의 이야기를 들어야 할까요?

　세법과 상법의 전문가는 세무사나 법무사입니다. 하지만 법률지식이 아무리 많아도 실제로 투자를 통해 돈을 벌었거나 부동산 법인을 운영해 본 적 없는 사람을 과연 진짜 전문가라고 할 수 있을까요? 제가 생각하는 전문가는 조금 다릅니다. 적어도 투자의 전문가라면 단순히 지식만 많은 게 아니라 현장경험이 풍부하고 실제로 수익을 내 본 경험이 있어야 한다고 생각합니다.

　부동산 법인에 대해서도 마찬가지입니다. 실제로 설립해서 운영해 본 것은 물론이고, 개인과 다른 법인만의 강점을 활용할 줄 알며, 이를 통해 다양한 절세 효과와 높은 세후수익을 올려본 경험이 있어야 진짜 전문가입니다. 그런 면에서 제가 아는 최고의 부동산 법인 전문가는 바로 이 책의 저자인 지성 님입니다.

　이 책을 읽는 분 중에는 이미 지성이라는 이름을 한 번쯤 들어보신 분이 많을 겁니다. 그런데도 이렇게 길게 설명하는 이유는 부동산 법인 분야에서 그만큼 독보적인 분이기 때문입니다. 투자자로서의 활약도 대단하지만, 부동산 법인 대표로서의 경력도 대단합니다. 오랜 시간 부동산 법인을 운영하며 얻은 노하우를 이 책에서 아낌없이 풀어놓고 있습니다.

곁에서 지켜본 한 사람으로서 평가하자면, 지성 님은 어떻게든 방법을 찾아내는 사람입니다. 난관에 부딪히면 피해가기 보다는 어떻게든 해결책을 찾기 위해 집요하게 파헤칩니다. 아직도 보통 사람들에게는 생소한 부동산 법인을 일찌감치 활용하게 된 것도 다주택자로서의 한계를 극복하려는 집요한 연구의 결과일 것입니다.

다주택자들을 꼼짝 못하게 만드는 최근의 시장 환경에서 독창적인 투자 전략을 고민하는 분들에게 이 한 권의 책이 결정적 역할을 하리라고 확신합니다. 먼저 법인을 설립해 본 사람의 경험담을 듣는 것만으로도 큰 도움이 될 텐데, 실전투자가로서의 조언까지 담겨 있습니다. 부동산 법인을 생각하는 분들에게는 이만한 지침서가 없을 것입니다.

어떤 분야에서든 새로운 길을 개척하는 건 언제나 과감하게 도전하는 사람들이었습니다. 남들이 바람을 피해 몸을 웅크릴 때 이런 사람들은 더 높이 뛰어오름으로써 바람을 피하곤 했습니다. 더 멀리, 더 높이 나아가는 사람도 바로 이런 사람들입니다.

"이봐, 해 보기나 했어?"

현대그룹 창업주 고(故) 정주영 회장이 불가능하다고 말하는 사람들에게 던졌던 질문입니다. 목적지까지의 모든 신호등이 푸른색으로 바뀔 때까지 기다리다가는 영영 출발할 수 없습니다. 다주택자에 대한 규제가 얼마나 강화될지 알 수 없지만, 그렇다고 모든 규제가 사라질 때까지 멈춰 있을 수는 없는 노릇입니다. 새로운 길을 두려워 하지만 않는다면 미래는 반드시 지금보다 나아질 것입니다.

목차

개정판 서문_ '아직도 법인 하냐'는 사람들에게 ·· 5
초판 서문_ 투자를 시작하는 새로운 방법 ·· 11
감수의 말_ "이봐, 해 보기나 했어?"(이승현 세무사) ·· 20

Part 01

왜 법인이 부동산 투자에 유리할까

01 초보일수록 법인으로 시작하라 ·· 35
법인 설립에 대한 오해와 진실 | 힘들게 탈세하지 말고, 합법적으로 절세하자

02 중과의 시대, 법인이 필요한 이유 ·· 40
절세의 차원이 다르다
J's TIP 단기매매 할 때도 법인이 좋은 이유
중과 규제에서 자유롭다 | 비교과세의 영향을 받지 않는다
J's TIP 법인과 임대사업자는 다르다

03 각종 비용이 절약된다 ·· 50
활동비를 세금에서 공제받을 수 있다
법인 운영비용으로 인정되는 항목들
인건비 | 사업장 임대료 | 인테리어 비용 | 차량유지비 | 통신비 |
활동비 | 비품 구입비 | 기타
건강보험료가 줄어든다 | 모든 비용 처리는 투명하게

04 법인을 활용한 합법적 명의 분산 ································ **60**

명의를 나눌수록 세금은 줄어든다

J's TIP 부부가 함께 투자해야 하는 이유

공동투자보다 법인 설립이 낫다 | 법인이라는 착한 친구와 명의를 나눠 보자

명의 고민은 곧 투자 방향에 대한 고민

05 전업투자자 및 주부도 소득증빙이 가능하다 ················· **70**

법인대출은 개인대출과 어떻게 다른가 | 개인의 소득증빙은 미리 만들어 두자

J's TIP 현금만 쓴다고 신용등급이 높아질까

06 리스크를 분산할 수 있다 ·· **76**

투자자라면 항상 리스크를 생각하자 | 납세시기 분산으로 자금 리스크 줄이기

공부가 깊어질수록 돈 버는 방법이 보인다

07 개인의 세금 VS 법인의 세금 ······································ **83**

개인의 취득세 vs 법인의 취득세 | 개인의 보유세 vs 법인의 보유세

개인의 임대소득세 vs 법인의 법인세 | 개인의 양도소득세 vs 법인의 법인세·추가과세

J's TIP 법인은 장기보유특별공제가 없다

법인의 부가가치세

Focus 임대주택 등록에 대한 개인적 생각 ························· **96**

Part **02**

부동산 법인 설립하는 방법

08 기본사항 결정하기 ·· **101**
법인 이름은 겹치지 않게
주소지는 과밀억제권역을 피해서
J's TIP 살고 있는 집에 설립할 수도 있다
사업목적은 가능하면 다양하게

09 지분 관련 내용 결정하기 ···································· **109**
자본금은 많을 필요가 없다
주식비율 정할 땐 과점주주를 고려하자
법인 발기인 및 대표이사는 누구로 할까
J's TIP 공무원·대기업 임원도 법인 설립 가능할까
감사는 누구를 임명할까
세무사만 잘 만나도 절반은 성공이다
J's TIP 법인 설립 기간은 최소 10일의 여유를 둘 것

10 도전! 법무사 없이 셀프 설립하기 ·· **120**
상호 · 사업목적 · 본점주소지 정하기
자본규모 · 주식수 · 지분비율 정하기
임원 정하기
J's TIP 법인 인감도장을 먼저 만들자
등기소에서 법인 등기하기
세무서에서 한 번 더 사업자등록 하기
J's TIP 변경사항 신고는 늦추지 말자

11 기존 부동산을 법인으로 넘기려면 ·· **135**
현금이 충분하다면 '세감면 포괄양수도'를 활용하자
현금이 적다면 '세감면 현물출자'를 활용하자
J's TIP 현물출자는 법원의 인가가 필요하다

12 기존의 다른 법인을 인수할 수도 있다 ··· **144**
문제는 기존 법인의 채무 | 마이너스 법인을 인수한다면
다른 업종과 시너지를 낼 수도 있다

Focus 법인과 증여 문제 ··· **149**

Part **03**

법인의 투자법은 어떻게 다를까

13 법인으로 부동산 매입하기 ················· **155**
명의변경 특약을 활용하자
간주매매사업자의 위험을 피하는 방법

14 법인으로 대출받기 ······················· **160**
다양한 대출 방법을 고민하자
법인 대출은 이제 정말 불가능한 걸까
신규법인이라도 겁낼 필요 없다
J's TIP 가장 좋은 대출은 특판 상품

15 법인으로 부동산 임대하기 ················· **168**
법인에게 더욱 중요한 중개사의 역할
J's TIP 세입자가 된다면 특약을 추가하자
법인도 임대주택 등록 혜택을 받을 수 있다

16 법인으로 부동산 매도하기 ·· **173**
복잡한 부가가치세 구조를 이해하자
부가가치세 부담을 피하고 싶다면

17 법인에게는 손해 보는 것도 전략이다 ····························· **178**
올해의 손해를 내년으로 미루는 이월결손금 공제
관점을 바꾸면 물건의 가치가 달라진다

18 법인의 돈을 꼭 가져와야만 할까 ···································· **184**
활동비를 법인카드로 충당하기
배당금으로 가져오기
법인이 대표에게 빌려주는 가지급금
대표가 법인에게 빌려주는 가수금

Focus 투자자는 생각을 열어 두어야 한다 ································· **194**

Part **04**

운영 및 관리의 실전노하우

19 인건비는 어떻게 처리할까 ·· 201
임직원 월급은 얼마가 적당할까 | 4대보험료는 어떻게 처리할까
가족도 직원으로 채용할 수 있을까
> **J's TIP** 4대보험료 모의계산 사이트
> **J's TIP** 건강보험 직장가입자의 피부양자 등록 요건

20 법인카드는 만능이 아니다 ·· 210
적격증빙의 중요성
법인카드 활용 범위는 어디까지일까
각종 활동비 | 비품 구입비 | 접대비 | 직원복지비

21 그 밖의 비용 처리하기 ·· 218
사업장 임대료 처리하는 방법 | 업무용 차량 유지 비용 처리하는 방법
인테리어 비용 처리하는 방법 | 애매할 땐 일단 가지급금으로

22 세금계산서 발행하기 ·· 225
인테리어 및 공사 비용 | 컨설팅 비용

23 법인을 청산하는 경우 230
폐업을 해도 법인이 사라지지는 않는다
법인을 완전히 없애기로 결정하는 해산
해산을 구체적으로 진행하는 청산
법인의 파산

24 세무조사에 대비하는 자세 238
평소에 준비해 놓으면 걱정할 필요 없다
더욱 철저해지고 있는 과세 시스템
당신의 '세금지수'는 어느 정도인가

Focus 당장 책상 앞에서 떠나라 245

맺는 말_ 지식은 나눌수록 불어난다 248

부록_ 법인 설립과 운영에 필요한 서류양식 모음 251

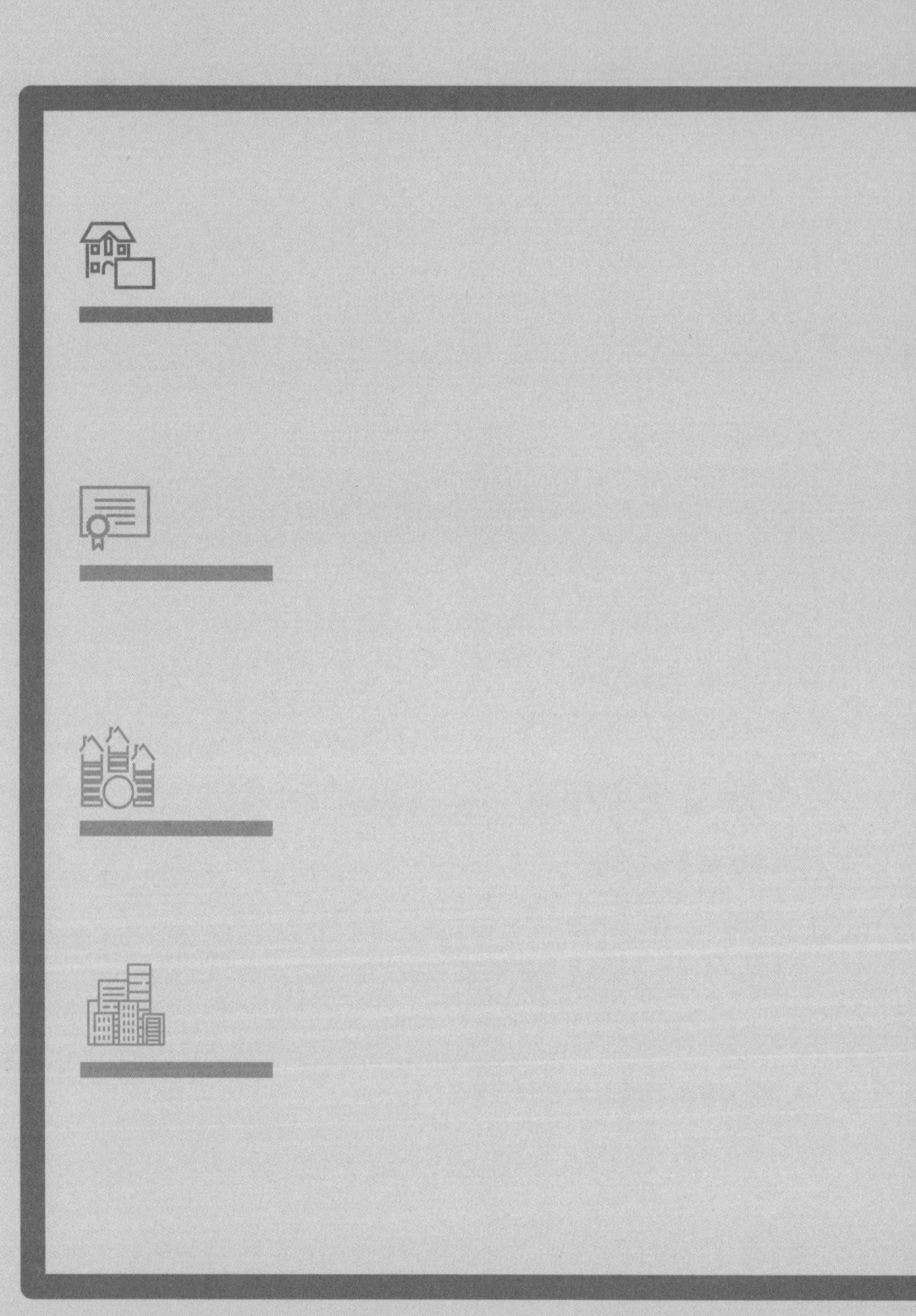

Part 01

왜 법인이
부동산 투자에
유리할까

01
초보일수록 법인으로 시작하라

　제가 부동산 법인 설립 강의를 처음 시작한 것은 7년 전입니다. 이제 대중 앞에 서는 게 좀 익숙해졌다고 생각했는데 요즘은 다시 긴장을 하고 있습니다. 법인 설립에 대한 수강생들의 열기가 엄청나게 뜨거워졌기 때문입니다. 예전에는 강의를 듣고 실제로 부동산 법인을 설립했다는 분이 열에 한둘 정도였다면 요즘은 훨씬 많아졌고, 질문과 피드백도 더욱 구체적입니다. 무엇이 투자자들을 달라지게 했을까요? 제 강의 실력이 늘어서 그런 거라면 정말 기쁜 일이지만, 그보다는 변화한 시장 환경 탓이 큰 것 같습니다.

　2017년 발표된 6·19 부동산 대책을 필두로 투자자들에게 강력한 한 방을 날린 8·2 대책과 2020년 발표된 6·17 대책까지, 정부는 작심하고 부동산 시장을 잡겠다며 나서는 모양새입니다. 정책의 방향은 다주택자들, 특히 투자자들에게 향하고 있습니다. 이제는 집이 한 채만 있어도 담보대출을 받아서 집 사기가 어려워졌고 조정대상지역 내의 주택을 팔려고 하면 양도소득세가 무시무시하게 중과됩니다. 최근 몇 년의 상승세 동안 주택을 여러 채 매입한 분들이 많을 텐데 이런 분들에게는 정부의 정책이 그야말로 날벼락 같을 겁니다.

이런 상황의 돌파구로 임대사업자 등록을 생각하는 분도 많아졌습니다. 매입한 집을 임대주택으로 등록하면 각종 세제 혜택을 받을 수 있고, 양도소득세 중과도 어느 정도 피해 갈 수 있으니까요. 하지만 여전히 문제가 있습니다. 임대주택으로 등록하면 약 10년 정도는 매도가 어렵고, 임대료도 연 5% 이상 높일 수가 없을 뿐 아니라, 2020년 이후부터는 아파트를 임대주택으로 등록할 수 없게 되었습니다. 게다가 개인사업자 자격이라면 어차피 주택담보대출을 받기 어려운 건 마찬가지입니다.

그래서 결국 투자자들이 법인 설립에 눈을 돌리고 있는 겁니다. 법인(法人)은 자연인, 그러니까 진짜 사람은 아니지만 법적으로는 사람과 같은 지위를 인정받는 존재입니다. 법인 회사를 하나의 사람처럼 대하는 거죠. 권리도 부여해 주고, 법적 책임도 물으면서요. 부동산 법인을 설립한다는 것은 말하자면 내 말을 잘 따라주는 가상의 친구를 만들어서 공동투자를 하는 것과 같습니다.

법인 설립에 대한 오해와 진실

많은 분들이 부동산 법인에 대해 오해하는 것이 있습니다. 바로 '수익이 적으면 법인을 만들 필요가 없다'는 생각입니다. 그러나 저는 오히려 처음 투자를 시작하는 분일수록 법인을 만들어야 한다고 생각합니다.

누구나 처음 하는 일은 서툴기 마련입니다. 투자도 마찬가지죠. 아직 물건 보는 안목이 트이기도 전에 매입한 부동산으로 좋은 성과를 내는 경우는 무척 드뭅니다. 첫 투자 물건은 팔고 싶어도 잘 팔리지 않고 수익도 크게 나지 않아서 애물단지가 되는 경우를 자주 봅니다. 이런 물건에 소중한 나의 명의를 써버린다면 너무 아깝습니다. 아시다시피 1주택자에게는 많은 혜택이 주어지는데, 이런 애물단지가 있으면 그 혜택을 못 받거든요. 나중에 오래 가져갈 좋은 집을 장만할 때 발목을 잡히는 수가 있습니다.

그래서 오히려 처음 투자를 시작하시는 분들은 법인 명의로 투자를 하시는 게 낫습니다. 똑같이 손해를 보더라도 법인의 손해는 개인의 손해와 그 성격이 완전히 다르기 때문입니다. 뒤에서 자세히 다루겠지만, 법인은 올해 본 손해를 나중에 보게 될 이익과 상계함으로써 세금을 아낄 수 있습니다. 그만큼 리스크가 줄어드는 것입니다. 그러므로 '나는 초보인데 무슨 법인까지…'라고 생각하셨다면 오늘부터 관점을 바꾸시기 바랍니다.

법인에 대한 또 다른 오해는 '직원이 여러 명 있어야 한다'는 것입니다. 흔히 법인, 즉 회사라고 하면 사장 밑에 여러 직원들이 있어야 한다고 생각하지만, 절대 그렇지 않습니다. 대표 혼자서 모든 일을 처리하는 1인법인도 가능합니다. 모든 것을 동등하게 적용받죠. 거창하게 사업을 시작하는 것이 부담스러워서 개인사업자로 시작하는 분들이 많은데, 그런 분들에게는 차라리 1인법인이 좋은 선택일 수 있습니다.

오히려 기동력 측면에서는 규모가 큰 법인보다 1인법인이 낫습니다. 법인은 의사결정을 위해서 주주총회나 이사회 등의 절차를 의무적으로 거쳐야 하는데, 1인법인은 이런 절차를 빠르게 진행할 수 있으니까요.

힘들게 탈세하지 말고, 합법적으로 절세하자

그리고 정말 중요한 오해가 있습니다. 부동산 법인은 절세를 위한 전략이지 탈세의 방법이 아니라는 점입니다. 미리 강조하지만, 법인은 개인보다 회계처리 기준이 엄격하기 때문에 탈세의 여지가 더 적습니다.

많은 분들이 법인 운영은 개인사업자에 비해 복잡하다고 하는데, 이는 어느 정도 사실입니다. 그만큼 다양한 방법으로 관리되게끔 제도가 만들어져 있거든요. 예를 들어 법인은 매출액의 규모와 상관없이 회계장부를 복식부기라는 방법으로 기록해야 할 의무가 있습니다. 흔히 재무상태표(대차대조표), 손익계산서, 현금흐름표 등 재무제표라고 부르는 것들이 이에 해당합니다. 꼼꼼하게 기록하지 않으면 장부가 맞지 않기 때문에 전문 세무대리인을 고용해야 하고, 그만큼 엄격하게 관리될 수밖에 없죠. 그러다 보니 세무당국도 개인사업자보다 법인을 좀 더 신뢰하는 경향이 있습니다. 이미 모든 것이 회계장부에 다 기록되고 있으니까요.

하지만 관리가 번거롭다는 점을 기꺼이 감수할 만큼 법인의 절세 효과는 큽니다. 최근 투자자들 사이에서 불고 있는 법인 설립 열풍이 그것을 증명합니다. 이제부터 하나씩 내용을 살펴보면서 과연 정말로 그러한지 여러분이 직접 검증해 보시기 바랍니다.

과거에는 세금을 아끼기 위해 업계약서나 다운계약서를 쓰거나, 소득을 누락시키거나, 비용을 부풀리는 등의 편법을 사용하기도 했습니다. 하지만 요즘은 모든 소득 자료와 부동산 계약 내용이 전산화되어 세무당국이 바로 열람할 수 있습니다. 마음만 먹으면 누가 어떤 식으로 탈세를 했는지 금방 찾아낼 수 있죠. 그런 상황에서 굳이 세금을 아끼기 위해 불법을 저지를 필요가 있을까요? 법인 설립만으로도 상당한 세금이 줄어드는데 말입니다.

엄밀히 말해서 저는 세무전문가는 아닙니다. 다만 대한민국에서 부동산 법인에 대해 저보다 많이 경험한 투자자는 없을 거라고 자부합니다. 그래서 어려운 세무지식이나 회계지식은 과감하게 생략하고 투자자 눈높이에 맞춰 꼭 필요한 내용만 알려드릴 예정입니다.

그렇지만 이 책만 믿고 의사결정을 내리지는 마시기 바랍니다. 세금 문제는 각자가 처한 상황에 따라 변수가 다양하기 때문에 조심 또 조심해야 합니다. 그러니 의사결정을 내리기 전에는 반드시 세무사 등 전문가와 협의해서 꼼꼼하게 확인하세요. 그래야 후회할 일도 없을뿐더러, 그 과정을 통해서 새로운 것을 많이 배울 수 있을 겁니다.

02

중과의 시대, 법인이 필요한 이유

2017년 문재인 정부 출범 이후 부동산 투자자에 대한 압력이 커진 것은 사실입니다. 집을 여러 채 가진 사람, 특히 서울과 수도권에 여러 채 가진 사람에 대한 규제가 전방위로 시행되고 있죠. 세금은 중과되고, 대출 한도는 줄어들었습니다. 더 이상 집을 사기도 어려워졌고, 가지고 있는 집을 팔기도 어려워졌죠. 투자자들의 고민은 깊어질 수밖에 없습니다.

한동안 이런 다주택자들을 임대사업자로 등록하게끔 유도하는 분위기가 강해졌습니다. 임대사업자로 등록하면 혹독한 세금 규제를 어느 정도 피할 수 있기 때문에 이에 대한 투자자들의 관심도 꽤 높아졌지요. 물론 최근에는 임대사업자에 대한 규제도 강화되었지만, 장기적인 관점에서 생각해 보면 오피스텔이나 빌라, 상가 등 이른바 수익형 부동산에 대해서는 임대사업자 등록도 나쁘지는 않을 겁니다. 그런데 임대사업자도 사업자입니다. 어차피 사업자등록을 할 거라면 좀 더 유리한 방법이 있습니다. 바로 법인 설립입니다.

> ● **정관**
> 법인의 조직과 활동의 내용을 정한 근본적 규칙. 혹은 이를 기재한 서면 그 자체를 의미하기도 한다.

사실 법인을 설립하고 운영하는 것은 개인 임대사업자에 비해 번거롭습니다. 설립하고 등기하려면 시간도 필요하고, 비용도 듭니다. 정관˙도 만들어야 하죠, 자본금도 은행에서 확인받아야 하죠, 감사도 임명하고 회의록도 만들어야 하죠. 귀찮은 절차들이 꽤 많습니다. 그런데도 부동산 법인 설립에 대한 관심은 그 어느 때보다 뜨겁습니다. 양도소득세(양도세) 중과 등 규제는 심화되었지만 그 반작용으로 법인의 매력은 더욱 도드라지고 있기 때문입니다.

절세의 차원이 다르다

가장 큰 매력은 역시 세금이 획기적으로 절약된다는 겁니다. 개인과 비교했을 때 법인이 얼마나 절세에 효과적인지 구체적인 사례를 통해서 살펴봅시다. 개인 투자자인 김개인 씨는 서울에서 두 채의 주택을 매입하고 2년 후에 둘 다 매도해서 총 2억 원의 매도차익을 얻었습니다. 김개인 씨는 양도세로 얼마를 내야 할까요?

이 책을 읽는 독자라면 양도세 계산법을 이미 알고 계신 분이 많을 테니 여기서는 간단히 설명하겠습니다. 양도세는 매도차익에서 몇 가지 항목을 공제한 후 남은 금액(과세표준)에 세율을 곱한 후, 누진공제액을 빼서 계산합니다. 과세표준이 커질수록 적용되는 세율도 높아지죠. 이때 이전 구간과의 세율 차이 때문에 생기는 차액을 빼주는 게 누진공제액입니다. 압축해서 설명하다 보니 좀 어렵게 느껴질 수도 있지만, 여기에서는 '양도세=(과세표준×세율)-누진공제액'이라는 공식만 알고 넘어갑시다.

다시 김개인 씨의 사례로 돌아와 보면, 매도차익은 2억 원이지만 여기에서 취득세, 법무비, 중개수수료 등의 비용을 공제받고 수리비 중 일부도 공제받을 수 있습니다. 이렇게 받은 공제금액이 1,000만 원이라고 합시다. 그리고 2년 만에 매도했으니 장기보유특별공제°는 받을 수 없고, 기본공제°는 250만 원이므로 모든 공제금액을 빼고 남은 과세표준은 1억 8,750만 원입니다(82쪽 표 참조).

이때 김개인 씨는 양도세율 38%를 적용받습니다. 하지만 이 집은 중과지역°에 있고 김개인 씨는 중과지역에 2주택을 보유했기 때문에 20%p가 추가되어 58%의 세율이 적용됩니다. 누진공제액은 1,940만 원이므로 계산해 보면 김개인 씨의 양도세는 약 8,935만 원입니다. 여기에 지방소득세 등 기타 세금이 추가되고요. 만약 김개인 씨가 3주택을 보유했다면 양도세는 1억 원이 넘을 겁니다.

그런데 똑같은 투자를 개인이 아니라 ㈜법인이라는 회사가 진행했다면 어떨까요? 똑같이 총 2억 원의 매도차익이 발생했고 1,000만 원의 비용을 공제받는다고 합시다. 이 주택을

●**장기보유특별공제**
정부가 개인의 부동산 투기를 막고자, 오래 보유한 집을 팔 경우 양도소득세에서 일정 부분을 공제해 주는 제도. 보유한 지 3년 이후부터 최소 6%에서 최대 30%까지(1세대1주택자는 최대 80%까지) 공제된다. 단, 조정지역 여부 및 보유 주택의 수에 따라 달라진다.

●**기본공제**
부동산 양도소득에 대해 1년에 1인당 250만 원씩 공제해 주는 제도.

●**중과지역**
정부가 지정한 특정 지역 내의 부동산을 양도했을 경우 양도소득세에 중과, 즉 기본세율보다 더 높은 세율이 적용되는데 이러한 지역을 통틀어 중과지역이라고 부른다. 8·2 대책 이후에는 중과지역이라고 하면 흔히 조정대상지역을 가리키는 말로 쓰인다.

임대사업용 또는 매매사업용으로 등록하지 않았다면 ㈜법인은 법인추가과세 20%와 10%의 법인세를 내야 합니다. 이렇게 계산해 보면 ㈜법인의 세금은 모두 합쳐 약 5,700만 원(수익금 1억9,000만 원×(추가과세율 20%+법인세율 10%))으로 김개인 씨보다 월등히 적은 금액입니다.

그런데 여기서 끝이 아닙니다. 실제로 ㈜법인이 내야 할 세금은 그보다 훨씬 적을 겁니다. 법인세를 계산할 때에는 사업 활동을 위해 지출된 돈을 필요경비로 공제받기 때문입니다. 사무실 임대료, 임직원 인건비, 비품 구입

● **필요경비**
사업소득을 올리기 위해 반드시 필요하다고 생각되는 지출은 필요경비로서 과세대상 금액에서 공제해 준다. 법인에서는 손금이라는 용어를 사용하지만, 이 책에서는 편의상 필요경비로 통일했다. 필요경비로 인정받기 위해서는 영수증이나 세금계산서 등의 적격 증빙이 있어야 하고, 그 항목이 세법상 인정받는 것이어야 한다.

비, 차량유지비, 식대 등으로 쓴 돈이 약 1억 원이라고 합시다. 그러면 법인세는 약 900만 원(수익금 1억9,000만 원-필요경비 1억 원)×법인세율 10%)으로 줄어들게 됩니다. 추가과세와 합한 금액도 4,700만 원으로 줄어들 거고요. ㈜법인이 필요경비를 많이 쓰면 쓸수록 법인세는 줄어듭니다. 법인세 계산에 대한 내용은 뒷부분에서 다시 한 번 자세히 다루겠습니다.

개인의 양도세 및 종합소득세(종소세) 기본세율은 최소 6%에서 최고 45%이고, 중과까지 고려하면 최대 75%까지도 적용될 수 있습니다. 반면에 법인세는 최소 10%에서 최고 25%입니다. 최소 세율은 개인에 비해 법인이 더 높죠. 하지만 개인은 과세표준이 연 1,200만 원만 넘어도 세율이 15%로 껑충 뛰어오르는 반면, 법인은 2억 원 이하까지 10%가 적용되고 법인추가과세 세율도 20%로 고정되어 있습니다. 양도차익이 1,200만 원 이하로 적다면 모를까 그 이상을 넘어서면 법인의 세율이 더 낮은 것입니다. 이처럼

J's TIP

단기매매 할 때도 법인이 좋은 이유

보유 기간 1년 미만의 단기투자를 할 때는 법인이 압도적으로 유리합니다. 개인은 주택을 1년 미만으로 보유하고 팔 경우 금액에 상관없이 양도소득세가 무조건 77%(지방세 포함)로 적용되지만, 법인은 이러한 규제가 없기 때문입니다.
만약 개인이 아파트를 1년 미만 보유하고 팔아서 5,000만 원의 양도차익을 얻었다면 양도소득세로 3,500만 원을 내야 합니다. 반면에 법인은 법인추가과세 1,000만 원을 내고 추후에 법인세만 내면 됩니다. 물론 이때도 법인이 지출한 필요경비가 많다면 법인세는 그만큼 줄어들거나 아예 없을 수 있습니다.

적용되는 세금 체계가 다르다 보니 법인은 개인에 비해 세금을 적게 낼 수 있습니다.

중과 규제에서 자유롭다

최근 몇 년 동안 크게 유행했던 말이 바로 '똘똘한 한 채'입니다. 다주택자에 대한 규제가 점점 심해지고 있으니 시원찮은 물건을 여러 채 보유하는 것보다 안정적이고 크게 오를 좋은 물건을 하나 보유하는 것이 더 낫다는 겁니다. 그 때문인지 지방에 있는 자잘한 주택들을 처분하고 서울이나 수도권에 있는 비싼 물건에 새로 투자한 분들이 많아졌습니다.

그런데 문제는 이렇게 똘똘한 한 채가 있는 서울·수도권의 알짜배기 지역들의 대부분이 중과지역으로 묶여버렸다는 겁니다. 양도세 기본세율은 최소 6%에서 최고 45%인데 보유한 주택이 두 채면 20%p가 가산되고, 세 채 이상이면 30%p가 가산됩니다. 주택 수에 따라 최고 75%까지도 적용받게 된 것입니다.

생각해 보세요. 최근 2년 동안 서울과 수도권의 아파트값이 얼마나 올랐나요? KB국민은행 자료를 보면 2017년 5월 서울 아파트의 3.3㎡당 가격은 2,326만 원이었지만 2021년 10월에는 4,652만 원으로 정확히 두 배가 되었습니다. 보유한 사람들 입장에서는 그만큼 돈을 번 셈이니 좋긴 하지만, 중과를 감안하면 벌어들인 돈의 절반 정도를 양도세로 내야 합니다. 금액으로 따지면 몇 억 원 단위가 되겠네요.

중과지역 내 주택이라도 1가구1주택자에 대해서는 양도세가 비과세됩니다. 하지만 8·2 대책 이후로는 이 요건도 까다로워졌습니다. 이전까지는 1주택자가 2년 이상 보유만 해도 양도세가 비과세되었지만 2017년 8월 3일 이후에 취득한 주택은 보유뿐만 아니라 실제 거주도 2년 이상 해야 1주택자에 대한 비과세가 가능해진 겁니다.

상황이 이렇다 보니 세금이 부담스러워서 투자를 꺼리거나 보유한 물건을 팔지 않고 버티는 경우가 생겼습니다. 그러나 계속 보유만 한다면 돈은 대체 언제 벌 수 있을까요? 세금이 무섭다고 월급을 안 받는 직장인은 없습니다. 마찬가지로 투자자들도 무조건 버티기보다는 어떻게 해서든 물건을 팔아서 차익을 남길 생각을 해야 합니다.

이런 상황에서 법인의 매력은 더욱 부각될 수밖에 없습니다. 법인은 양도세 적용 대상이 아닙니다. 이 말은 양도세 중과도 적용받지 않는다는 뜻

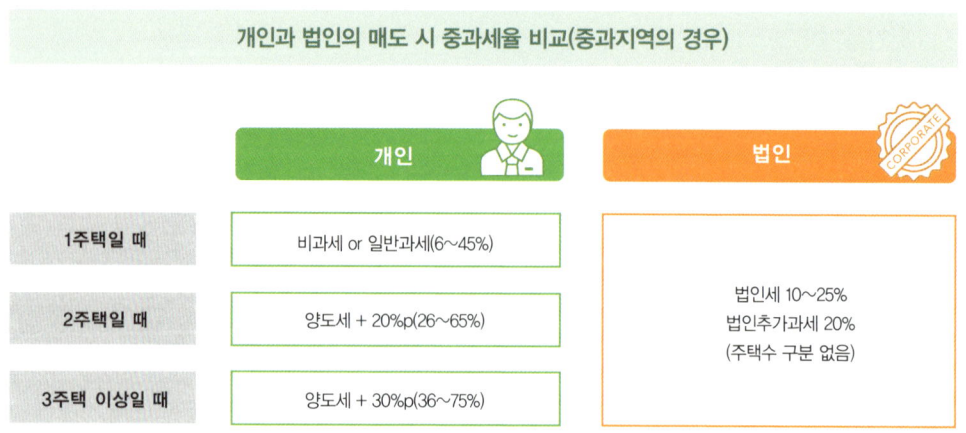

입니다. 법인은 양도세라는 것이 없고, 대신 비사업용 토지나 주택을 양도할 경우 법인추가과세만 냅니다. 나머지 금액은 법인세에 포함이 되지요. 조정대상지역 내 주택을 몇 채 가지고 있느냐도 고려 대상이 아닙니다. 물론 2020년 이후 취득세나 종합부동산세에 있어서는 법인이 불리해졌지만, 앞으로도 당분간은 단점보다 장점이 많은 상태로 유지될 것으로 봅니다.

> **● 비사업용토지**
> 가치를 생산해내지 않고 비워 두는 토지. 나대지나 부재지주(해당 지역에 살지 않는 땅주인) 소유의 임야 등이 해당된다. 투기를 위해 소유하는 것이라고 보아 세금이 중과된다.

비교과세의 영향을 받지 않는다

양도세 중과를 피하기 위해서는 개인 매매사업자로 등록하는 것도 방법입니다. 그러나 이 역시 완전한 해답이라고 보기는 어렵습니다. 부동산 규제 지역에서는 비교과세라는 개념이 적용되기 때문입니다.

비교과세란 한 사람에게 적용되는 과세 방법이 두 가지 이상일 때 금액이 더 큰 방법으로 부과하는 것을 말합니다. 예를 들어서 개인이 조정대상지역 안에 주택이나 분양권을 두 개 이상 보유하고 있다고 합시다. 이 물건을 팔아서 매매차익을 얻었다면 그에 대한 세금을 내야 하는데 이때 세금을 계산하는 방법은 두 가지입니다. 첫째는 양도세로 매기는 것이고, 둘째는 종소세에 합산해서 매기는 것입니다.

양도세는 양도소득, 즉 부동산을 팔았을 때 남은 소득 자체에 매기는 세금이고, 종소세는 어떤 사람이 한 해 동안 벌어들인 모든 소득을 합산한 후 매기는 세금입니다. 부동산을 팔아서 남긴 매매차익은 개인에게는 양도

J's TIP

법인과 임대사업자는 다르다

본격적인 이야기를 하기 전에 헷갈릴 수 있는 개념을 분명하게 정리하고 넘어가겠습니다. 법인을 설립하고 주택을 임대하면 당연히 주택임대사업자가 된다고 생각할 수 있지만, 법인과 주택임대사업자는 완전히 별개의 개념입니다. 개인이 지자체와 세무서에 둘 다 임대주택을 등록해야 임대사업자가 되어 세제혜택을 받는 것처럼, 법인도 지자체와 세무서에 임대주택을 등록해야만 주택임대사업자로서 세제혜택을 받을 수 있습니다.

예를 들어 임대주택에 대한 혜택 중에는 종합부동산세 비과세가 있습니다. 종합부동산세를 계산할 때 임대등록이 된 주택은 빼고 나머지 부동산만 합산해서 세금을 매기는 것이죠. 개인이지만 임대주택을 등록했다면 이러한 혜택을 받을 수 있습니다. 하지만 법인인데 임대주택을 따로 등록하지 않았다면 이러한 혜택을 받을 수 없습니다.

또한 임대사업자라고 해도 법인을 설립하지 않았다면 세법상 어디까지나 개인입니다. 개인은 양도소득세 및 종합소득세를 내야 하는데, 이는 임대사업자 등록을 했든 안 했든 마찬가지입니다. 법인은 법인세를 내야 하는데, 역시 임대주택을 등록했든 안 했든 마찬가지입니다.

		법인 설립 여부	
		설립함	설립 안 함
임대 주택 등록 여부	등록함	법인 임대사업자 - 세법상 '법인' - 관련 세금: 법인세 등 - 임대주택 혜택 O	개인 임대사업자 - 세법상 '개인' - 관련 세금: 양도소득세, 종합소득세 등 - 임대주택 혜택 O
	등록 안 함	법인 - 세법상 '법인' - 관련 세금: 법인세, 법인추가과세 등 - 임대주택 혜택 X	개인 - 세법상 '개인' - 관련 세금: 양도소득세, 종합소득세 등 - 임대주택 혜택 X

소득이지만 개인 매매사업자에게는 사업소득이기도 합니다. 그래서 똑같은 세금을 양도세로 매길 수도 있지만 종소세로 매길 수도 있는 것입니다.

양도세로 계산했을 때 세액이 100만 원이고 종소세로 계산했을 때 세액이 120만 원이라면 얼마를 내야 할까요? 생각 같아서는 100만 원으로 신고하고 싶겠지만 세무당국은 더 큰 금액인 120만 원만 인정합니다. 이것이 비교과세의 개념입니다. 결국 중과지역 내에서는 양도소득이 많아지면 매매사업자로 등록해 봐야 얻을 수 있는 혜택이 그리 크지 않은 것입니다.

상황이 이렇다 보니 어차피 사업자등록을 할 거라면 개인사업자보다는 법인이 여러 모로 유리할 수밖에 없습니다. 개인사업자와 달리 법인은 양도소득을 비롯한 대부분의 세금이 법인세 하나로 매겨집니다. 비교과세라는 개념 자체가 적용될 수 없는 겁니다.

매매를 하든 임대를 놓든 결국 돈을 많이 벌어야 성공한 투자입니다. 그리고 돈을 벌었다면 세금을 내는 것이 투자자의 도리겠죠. 하지만 법을 어기지 않으면서도 세금을 적게 낼 수 있다면 싫어할 사람이 있을까요? 세금을 생각하지 않고 투자로 돈을 번다는 건 사실상 불가능합니다. 이 점을 염두에 두시고, 새로운 질세 방법으로서 법인 투자의 장단점을 잘 따져보시기 바랍니다.

03 각종 비용이 절약된다

독자 여러분 중에는 이미 세무사를 만나 법인 설립을 상담 받은 분들도 있으실 겁니다. "법인이 절세에 좋다고 들었는데 하나 만들어도 될까요?"라고 질문하면 상당수 세무사들은 이렇게 답할 것입니다.

"법인을 만들면 세금이 절약되긴 하는데, 그렇게 만든 수익을 개인이 함부로 가져올 수가 없어요. 굳이 가져오려면 기장을 하고 배당●으로 처리해야 하는데 그러면 세금이 15.4% 발생해요. 따져보면 큰 차이가 없으니 아직은 만들 필요가 없습니다."

숫자만 놓고 보면 맞는 말입니다. 실제로 법인을 설립한 후에 많은 분들이 스트레스를 받는 이유가 법인통장에 들어 있는 돈을 어떻게 하면 내 통장으로 가져올 수 있을까 하는 고민 때문입니다. 법인을 만든 건 돈을 벌기 위해서였는데 그 돈이 내 돈이 아니라면 의

● **배당**
법인 회사에 이윤이 생겼을 때 이것을 주식 보유자들, 즉 주주들에게 분배하는 것. 현금배당의 경우 배당소득세를 내야 하는데 2,000만 원 미만일 경우 세율은 배당소득세 14%와 지방소득세 1.4%이다. 2,000만 원 이상일 때는 종합소득세의 하나인 금융소득종합과세로 합산 과세한다.

미가 없다고 생각하는 거죠.

하지만 사실 가장 좋은 절세 전략은 모든 수익을 법인통장에 고이 간직해 두는 겁니다. 아무리 1인법인이라도 엄연히 법인과 법인 대표는 별개의 존재인 만큼, 대표가 법인통장의 돈을 억지로 자기 앞으로 돌리려 들면 자칫 횡령죄가 될 수 있습니다.

그러지 않기 위해서는 배당이라는 형식을 통해야 하는데, 배당을 받으면 15.4%의 배당소득세를 내야 합니다. 횡령의 위험을 무릅쓰고 혹은 높은 배당소득세를 감수하면서까지 법인의 돈을 가져올 필요가 있을까요? 단언컨대 절대 그렇지 않습니다.

활동비를 세금에서 공제받을 수 있다

법인을 운영하면서 지출한 돈은 대부분 필요경비로 처리할 수 있습니다. 그런데 바로 이 경비 처리라는 것이 참 재미있습니다.

똑같이 1억 원의 양도차익을 얻었을 때 개인이 양도소득세를 계산할 때 공제받을 수 있는 필요경비 항목은 많지 않습니다. 취득할 때 들어간 취득세나 법무비, 중개수수료, 보일러 교체 비용, 창틀(새시) 교체 비용 정도입니다. 물론 이런 비용을 공제받는 것은 법인도 마찬가지입니다. 임대등록을 하지 않은 주택이나 비사업용토지에 대해서는 이런 비용을 공제한 양도차익을 가지고 법인추가과세를 하죠.

그런데 법인세로 넘어가면 공제받을 수 있는 필요경비의 항목이 대폭 늘어납니다. 보일러 수리 비용, 도배·장판 교체 비용, 부동산 임장을 위한 교통비 등은 개인이라면 공제받을 수 없는 항목이죠. 하지만 법인은 사업과 관련된 지출이기 때문에 법인세를 계산할 때 공제를 받을 수 있습니다.

생각해 보세요. 부동산 투자를 하다 보면 어차피 보일러를 수리하고, 도배와 장판을 교체하고, 임장을 하게 됩니다. 낙찰받은 집의 보일러를 수리하는 데에 30만 원, 도배·장판 교체에 50만 원 해서 총 80만 원이 들었다고 합시다. 개인일 때에는 이 80만 원이 내 통장에서 빠져나갑니다. 그렇다고 필요경비로 인정받는 항목도 아니라서 세금공제도 받을 수 없습니다. 그냥 쓰고 나면 사라져 버리는 돈이죠.

반면에 법인이라면 똑같이 80만 원의 돈이 내 통장이 아닌 법인통장에서 빠져나갑니다. 어디 80만 원뿐일까요? 투자를 하다 보면 알게 모르게 지출이 꽤 생깁니다. 임장 가면서 채워 넣은 자동차 기름값, 고속도로 통행료, 입찰하러 갔다가 법원에서 사먹는 점심값, 중개소 사장님과 면담할 때 사들고 갈 음료수 한 상자 값… 이런 돈만 내 통장이 아닌 법인통장에서 지출된다고 해도 상당한 금액이 절약됩니다.

제 경우 투자와 상관없이 순수하게 개인적인 일에 지출하는 돈은 한 달에 30만 원이 안 됩니다. 아마 많은 남성분들이 저와 비슷하실 텐데, 이런 사람들이라면 한 달 월급을 100만 원밖에 안 받아도 70만 원이 고스란히 남습니다. 200만 원을 받으면 무려 170만 원이 남죠.

그러니 굳이 법인의 돈을 억지로 가져올 필요가 없다는 겁니다. 투자와 관련된 비용은 법인카드로 처리하고, 개인적인 비용은 법인에서 받은 월급을 쓰면 됩니다. 그것만으로도 충분히 넉넉한 생활이 가능합니다.

법인 운영비용으로 인정되는 항목들

그렇다면 어떤 것들을 법인세 필요경비로 인정받을 수 있는지 간단히 살펴보겠습니다. 여기에서 설명하는 것들은 일반인들의 상식에 따라 이름 붙인 것일 뿐 실제 회계 기준과는 다를 수 있습니다. 구체적인 회계 항목은 세무대리인과 협의해서 처리하면 됩니다.

인건비

기본적으로는 대표이사와 직원에게 지급되는 급여가 있고, 여기에 4대 보험료, 식대, 포상금, 상여금, 경조사비 등도 포함됩니다. 최근에는 직원 복지 차원에서 쓰이는 비용도 인건비에 포함되는 추세이므로 세무대리인과 협의하여 다양한 항목을 정할 수 있습니다.

사업장 임대료

법인 사무실에 대한 차임 및 보증금입니다. 사무실이 아니라 일반 주택이라도 사업자등록을 완료한 후 집주인으로부터 세금계산서를 받으면 비용처리가 가능합니다. 대표이사 개인 소유의 주택을 법인에게 임대하는 것도 가능합니다.

인테리어 비용

인테리어 비용 중에서 자본적지출에 해당하는 난방시설 교체, 창틀(새시) 교체, 발코니 확장, 홈오토 추가, 시스템에어컨 추가 등은 법인추가과세에서 공제받을 수 있습니다. 그 외에 도배·장판 교체, 싱크대 교체, 페인트, 보일러 수리, 조명 교체, 화장실 수리, 마루 공사 등 수익적지출은 법인세에서 공제받을 수 있습니다.

차량유지비

업무용 차량에 대한 유류대, 보험료, 수리비, 주차요금, 통행료 등도 비용으로 인정됩니다. 특히 법인 소유의 업무용차량은 차량가격에서 연 800만 원까지 감가상각비로 인정받는 것이 가능합니다. 운행일지를 작성하면 그렇지 않을 때보다 공제받을 수 있는 범위가 커집니다. 단, 직원 소유의 차량에 대해서는 차량유지비가 인정되지 않고, 대신 활동비 등의 항목으로 처리할 수 있습니다.

통신비

사무실에서 사용하는 전화 요금, 인터넷 요금, 팩스 요금 등입니다. 휴대폰의 경우는 법인 명의일 경우 통신비에 포함할 수 있지만 직원 명의일 경우에는 포함할 수 없고, 대신 활동비 등의 항목으로 처리할 수 있습니다.

활동비

임직원이 업무를 수행할 때 지출되는 실비입니다. 교통비, 회의비, 통신비, 식비, 유류비, 출장비 등 업무수행에 필요하다는 것만 인정되면 대부분의 항목을 비용으로 처리할 수 있습니다.

비품 구입비

사무실에 필요한 물품을 구입하는 비용입니다. 구체적인 용도가 정해져 있지는 않지만 업무에 필요하다는 것이 인정되면 비용으로 처리할 수 있습

법인의 공제 가능 항목

항목	공제 대상	
	법인추가과세	법인세
취득세	인정	인정
법무비	인정	인정
중개수수료	인정	인정
컨설팅비	인정	인정
인테리어 (자본적 지출)	인정	인정
인테리어 (수익적 지출)	–	인정
직원 인건비	–	인정
사업장 임대료	–	인정
차량 유지비	–	인정
통신비	–	인정
각종 활동비(법인카드)	–	인정
물품 구입비	–	인정
직원 복지비	–	인정
금융비용(대출이자 등)	–	인정

니다. 예를 들어 흔히 대표이사 집 근처의 마트에서 법인카드를 사용하는 것은 인정되기 어렵지만, 회사 행사에 필요한 물품을 마트에서 산 것이라면 인정될 수 있습니다. 매우 다양한 사례가 존재할 수 있으므로 세무대리인을 통해 확인하는 것이 좋습니다.

기타

그밖에 회사 운영에 필요하다고 인정되는 것들은 세무대리인과 협의하여 적절한 항목으로 추가할 수 있습니다. 예를 들어 접대비의 경우 나쁜 뜻으로 오해받는 경우가 많지만 거래처와 식사를 하거나 경조사비를 보내는 것도 접대비에 속합니다.

건강보험료가 줄어든다

법인의 또 다른 장점은 건강보험료(의료보험료)를 아낄 수 있다는 겁니다. 회사에 소속된 직장인들은 직장가입자라고 해서 보험료 자체도 낮지만 회사가 절반을 부담해 주기 때문에 더욱 부담이 적습니다. 게다가 소득이 없는 직계존비속이나 30세 이하의 미혼 형제자매를 피부양자로 등록할 수도 있죠.

반면에 개인 투자자들에게는 건강보험료가 은근히 부담입니다. 연소득 500만 원 이상이거나, 개인사업자이거나, 재산세 과세표준의 총합이 9억 원을 넘으면 직장가입자의 피부양자가 될 수 없고 지역가입자로 전환됩니다. 그런데 지역가입자의 보험료는 직장가입자보다 높고, 보유한 부동산이 많으면 더욱 높아지죠. 3억 원짜리 부동산 열 채를 보유한 투자자라면 아마 월 35만 원 내지 40만 원 정도를 건강보험으로 낼 것입니다.

그런데 법인을 설립하고 대표이사가 되면 직장가입자가 됩니다. 대표이사도 엄연히 법인으로부터 월급을 받는 직장인이기 때문이지요. 만약 월 급여가 100만 원이라면 건강보험료는 약 6만9,000원 정도일 것이고, 월 급여가 50만 원이라면 건강보험료는 그 절반 정도일 겁니다. 이 비용 중 50%는 지급된 급여에서 나가고, 나머지 50%는 법인이 냅니다.

뿐만 아니라 대표이사 앞으로 피부양자를 등록할 수도 있습니다. 자격만 충족된다면 가족을 피부양자로 등록함으로써 건강보험료를 아끼는 것도 가능합니다.

대표이사의 급여는 얼마로 책정하든 크게 상관이 없기 때문에 보험료가 부담스럽다면 적게 책정해도 됩니다. 필요하다면 무급도 가능하지만, 무급일 경우에는 건강보험 직장가입자가 될 수 없다는 것은 참고하세요. 의료보험과 피부양자 사격조건 등을 비롯한 4대 보험의 처리 문제는 법인의 운영 파트에서 좀 더 자세히 다루겠습니다.

모든 비용 처리는 투명하게

이처럼 법인을 활용하면 다양한 부분에서 비용을 줄일 수 있지만, 중요한 것은 비용 처리가 반드시 투명하게 이뤄져야 한다는 겁니다. 법인의 돈을 사용했다면 언제 어디에 사용했는지를 적격증빙으로 남겨야 합니다. 적격증빙에 해당하는 것은 세금계산서, 현금영수증, 계산서, 신용카드 사용 내역 등입니다.

이왕이면 법인카드를 사용하는 것이 편리합니다. 결제와 함께 증빙이 이뤄지므로 번거롭지 않고, 그만큼 투명하게 돈을 썼다는 것을 보여주기도 하죠. 다만 카드를 사용했다면 무조건 어디에 사용했는지를 소명해야 합니다. 흔히 법인 대표는 법인카드를 마음대로 쓸 수 있다고 생각합니다. 하지만 법인카드는 어디까지나 업무, 즉 투자를 위한 곳에 쓰는 것일 뿐 개인적인 목적에 사용하면 안 됩니다. 그렇게 생각하다가는 십중팔구 세무조사를 당하게 될 겁니다.

현금을 사용하거나 부득이하게 직원의 개인카드를 사용했다면 그에 대한 현금영수증이나 신용카드 영수증, 세금계산서 등을 따로 챙기고 필요하다면 지출내역서 등을 작성함으로써 인정받을 수 있습니다.

이렇게 항목 하나하나, 영수증 하나하나에 신경 쓰는 이유는 법인이 복식부기*에 의해 회계장부를 작성할 의무가 있기 때문입니다. 복식부기는 씀씀이에 약

> ●복식부기
> 자산과 자본의 변화를 대차대조표 상의 대변(자본, 부채)과 차변(자산)으로 나누어 기록하는 형식이다. 자연스럽게 금액이 두 번 기재되는 형식이라서 양쪽의 합계가 어긋나는지 여부로 쉽게 오류를 발견할 수 있다. 법인은 의무적으로 복식부기를 해야 하고, 개인 역시 일정 금액 이상의 수입이 발생하면 복식부기의 의무가 있다.

간의 오차가 있어도 바로 티가 나는 철저한 시스템입니다. 그만큼 법인의 운영은 투명해야 하는 것이죠. 이 복잡한 복식부기는 세무대리인이 알아서 처리해 줄 테지만, 어떤 비용을 어떻게 처리해야 하는지 알아두는 것은 법인 대표로서 그리고 투자자로서 필요한 기본소양이 아닐까 합니다.

물론 세금은 처한 상황마다 다르고, 회계 방식도 법인의 상황마다 다르기 때문에 제가 말씀드린 모든 내용이 정답이라고 하기는 어렵습니다. 엄밀히 말해서 저는 부동산 투자자이지 세금 전문가는 아니기 때문에 구체적인 내용에 대해서는 세무사나 법무사 등의 전문가에게 확인할 필요가 있습니다. 법인을 운영하다 보면 자연스럽게 세무사에게 연락해서 경비 처리를 의논하는 일이 많아질 겁니다. 여러분이 그런 과정을 부담스러워하지 않았으면 좋겠습니다. 그 과정을 통해서 법인에 대해 더 많이 배우게 되고, 나중에는 본인만의 노하우도 생길 테니까요.

04
법인을 활용한 합법적 명의 분산

제가 강의를 할 때마다 농담처럼 하는 말이 있습니다.

"첫 투자는 무조건 배우자 명의로 시작하자."

왜 이런 말을 하느냐면, 투자를 해 보기로 마음먹고 처음 매수하는 물건들은 대부분 별로 좋지 않은 물건이기 때문입니다. 아직 공부와 경험이 부족하고 물건 보는 안목도 없을 때거든요. 이런 물건에 자기 명의를 먼저 써 버리면 나중에 정말 좋은 물건이 나왔을 때 팔지도 사지도 못할 수 있어 곤란합니다. 그러니 배우자 명의를 먼저 쓰고, 소중한 내 명의는 히든카드로 아껴두자는 말이죠. 이 말을 하면 주로 기혼 여성분들의 박장대소가 터지면서 수업 분위기가 한층 좋아집니다.

그런데 웃기만 하고 넘길 게 아니라 명의에 대해서는 한 번쯤 진지하게 생각해 볼 필요가 있습니다. 처음부터 명의 분산을 고민하고 투자를 시작하는 사람은 드뭅니다. 초반에는 취득하는 물건의 개수도 적고 수익도 크지 않기 때문에 그다지 큰 필요성을 못 느끼는 경우가 많기 때문이죠. 하지만 보유물건이 점점 많아지고 수익도 커지면 그제야 명의의 소중함을 느끼게 됩니다. 투자자가 주택을 한 채만 사고 부동산 투자를 끝내는 경우는 거의 없습니다. 한 채가 두 채가 되고, 두 채가 스무 채로 늘어나면서 어느새 세금도 많아지고 대출도 어려워집니다. 그제야 무언가 잘못됐음을 깨닫게 되는 겁니다.

명의를 나눌수록 세금은 줄어든다

명의를 나눈다는 말이 나오면 대부분 '부부 공동명의'를 먼저 떠올립니다. 단독명의로 산 물건은 잘 돼도 내 탓, 안 돼도 내 탓이니 책임소재에 대한 부담이 적지만, 누군가와 공동명의라면 여러 가지 문제가 발생할 수 있습니다. 그럴 때 생판 모르는 남보다는 아무래도 부부끼리가 더 낫겠죠.

실제로 부부 공동명의는 여러 가지 절세 효과가 있습니다. 예를 들어 양도소득세를 내야 하는데 과세표준 금액이 5,000만 원이고 중과 적용을 받지 않는 곳이라고 합시다. 한 사람 명의로 되어 있다면 과세표준 5,000만 원에 해당하는 세율은 24%이므로 세액은 약 678만 원입니다(과세표준 5,000만 원 × 세율 24% − 누진공제액 522만 원).

그런데 이 집이 부부 공동명의라면 과세표준 금액은 5,000만 원이 아니라 한 사람당 2,500만 원으로 쪼개지고, 적용되는 세율도 15%로 낮아집니다. 한 사람당 내야 할 세액은 약 267만 원(과세표준 2,500만 원 × 세율 15% − 누진공제액 108만 원)이고, 두 사람분을 합쳐도 534만 원입니다. 약 144만 원이 절세되는 것입니다. 과세표준 금액이 커질수록 단독명의일 때와 공동명의일 때의 세액 차이도 당연히 커집니다. 게다가 1년에 한 번씩 주어지는 기본공제 250만 원도 부부 한 사람당 총 500만 원을 공제받을 수 있습니다. 명의를 나누는 것만으로도 양도소득세가 줄어드는 것입니다.

종합부동산세도 마찬가지입니다. 한 사람이 기준시가 10억 원짜리 부동산을 보유하고 있다면 종합부동산세 과세 대상이지만, 부부 공동명의라면 한 사람당 5억 원씩 자산이 나눠지므로 종합부동산세 과세 대상이 아닙니다.

그런데 부부 공동명의에도 단점은 존재합니다. 둘 중 한 사람의 지분이 경매로 넘어가서 낙찰됐을 때에는 문제가 생깁니다. 생판 모르는 사람과 내 집을 반반씩 나눠 갖게 되는 거죠. 만약 상대편이 이 집을 분할해서 나눠 갖겠다며 다시 경매를 신청한다면 나머지 한 사람의 지분마저 경매로 넘어갈 수 있습니다. 그러고 싶지 않다면 더 높은 금액을 주고라도 지분을 되사는 수밖에 없습니다. 혹시라도 부부가 이혼을 하게 된다면 이 집을 어떻게 나눠 가질 것이냐도 문제가 됩니다.

이상할 만큼 배우자 명의로 투자하는 걸 꺼리는 분들이 있습니다. 혹시나 잘못되더라도 나 혼자 책임지는 게 낫지 배우자에게까지 불똥이 튀게 하고 싶지는 않아서인 것 같습니다. 혹은 반대로, 피곤한 몸을 이끌고 없는 시간 쪼개서 수업 듣고, 공부하고, 발품 팔아 가며 마련한 재산이니 내 명의로만 남겨두고 싶은 욕심도 있을 것이고요.

개인적으로 투자를 너무 혼자서만 하려는 것은 좋지 않다고 봅니다. 이왕이면 부부가 함께 투자하는 것이 가장 좋겠죠. 다만 공동명의는 별로 추천하지 않는 편입니다. 사이좋게 한 채는 내 명의로, 한 채는 배우자 명의로 투자하는 것이 가장 좋은 방식 아닌가 싶습니다.

공동투자보다 법인 설립이 낫다

저는 공동명의나 공동투자라는 것을 별로 좋아하지 않습니다. 관계가

J's TIP

부부가 함께 투자해야 하는 이유

공동명의를 쓰지 않더라도 배우자와 투자 상황을 공유하는 것은 꼭 필요합니다. 대부분의 사람들은 지금 당장 수익 내는 데에만 집중하는데, 오래 가는 투자를 하고 싶다면 상속이나 증여에도 관심을 가져야 하기 때문이죠. 갑자기 내 신상에 좋지 않은 일이 생겼다고 생각해 봅시다. 평소에 투자 상황을 공유하지 않아서 배우자가 내 부동산이 어디에 있는지도 모르고, 어떤 식으로 해결해야 하는지도 모른다면? 지금까지 잠 잘 시간, 쉴 시간을 아끼며 고생해서 일궈낸 자산이 한꺼번에 날아갈 수 있습니다. 배우자 소유가 되는 것도 아니고, 그냥 남에게 넘어가버릴 수도 있다는 말입니다.

수강생들이 "배우자가 부동산에 별로 관심이 없고 귀찮아한다"라고 하면 저는 그래도 계속 따라다니면서 더 귀찮게 하라고 합니다. 강의도 한 번씩 같이 들어보시고, 꾸준히 의견 나누면서 함께 하시라고 말입니다.

좋으니까 공동투자를 시작했을 텐데, 아무래도 금전적 문제를 두고 얽히다 보면 감정이 상하면서 사람을 잃는 경우가 많기 때문입니다.

뿐만 아니라 담보대출에서도 불리합니다. 공동명의 물건으로 주택담보대출을 받으려면 한 명이 대출을 받고, 나머지 명의자들은 담보제공자가 되어야 합니다. 공동명의자가 부부 등 가족관계라면 그나마 쉽지만, 그렇지 않고 친구나 동료 관계일 경우는 간혹 은행에서 대출을 승인해 주지 않기도 합니다. 또한 권리를 나눈 만큼 담보비율도 낮아지기 때문에 대출금액이 줄어들 수도 있습니다.

임대나 매매를 위해 계약서를 작성할 때에도 공동명의자들이 함께 움직이거나 그렇지 못하면 위임장을 작성해야 하는 등의 번거로움이 있습니다. 세입자 입장에서는 그런 물건은 왠지 께름칙하다며 입주를 꺼리기도 합니다. 당연히 세입자 찾기도 상대적으로 불리하겠죠.

명의 활용에 있어서도 불리합니다. 공동명의라고 해도 보유주택 수를 계산할 때는 공동명의자 각각 한 채씩 보유한 것으로 보기 때문입니다. 즉, 누군가와 5대 5로 지분을 나눠서 두 채의 부동산을 보유했다면 0.5채씩 두 채니까 합쳐서 1주택자가 되는 게 아니라 각각 한 채씩 2주택자로 간주하는 겁니다.

무엇보다도 공동명의일 경우는 투자자 각각의 의견을 취합하는 데에 애를 먹습니다. 투자가 성공적이라면 다행이지만, 손해가 난다면 참여자 모두가 큰 낭패를 보게 됩니다. 보통 공동투자는 부동산 투자를 함께 공부하면서 마음 맞는 사람들끼리 삼삼오오 모여서 진행하게 됩니다. 예를 들어 강남에 어떤 물건이 좋다기에 조사해 보니 실투자금이 1억5,000만 원 필요하다는데, 지금 내 수중에는 5,000만 원밖에 없는 겁니다. 돈은 부족하지만 욕심나는 물건이라서 주변의 동료 투자자들에게 의사를 물어봅니다. 이렇게 5,000만 원씩 모아서 1억5,000만 원을 만든 후 세 명이 공동명의로 매수하는 거죠.

그런데 처음부터 투자 목표와 매도 시점을 분명하게 정해 놓지 않으면 나중에 문제가 생기기 쉽습니다. 사람마다 매도하고 싶은 시점이 다를 수밖에 없거든요. 나는 단기간에 매매차익을 내고 정리하고 싶은데 다른 참여자는 더 기다려 보자고 합니다. 그러면 서로가 서로의 발목을 붙잡는 셈이 되는 겁니다.

투자를 해보면 아시겠지만 갖고 있는 물건을 원하는 시점에 원하는 가격으로 팔 수 있는 경우는 매우 드뭅니다. 그때그때 상황에 맞춰 팔지 말지를 빠르게 판단해야 하는데, 잠깐 망설이다가 못 팔고 시기를 놓치는 경우도 많습니다. 혼자 할 때에도 타이밍 잡기가 힘든데, 여러 명이 함께 하면 어떨까요? 제가 공동투자를 권하지 않는 것은 그 때문입니다.

일부 전문가들은 간혹 좋은 물건이 있다며 추천을 하고, 관심을 보이는 사람들의 돈을 끌어모아서 공동투자를 유치하기도 합니다. 투자는 하고 싶은데 마침 내 명의는 다른 물건에 잡혀 있거나, 아직 나만의 기준이 확실하지 않아서 왠지 다른 사람들이 관심을 보이는 물건에 끌리다 보면 이런 투자에 참여하게 됩니다. 결과가 좋으면 다행이지만 만일 좋지 않다면 어떨까요? 돈도 잃고, 사람도 잃고, 마음의 상처가 이만저만이 아닐 겁니다.

명의가 필요해서 타인과의 공동투자를 생각한다면 차라리 법인을 설립하는 게 낫습니다. 법인이라는 또 다른 존재를 통해 명의를 활용하는 것이 훨씬 안정적이고 리스크가 적은 방법입니다.

법인이라는 착한 친구와 명의를 나눠 보자

공동투자가 아니라 혼자 투자할 때도 명의는 무척 중요합니다. 투자가 잘 되어서 물건의 개수가 늘어나면 결국은 명의가 아쉬워지기 마련이거든요. 이럴 때 법인을 활용하라는 겁니다. 법인은 하나의 새로운 인격체와 비슷합니다. 마치 내 말이라면 껌뻑 죽는 믿음직한 친구를 만드는 것과 같습니다. 제가 ㈜지성이라는 1인법인을 설립한 후 이 법인을 통해 부동산을 매입한다면 그건 어디까지나 ㈜지성의 부동산이지 제 부동산이 아닙니다. 실질적으로는 대표인 내가 매매 결정을 내렸고 이를 통해 수익을 얻을 수도 있지만, 여전히 내 명의는 남겨둘 수 있는 거죠.

가장 좋은 점은 주택 수가 많아져도 여전히 나는 1주택자로 남을 수 있다는 겁니다. 이것은 법인이 가진 중요한 매력입니다. 매입한 주택 열 채 중 아홉 채가 법인 명의이고, 나머지 한 채가 내가 거주하는 내 명의의 집이라면 나는 1주택자가 되는 것입니다. 그리고 열 채가 모두 법인 명의라면 나는 무주택자가 됩니다.

내 명의를 남겨둔다는 것에는 많은 의미가 있습니다. 우리나라의 부동산 세금은 1주택자에게는 많은 혜택을 주는 반면 다주택자에게는 불리하게끔 짜여 있습니다. 특히 2017년에 발표된 8·2 부동산 대책 이후에 다주택자들은 숨통이 조이는 상황이죠. 조정대상지역 내의 부동산을 팔려면 주택이 두 채만 있어도 양도소득세가 20%p 중과되니 쉽게 팔 수도 없고, 그렇다고 계속 갖고 있자니 재산세나 종합부동산세 등 보유세가 부담입니다.

대출도 잘 안됩니다. 이미 다주택자인 사람이 추가로 주택담보대출을 받으려고 하면 대출 한도가 매우 적게 나오거나 아예 대출이 되지 않습니다. 이 책을 읽는 분들이라면 이러한 내용은 어느 정도 알고 계실 테니 자세한 내용은 생략하겠습니다. 하지만 중요한 점은 앞으로 당분간 다주택자에 대한 규제는 점점 심해질 거라는 사실입니다.

반면에 1주택자는 여전히 혜택을 받습니다. 조정대상지역 내에 위치한 부동산이라도 1주택자는 2년 이상 보유했다면 양도소득세가 비과세됩니다. 중과가 안 되는 정도가 아니라 아예 비과세인 거죠. 다만 조정대상지역 지정 이후 취득했다면 보유뿐 아니라 거주도 2년 이상 해야 비과세가 적용됩니다. 현재까지 양도소득세 부담을 피하는 최고의 방법은 바로 1주택자 자격을 유지하는 것입니다.

명의 고민은 곧 투자 방향에 대한 고민

제가 부동산 투자를 처음 시작한 건 아직 20대였을 무렵입니다. 그때

제가 잡은 목표는 '마흔 살이 됐을 때 부동산 100채를 소유하는 것'이었습니다. 그래서 A4용지 한 장을 펴놓고 내가 100채를 보유하기 위해 매년 어떻게 투자를 하면 될지, 그럴 때 생길 만한 문제는 뭐가 있을지를 낙서하듯 적어봤습니다. 비록 아직 부동산을 한 채도 보유하지 못한 상태였지만 말입니다.

다가구주택 한 채에서 월세가 300만 원, 상가에서 월세가 200만 원, 이런 상가가 몇 채, 아파트가 몇 채… 이런 식으로 일단 이루고 싶은 목표와 예상 수익을 쭉 적었습니다. 상상만 해도 행복했습니다. 그런 후에 역으로 환산해 보면서 필요한 투자금은 얼마일지, 세금은 얼마나 내야 할지를 구체적으로 계산해 보았습니다.

그랬더니 이번에는 등에서 식은땀이 흐르더라고요. 투자금도 투자금이지만, 세금 내느라 허리가 휘겠더라고요. 그때는 그저 내 명의 하나로 투자하는 방법밖에 몰랐으니 도저히 답이 나오지 않았던 거죠. 가족들 명의를 모조리 끌어다 써도 100채는 채우기 어려울 것 같았습니다. 그러다가는 언젠가 세무조사를 당하겠다는 생각도 들었고요.

제가 명의 분산에 대한 고민을 시작한 것은 그때부터입니다. 지금 돌이켜보니 명의 분산을 고민한다는 것은 어떻게 하면 투자를 효율적으로 할 수 있을지에 대한 고민과 같은 것이었고, 이것은 곧 장기적인 투자전략과 연결되는 일이었습니다. 제가 일찌감치 법인 설립이라는 독특한 전략을 활용하게 된 것도 생각해 보면 그 덕분입니다.

여러분께서 투자를 시작하는 시점이라면 저처럼 장래의 투자 계획을 한 번 적어보시기 바랍니다. 비록 지금은 가진 게 없어도 앞으로 어떤 물건을 몇 채 보유하겠다, 그래서 얼마만큼의 수익을 내겠다는 것을 적어보는 겁니다. 그 과정을 통해서 앞으로 어느 시점에 얼마의 자산을 구축할지, 어떤 공부를 할지, 명의는 어떻게 분산할지, 세금은 어떻게 처리할지를 자연스럽게 계획하게 되고 나만의 투자 방향성이 보이기 시작할 겁니다.

이왕이면 목표는 크게 잡으시기 바랍니다. 수중에 가진 돈만 생각하다 보면 투자가 늘지 않습니다. 배짱이 두둑할수록 투자의 속도는 빨라집니다.

05

전업투자자 및 주부도 소득증빙이 가능하다

앞서 잠시 언급했지만, 보유한 부동산이 많아졌을 때의 또 다른 문제는 추가로 대출받기가 어렵다는 점입니다. 대출을 받지 않고도 투자할 수 있다면 감사한 일이죠. 하지만 수억 원의 돈을 대출 없이 현금으로 지불할 여유가 있는 사람은 정말 드뭅니다.

마음에 드는 물건이 있는데 더 이상 내 명의로 대출이 나오지 않아서 잡을 수 없다면 정말 안타깝고 답답한 노릇입니다. 최근에 투자자들이 법인에 관심을 갖게 된 이유 중 하나도 대출 문제입니다. 이제 2주택 이상의 다주택자라면 추가 대출이 거의 어렵다고 봐야 하는 상황이니까요.

다만 1주택자는 신규주택 취득 시점부터 2년 이내

● **LTV(주택담보인정비율)**

Loan To Value. 담보가 될 주택 가격의 몇 퍼센트까지 대출이 가능한지를 나타내는 비율. 2022년 1월 현재 무주택자의 LTV는 70%이지만 투기지역·투기과열지구는 40%까지 낮아지고, 여기에 기존 담보대출이 있거나 대출금액이 크면 추가대출이 불가하다.

● **DSR(총부채원리금상환비율)**

Debt Service Ratio. 대출받는 사람의 전체 대출원리금이 연소득에서 차지하는 비율. 이때의 대출원리금에는 주택담보대출뿐만 아니라 신용대출, 학자금대출 등도 포함된다. 통상 40%를 적용한다.

에 기존 주택을 처분하거나, 부모 봉양 등의 사유가 있을 경우 예외가 적용되기도 합니다(LTV● 및 DSR● 40~60%까지). 이런 사유조차 없다면 아무리 1주택자라고 해도 추가 대출이 어렵습니다. 그래서 예전처럼 주택을 한 채만 보유하며 재테크에 활용하고, 본인은 대출을 받아서 전세로 거주하는 방법도 쓰기 어려워졌습니다. 이런 방법까지 막혀 버렸으니, 개인 명의로 투자를 해온 사람들은 좌절할 수밖에 없습니다.

대출에 있어서는 법인도 어려움을 겪고 있습니다. 특히 주택 매입을 목적으로 하는 담보대출은 거의 불가능하다고 봐야 합니다. 다만 이미 보유하고 있는 주택을 담보로 사업자금을 대출받는 것은 가능합니다. 적어도 법인은 개인에게 적용되는 DSR 등의 규제가 적용되지 않습니다. 하지만 대표 역량에 따라서 받을 수 있는 대출 규모에는 차이가 큽니다.

법인대출은 개인대출과 어떻게 다른가

법인으로 대출받을 때 흔히 걱정하는 것이 재무제표입니다. 법인의 재정 상태를 보여주는 것이 재무제표●인데 세금을 적게 내기 위해 비용을 늘리다 보면 순수익이 거의 없거나 마이너스인 경우도 있으니까요. 그러나 법인의 대출에서 재무제표보다 중요한 것은 담보물건입니다. 담보만 확실하다면 대출을 받는 데에 큰 문제가 없습니다.

> ● 재무제표
> 기업의 경영상황을 기록한 문서로 재무상태표(대차대조표), 손익계산서, 현금흐름표, 자본변동표 등이 포함된다. 법인사업자는 의무적으로 복식부기를 이용해 재무제표를 작성해야 한다.

이제 막 만들어진 법인에게도 대출을 해주느냐는 질문도 많이 받는데, 어떤 면에서는 오히려 신규법인이 기존 법인보다 유리한 측면도 있습니다. 가장 중요하게 보는 것이 담보물건이긴 하지만, 그래도 재무제표가 마이너스일 경우 대출을 꺼리는 은행이 아주 없는 것은 아니니까요. 신규법인은 재무제표가 아예 없기 때문에 오히려 유리할 수도 있습니다.

사람들은 흔히 주거래은행이나 큰 은행에서 대출이 잘 나오고, 조건이 좋다고 생각합니다. 특히 법인의 경우는 법인통장이 개설되어 있는 주거래은행이 있으니 여기에서 대출을 받아야 더 조건이 좋지 않느냐는 질문도 많이 받습니다.

> **● 1금융권과 2금융권**
> 일반적으로 시중은행 및 지방은행을 1금융권으로, 은행은 아니지만 예금을 취급하는 금융기관(저축은행, 협동조합, 보험사, 증권사, 종금사 등)을 2금융권으로 나눈다. 공식 분류는 아니다. 참고로 카드사나 캐피탈 등 여신금융회사는 3금융권으로 분류한다.

하지만 담보대출을 받기 가장 좋은 은행은 주거래은행도, 큰 은행도, 유명한 은행도 아닙니다. 법인 대출을 많이 취급하는 은행이 가장 좋습니다. 과거에는 법인 대출을 주로 2금융권●에서 많이 취급했지만 최근에는 1금융권●에서도 법인 대출을 취급하는 곳이 늘어나고 있습니다. 아무래도 정부 규제로 인해 개인 대출을 해주기 어려워지니, 은행 입장에서도 사업자를 대상으로 하는 대출상품을 활용해서 수익을 내려 하겠죠. 그러니 은행의 규모보다는 법인 대출상품을 많이 취급하는지를 보고 고르는 게 좋고, 그중에서도 특판상품이 있다면 가장 좋습니다.

법인 대표의 신용도에 따라 법인 대출도 영향을 받지 않느냐고 질문하는 분들도 많습니다. 흔히 은행은 법인에게 대출을 할 때 법인 대표가 연대보증을 서줄 것을 요구합니다. 그래서 법인 대표의 신용이 어느 정도 영향을 주는 것은 사실이지만, 절대적 영향을 끼치는 건 아닙니다. 말씀드린 대로 법인 대출에 가장 큰 영향을 끼치는 것은 담보물건이기 때문입니다. 법인 대출이 어떻게 진행되는지에 대해서는 나중에 더 자세히 살펴보도록 하겠습니다.

개인의 소득증빙은 미리 만들어 두자

법인은 그 자체로 개인보다 대출에 유리할 수도 있지만, 법인 대표가 법인과 별개로 개인적 대출을 받을 때에도 도움이 될 수 있습니다. 법인을 설립해서 대표로서 월급을 받으면 개인에게는 그것이 곧 소득증빙이 되기 때문입니다. 제가 부동산 강의를 처음 시작할 때부터 지금까지 매번 빠트리지 않고 하는 말이 있습니다.

"지금부터라도 본인과 부모님의 소득증빙을 만들어 두세요."

이렇게 밀하는 이유는 소득을 증빙할 수 없는 사람에게는 대출이 나오지 않기 때문입니다. 법인이 아닌 개인 자격으로 대출을 받아야 할 때 소득증빙이 없으면 곤란합니다. 요즘은 DSR이 도입되면서 신용대출뿐 아니라 담보대출에서도 소득이 중요한 기준으로 작용하고 있습니다.

직장인이라면 자동으로 과세당국에 소득이 신고되므로 따로 소득증빙에 신경 쓸 필요가 없습니다. 그러나 특별히 소속된 곳 없는 전업주부나 회사를 그만두고 전업투자의 길로 뛰어든 사람이라면 어떨까요? 내가 소득이 있는 사람이라는 사실을 별도로 증명하지 못한다면 대출을 받기가 어려울 겁니다.

이런 분들도 대출을 받는 방법이 있긴 합니다. 예를 들어 본인 명의의 신용카드를 사용하고 연체를 하지 않았다면 금융기관에서는 이 사람이 그만큼의 경제적 능력과 신용도를 갖고 있다고 판단합니다. 하지만 주부들의 경우는 소득공제를 조금이라도 더 받아보겠다며 신용카드부터 현금영수증까지 모두 남편 명의로 몰아서 사용하는 경우가 많습니다. 건강보험 역시 남편 앞으로 피부양자 등록을 해놓죠. 그러니 인정받을 수 있는 소득 액수가 적고, 심지어 전혀 없을 수도 있습니다. 이런 분들에게는 당연히 대출이 나올 리 없습니다.

제가 6년 전부터 소득증빙을 미리 만들어 두라고 강조했던 건 부동산 시장이 꺾일 때는 대출규제부터 시작된다는 걸 알고 있기 때문입니다. 당시에는 시장이 호황이라 신경 쓰는 사람이 적었지만, 부동산은 항상 오를 만큼 오르면 곧 떨어지는 법이거든요. 대출규제가 시작되면 그나마 정기적 소득이 있는 사람은 대출이 좀 나오겠지만, 소득을 전혀 증명하지 못하는 주부나 어르신들은 대출이 막혀 버립니다.

재미있는 건 이럴 때일수록 부동산 가격이 떨어진다는 것이죠. 집을 살 수 있는 절호의 기회입니다. 좋은 물건은 많아지고 명의 하나하나가 아까운 마당인데 소득증빙이 안 돼서 투자를 못 한다면 정말 억울하지 않나요? 그러니 주부라면 본인 명의의 신용카드를 사용하고, 부모님께도 신용카드를 만들어 드려서 미리 소득증빙을 만드는 게 좋습니다.

설명이 좀 길었지만, 법인을 설립하고 여기에서 월급을 받는다면 이야기는 달라집니다. 과거에는 전업주부였지만 대표이사로서 급여를 받았다는 기록을 남길 수 있는 거죠. 신용카드를 사용하지 않고도 소득증빙이 생기는 겁니다. 이런 사실만 놓고 봐도 이왕이면 법인은 투자 초기부터 만드는 것이 유리할 수 있습니다.

J's TIP

현금만 쓴다고 신용등급이 높아질까

소득증빙이 있다고 개인 대출이 무조건 잘 나오는 건 아닙니다. 소득을 증빙하는 이유는 그 사람의 상환능력을 평가하기 위한 하나의 방법일 뿐입니다. 만약 소득은 있는데 신용카드 연체액도 많다면 은행이 이 사람에게 대출을 해 주려고 할까요? 그래서 개인 대출을 받을 때에는 신용등급이 중요한 역할을 합니다.

많은 분들이 오해하시는 부분이 신용카드를 안 쓰면 신용도가 높아진다고 생각하는 것입니다. 그렇지 않습니다. 오히려 현금만 쓰고 은행과의 거래가 전혀 없다면 대출도 어렵습니다. 가장 좋은 것은 적당히 대출을 받고 신용카드를 사용하되 연체하지 않고 꼬박꼬박 성실하게 갚는 것입니다.

06

리스크를 분산할 수 있다

　모든 투자가 성공으로 이어지면 좋겠지만 인생은 마음먹은 대로 되는 게 아니죠. 큰 수익을 올릴 수도 있지만, 반대로 큰 손해를 볼 수도 있습니다. 2014년에 인천에 사는 일가족 세 명이 자살해서 큰 충격을 준 사건이 있습니다. A씨 부부는 총 15채의 부동산을 경매로 낙찰받았지만 남편은 무직으로 고정수입이 없었다고 합니다. 낙찰받은 집들의 임대가 제대로 나가지 않자 대출금과 이자를 제 때에 갚지 못했고, 돈의 흐름이 막히면서 빚 독촉에 시달리다가 결국 안타까운 선택을 한 겁니다.

　고정수입이 없다는 것은 다달이 돌아올 대출이자에 대한 리스크에 노출되어 있다는 뜻입니다. 그런 상황에서는 무조건 남들 따라서 월세 투자를 할 게 아니라 자신의 상황을 냉철하게 돌아보고 다른 전략을 수립하는 게 좋았을 겁니다.

　모든 투자에는 반드시 리스크가 존재합니다. 투자의 성패는 그 리스크를 어떻게 관리하느냐에 달렸다고 볼 수도 있습니다. 보유한 부동산의 수가 많아지고 투자한 금액이 많아질수록 리스크도 커질 수밖에 없겠죠. 리스크를 가능한 한 분산시켜 놓는다면 문제가 터져도 대처할 기회가 생길 겁니다.

투자자라면 항상 리스크를 생각하자

여러분이 전국에 열 채의 아파트를 가지고 있는데 그 중 한 군데에서 역전세, 즉 전세값이 떨어지는 상황이 발생했다고 합시다. 전세세입자는 다른 곳으로 이사하겠다며 당장 보증금을 돌려달라고 합니다. 최악의 경우 세입자는 보증금을 돌려받기 위해 내 집을 경매로 넘겨버릴 수도 있습니다. 그런데 경매가 시작되면 보통 그 집 하나만 경매에 넘어가는 게 아닙니다. 다른 집의 세입자나 대출을 해준 은행들도 불안한 마음에 당장 돈을 돌려달라고 독촉할 것이고, 그 요구를 들어주지 못하면 모든 집이 차례로 경매로 넘어갈 수 있습니다.

리스크를 줄이는 가장 기본적인 방법은 분산입니다. 열 채의 물건이 모두 내 명의라면 그 중 하나에서 문제가 발생했을 때 다른 물건에도 영향을 미칩니다. 하지만 법인을 설립해서 명의를 나눠 놓는다면 한 쪽 명의의 물건이 경매에 넘어가더라도 최소한 다른 쪽 명의의 물건만큼은 남아있을 것입니다.

법인은 엄연히 법률상 독립된 권리와 의무의 주체로 개인과는 별개의 존재입니다. 눈에 보이는 실제 사람은 아니지만 법적으로는 사람과 같은 대우를 받죠. 대표이사와도 완전히 별개의 존재인데, 이는 대표가 혼자 운영하는 1인법인도 마찬가지입니다.

그래서 만약 법인 명의 부동산에 문제가 생기더라도 대표이사 개인에게는 책임이 없습니다. 물론 담보대출을 받은 경우라면 은행이 대표에게 연대보증을 요구했을 것이므로 책임을 져야 할 수도 있지만, 그런 경우가 아니라면 법인의 문제는 대개 법인에서 끝납니다. 대표이사에게 책임이 넘어오지 않는다는 것은 투자한 물건에 문제가 생기더라도 최소한 우리 가족만큼은 지킬 수 있다는 뜻이기도 합니다.

투자를 시작하는 초보자들에게 법인 설립을 권하는 또 하나의 이유가 여기 있습니다. 경험이 풍부한 투자자는 돌발변수를 만났을 때 잘 대응할 수 있지만, 초보 투자자일수록 문제와 맞닥뜨릴 가능성이 더 많고 제대로 대응할 능력도 떨어질 테니까요. 무슨 일이든 처음에는 어려운 법이지만, 그래도 이왕이면 리스크를 줄이면서 시작하는 게 낫지 않나요?

저는 보유 중인 물건들을 어떻게 처리할지 습관처럼 노트에 빼곡하게 적어둡니다. 당장 매도하지 않을 물건들도 미리 구체적인 계획을 세워 보죠. 그렇게 하는 이유는 오랜 시간 투자를 해 오면서 항상 좋은 날만 있는 것은 아님을 깨달았기 때문입니다. 엄청난 자산가들도 한 번의 실수로 가지고 있는 부동산을 날려 버리는 경우가 많았습니다. 저라고 괜찮으리란 보장은 없죠. 20년 동안 전업투자자로 살다보니 이 시장에서 방심은 절대

금물이라는 것을 누구보다 절실히 느끼고 있습니다.

하루하루가 험한 세상입니다. 지위고하를 막론하고 누구에게 언제 무슨 일이 생길지 모릅니다. 설마 나에게 그런 일이 생길까라는 안일한 생각을 버리고 언제나 철저히 대비하고 준비하는 자세를 잃지 말아야 합니다.

납세시기 분산으로 지급 리스크 줄이기

명의 분산뿐 아니라 납세시기 분산을 통해서도 리스크를 줄일 수 있습니다. '흑자부도'라는 말을 들어보셨지요? 분명히 수익이 나는데도 부도가 나는 기업이 있습니다. 전체적으로 보면 흑자지만 채무나 어음이 한꺼번에 돌아와서 순간적으로 현금흐름이 막히면 어쩔 수 없이 부도가 나는 겁니다. 부동산 세금도 마찬가지입니다. 분명히 돈을 많이 벌었고 그만큼 세금도 많이 나왔지만, 이상하게도 당장 세금 낼 돈이 없는 겁니다. 특히나 세금은 무조건 현금으로 내야 하니 더욱 곤란하죠. 그래서 경험 많은 투자자들은 납세시기까지 고려해서 투자를 하곤 합니다.

예를 들어 재산세는 매년 6월 1일이 과세기준일이기 때문에 매수잔금을 6월 1일 이후에 치르는 분이 많습니다. 5월 30일에 잔금을 치르면 고작 하루 차이로 그 해에 재산세를 납부해야 하니까요. 재산세로 끝나면 다행이지만 종합부동산세(종부세)의 과세기준일도 6월 1일입니다. 이미 어느 정도 자산이 있는 상태라면 하루 먼저 잔금을 치름으로써 안 내도 됐을 종합

부동산세를 내야 할 수도 있습니다.

양도소득세도 마찬가지입니다. 개인의 양도소득세 기준일은 그해 1월 1일부터 12월 31일까지입니다. 그 안에 판 물건의 매도차익이 얼마냐에 따라 양도소득세율이 달라지죠. 예를 들어 올해 양도차익을 계산해 보니 과세표준이 8,000만 원 정도 될 것 같은데 팔 물건이 한 채 더 있습니다. 추가될 과세표준이 800만 원만 넘어도 양도소득세율이 24%에서 35%로 높아지는 상황이죠. 이럴 경우 마지막 물건의 잔금은 내년 1월로 미루는 게 좋습니다. 반대로 내년에 팔아야 할 물건이 많으면 올해 서둘러서 다른 것을 미리 팔아둡니다.

법인이라면 이러한 부분에서 상대적으로 유리합니다. 개인은 양도소득세 합산 날짜가 무조건 그해 1월 1일부터 12월 31일로 정해져 있지만, 법인은 법인세 납부결산일을 따로 정할 수 있습니다. 정관에 별도로 명시하지 않으면 보통 당해년도 1월 1일부터 12월 31일까지 발생한 모든 소득을 결산한 뒤 다음 해 3월에 납부합니다. 하지만 정관을 통해서 회계연도를 4월 1일부터 이듬해 3월 31일까지로 정한다면 결산일이 달라지므로 법인세도 조금 달라질 수 있겠죠.

부동산 자산이 많다면 법인을 여러 개로 나누어 설립할 수도 있습니다. 예를 들어 총 30억 원 규모의 자산을 매도했을 때 개인이라면 이 30억 원에 대한 세금을 한꺼번에 납부해야 합니다. 그러나 만약 이 자산을 10억 원씩 세 개의 법인으로 쪼개어 놓은 뒤 매도하고, 각 법인의 결산일을 3월, 6월, 9월로 정해놓는다면 세금을 세 번에 걸쳐서 나눠 낼 수 있는 것입니다. 아무래도 큰돈이 한 번에 나가는 것보다는 숨통이 트이겠지요.

공부가 깊어질수록 돈 버는 방법이 보인다

이제 법인 설립을 하자는 결심이 서셨나요? 그러셨기를 바랍니다. 물론 법인을 설립하면 개인이었을 때는 지출하지 않아도 되었을 비용이 발생하기는 합니다. 대표적인 것이 기장료인데, 세무사에게 법인의 기장대리를 맡기면 연간 100만 원에서 200만 원 정도 듭니다. 하지만 이 돈이 아깝다고 더 큰 것들을 포기하는 건 말이 안 됩니다. 기장료 100만 원을 능가하는 비용 절감 효과와 함께 투자와 돈에 대한 공부도 많이 될 겁니다.

누군가는 지금 시장은 예전과 달리 투자금이 많이 들기 때문에 많은 수의 부동산을 쓸어 담을 수도 없으니 법인을 활용해 봐야 별로 이득이 없다고도 합니다. 하지만 지금 이 순간에도 시장은 끝없이 변하고 있습니다. 게다가 재미있는 사실은 과거의 시장과 비슷한 시장이 다른 지역에 분명히 존재한다는 겁니다. 서울·수도권 시장이 시들해졌다면 다른 지역으로 눈을 돌릴 때입니다. 지금까지 배운 것을 활용해 볼 좋은 기회입니다.

거듭 강조하지만, 저는 한 채를 사더라도 무조건 법인을 활용하는 것이 좋다고 생각합니다. 한 번 배워 두면 평생을 써먹을 수 있는 전략이기도 합니다. 지금 당장 법인을 설립하지 못하더라도 이런 전략이 있다는 사실만큼은 기억하시기 바랍니다. 혹시나 중간에 투자를 잠시 쉬게 되더라도, 다시 돌아왔을 때 "그래, 법인을 활용하는 투자 방법이 있었지"라며 곱씹어 볼 수도 있겠지요.

내 말을 잘 들어주는 든든한 친구인 법인을 만들어 두세요. 누구보다 든든한 투자 파트너가 되어줄 것입니다.

07
개인의 세금 vs 법인의 세금

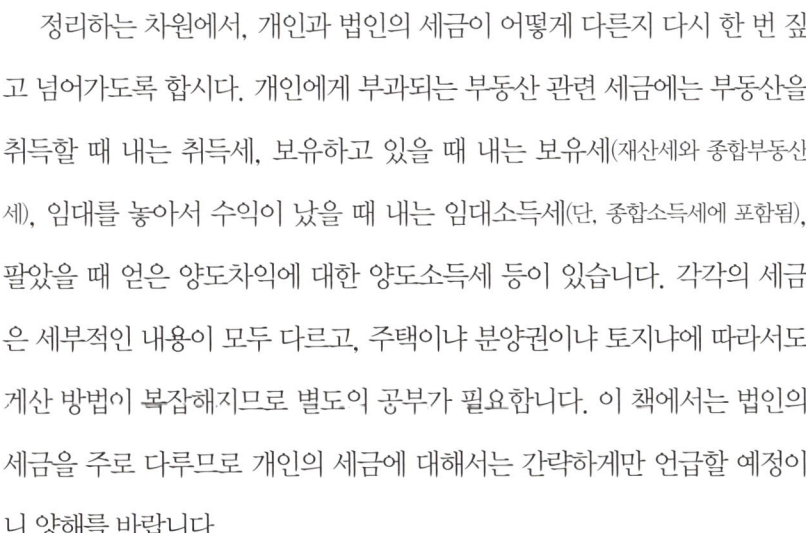

정리하는 차원에서, 개인과 법인의 세금이 어떻게 다른지 다시 한 번 짚고 넘어가도록 합시다. 개인에게 부과되는 부동산 관련 세금에는 부동산을 취득할 때 내는 취득세, 보유하고 있을 때 내는 보유세(재산세와 종합부동산세), 임대를 놓아서 수익이 났을 때 내는 임대소득세(단, 종합소득세에 포함됨), 팔았을 때 얻은 양도차익에 대한 양도소득세 등이 있습니다. 각각의 세금은 세부적인 내용이 모두 다르고, 주택이냐 분양권이냐 토지냐에 따라서도 계산 방법이 복잡해지므로 별도의 공부가 필요합니다. 이 책에서는 법인의 세금을 주로 다루므로 개인의 세금에 대해서는 간략하게만 언급할 예정이니 양해를 바랍니다.

법인도 부동산과 관련하여 여러 종류의 세금을 냅니다. 취득세, 보유세, 부가가치세(부가세 또는 VAT), 법인세, 법인추가과세 등입니다. 개인의 세금과 비교했을 때 가장 큰 차이점은 수익과 관련된 세금을 양도소득, 임대소득, 이자소득, 배당소득 등으로 구분하지 않고 '법인세'라는 항목 하나에 모두 포함한다는 겁니다. 이러한 기본개념을 머리에 담아두시고 이제부터는 법인의 세금에 대해 좀 더 자세히 살펴보기로 합시다.

개인의 취득세 vs 법인의 취득세

> **● 국세와 지방세**
> 세금에는 중앙정부가 과세하는 국세와 지자체가 과세하는 지방세가 있다. 부동산 관련 세금 중 소득세, 종합부동산세, 상속세, 증여세, 법인세, 부가가치세 등은 국세에 속하고 취득세, 재산세 등은 지방세에 속한다. 참고로 인지세, 교육세, 농어촌특별세, 지방교육세 등은 다른 부동산 세금을 낼 때 따라 붙으므로 이 책에서는 다루지 않는다.

취득세는 이름만 들어도 딱 감이 잡히실 겁니다. 말 그대로 어떤 물건을 취득했을 때 내는 세금입니다. 엄밀히 말하면 취득할 때 내는 세금에는 취득세 외에도 농어촌특별세, 교육세 등의 지방세●가 따라붙지만, 현장에서는 흔히 '취득세'로 합쳐서 부르므로 이 책에서도 그렇게 하겠습니다.

현재 개인이 주택을 취득할 때 내는 취득세가 몇 %인지 아시나요? 1주택까지는 기타 세금을 포함해서 1.1% 내지 3.5%입니다. 참고로 세율의 차이는 주택의 크기와 가격 때문이며, 농어촌특별세 등이 붙느냐 아니냐에서도 차이가 납니다. 다주택이거나 조정지역일 경우 국민주택규모 이내 주택은 12.4%까지, 초과일 경우 13.4%까지 높아지기도 합니다. 구체적인 세율은 뒤에 나올 표를 참고하시기 바랍니다.

그렇다면 법인을 설립해서 주택을 취득한다면 몇 프로일까요? 조정지역 여부와 상관없이 지방세 포함 13.2%입니다. 조금 이상하죠? 개인일 때

개인의 세금 vs 법인의 세금

개인	구분	법인
취득세	취득 시	취득세
재산세, 종합부동산세	보유 시	재산세, 종합부동산세
종합소득세에 포함	임대소득 발생 시	법인세에 포함
양도소득세	양도 시	법인세에 포함, 부가세 (비사업용토지 및 주택은 추가과세)

보다 법인일 때 세율이 높은데 굳이 법인을 설립할 이유가 있을까 싶으실 겁니다. 하지만 걱정할 필요는 없습니다. 앞으로 자세히 다루겠지만 법인은 개인에 비해 취득세는 높지만 법인세와 법인추가과세 등을 놓고 보면 훨씬 절세 효과가 큽니다.

다만 한 가지 유의해야 할 점은 법인의 사무실(본점) 주소가 과밀억제권역 내에 있다면 취득세가 중과된다는 사실입니다. 이에 대해서는 법인 설립 부분에서 자세히 다루겠습니다.

개인의 보유세 vs 법인의 보유세

법인 명의로 부동산을 보유할 때에도 개인과 마찬가지로 보유세를 냅

> **● 공시가격**
> 부동산 가격 산정의 기준이 되는 금액으로, 정부가 매년 조사하여 발표한다. 주택의 공시가격은 실거래가격의 70~80% 수준이지만 점차 오르는 추세다.

니다. 보유세의 종류는 개인과 마찬가지로 재산세와 종합부동산세(종부세)가 있습니다.

부동산의 재산세 과세대상은 크게 주택, 건축물, 토지의 세 가지로 분류됩니다. 일반적으로 가장 많은 사람이 투자하는 주택의 경우는 물건별로 0.1% 내지 0.4%의 세율이 적용되고, 이때 과세표준 가격은 공시가격의 60% 정도입니다.

종합부동산세의 경우는 흔히 '부자세'라고도 하죠. 보유하고 있는 부동산 가격 합계가 일정 수준을 넘으면 부과되기 때문입니다. 인별로 보유한 부동산의 공시지가 합계가 6억 원을 초과하면(1주택자의 경우는 11억 원을 초과하면) 과세됩니다.

세율은 최저 0.6%에서 최고 6.0%로 꽤 높은 편입니다. 종부세는 부동산 금액의 합계 전체에 대해 매기지는 않습니다. 전체 합계 금액에서 6억 원(1주택자는 11억 원)을 뺀 금액에 공정시장가액비율이라는 것을 곱하는데 정부는 이 비율을 점점 높여서 2022년까지 100%로 인상한다고 밝힌 바 있습니다. 이렇게 나온 과세표준에 해당 구간 세율을 곱하면 세액이 나오는 거죠. 단, 이때 기존에 낸 재산세는 공제해 줍니다.

보유세에 있어서는 법인이 개인에 비해 상당히 불리합니다. 개인과 달리 공제액이 적용되지도 않고, 세율도 최고세율이 적용되기 때문입니다. 다양한 측면에서 장단점을 꼼꼼히 따져보시기 바랍니다.

개인의 임대소득세 vs 법인의 법인세

개인이 부동산에 임대를 놓았다면 이에 대한 소득세를 내야 합니다. 임대로 얻은 소득에 대한 세금이므로 흔히 임대소득세라고 부르지만, 엄밀히 말해서 개인의 임대소득세는 종합소득세에 포함되어 나옵니다. 한 사람이 1년 동안 벌어들인 근로소득(급여), 사업소득, 이자소득, 배당소득 등 다양한 소득에 임대소득까지 합해서 종합소득이라는 하나의 항목으로 계산하는 것이죠. 다만 각각의 소득마다 과세표준을 계산하는 방법이 조금씩 다릅니다.

그런데 그중에서도 임대소득세는 점차 강화되는 추세입니다. 기존에는 개인이 1년 동안 벌어들인 주택임대소득이 2,000만 원 이하일 경우 임대소득세가 면제되었지만 2019년부터는 부과됩니다(기준시가 9억 원 이하 주택을 보유한 1주택자는 제외). 다만 분리과세를 선택하면 다른 소득과 합산하지 않고 별도로 계산하기 때문에 누진세율이 상대적으로 약하게 적용되긴 하죠. 전세의 경우는 부부 합산 3주택 이상일 때 간주임대료를 기준으로 과세합니다.

> **● 간주임대료**
> 보증금을 차임으로 환산하여 계산한 임대료. 계산 공식은 '(보증금−3억 원)×60%×정기예금이자율'에 임대일수를 반영한다. 이때 과세 대상은 부부 합산 3주택 이상 보유자이면서, 전용면적 40㎡ 초과 또는 기준시가 2억 원 초과인 주택이다. 또한 2022년 1월 현재 정기예금이자율은 연 1.2%다.

게다가 임대주택으로 등록하지 않았을 경우에는 비용으로 인정해 주는 필요경비의 범위도 50%로 줄어듭니다. 또 간주임대료 계산 대상에서 제외되는 '소형아파트'의 기준도 종전보다 많이 축소되어서 전용면적 40㎡ 이하이면서 기준시가 2억 원 이하일 때만 혜택을 받을 수 있습니다.

개인적인 생각이지만 다주택자의 임대소득에 대한 사회적 시선이 곱지는 않은 만큼 시간이 흐를수록 개인 투자자의 임대소득세 부담은 커질 확률이 높다고 봅니다.

법인의 경우는 임대소득세라는 개념이 따로 없습니다. 모든 수익을 합쳐서 법인세라는 하나의 항목으로 과세하기 때문이죠. 항목 구분 없이 1년간 벌어들인 모든 수익의 합에서 모든 지출비용을 공제한 후 남은 금액에 대해 법인세를 산출합니다.

그런데 법인의 법인세는 개인의 종합소득세보다 상대적으로 부담이 적

과세표준 및 세율(종합소득세 vs 법인세)

개인의 종합소득세			법인의 법인세		
누진공제액	세율	과세표준	세율	누진공제액	
0원	6%	1,200만 원 이하			
108만 원	15%	1,200만 원 초과 ~ 4,600만 원 이하	2억 원 이하	10%	0원
522만 원	24%	4,600만 원 초과 ~ 8,800만 원 이하			
1,490만 원	35%	8,800만 원 초과 ~ 1억 5,000원 이하			
1,940만 원	38%	1억 5,000만 원 초과 ~ 3억 원 이하			
3,540만 원	42%	5억 원 초과 ~ 10억 원 이하	2억 원 초과 ~ 200억 원 이하	20%	2,000만 원
6,540만 원	45%	10억 원 초과	200억 원 초과 ~ 3,000억 원 이하	22%	4억 2,000만 원
			3,000억 원 초과	25%	94억 2,000만 원

※ 납부할 세액 = 과세표준 금액 × 해당 세율 − 누진공제액

다고 할 수 있습니다. 법인세 최소세율은 10%로 종합소득세의 6%보다 높지만, 개인은 과세표준이 1,200만 원만 넘어가도 세율이 15%로 껑충 뛰는 반면에 법인은 2억 원까지 10%가 유지되기 때문입니다. 2억 원을 넘겨도 법인세율은 20%로 종합소득세보다 상승폭이 훨씬 작습니다.

게다가 공제받을 수 있는 필요경비의 항목도 개인에 비해 월등히 다양해서 과세표준 금액 자체가 적어지죠. 어떤 항목이 공제받을 수 있는지는 실제 운영 부분에서 자세히 설명하겠습니다.

개인의 양도소득세 vs 법인의 법인세·추가과세

앞서 말씀드렸듯이 투자는 결국 사는 것보다 파는 것이 중요합니다. 그래서 많은 투자자들이 팔 때 내는 세금, 즉 양도소득세에 지대한 관심을 갖는 것입니다. 부동산 가격이 많이 올라서 수익이 많이 났다고 해도 양도소득세를 많이 내는 바람에 실제로 남는 것은 얼마 없는 경우가 많기 때문입니다.

양도소득세는 세액이 크기도 하지만 공제항목에 무엇이 포함되느냐에 따라 절세 효과가 달라집니다. 그래서 정부가 부동산 시장을 규제할 때 가장 먼저 손을 대는 것 역시 양도소득세입니다. 실제로 2018년 4월 이후부터는 규제지역 내의 주택을 팔 때 양도소득세 중과가 적용되고 있습니다. 조정대상지역 내의 부동산을 양도할 때 두 채를 보유했다면 20%p가, 세

채 이상 보유했다면 30%p가 추가로 과세됩니다. 최대 75%까지 양도소득세율이 높아질 수도 있기 때문에 팔기가 무서울 지경입니다.

법인은 양도소득세의 개념이 따로 없습니다. 대신 앞서 언급한 법인세에 포함되죠. 다른 모든 소득과 함께 말입니다.

예를 들어 ㈜지성이라는 법인이 빌라를 1억 원에 사서 2억 원에 팔았다고 합시다. 편의상 비용공제는 고려하지 않는다면 양도차익은 1억 원이 되겠죠. 만약 ㈜지성이 이 빌라를 임대주택으로 등록해 놓지 않았다면 법인추가과세가 이루어집니다. 양도차익의 20%에 해당하는 2,000만 원을 납부하는 것이죠. 반대로 ㈜지성이 이 빌라를 임대주택으로 등록했고 의무임대기간이 끝나서 매도한 거라면 추가과세가 없습니다.

그런데 추가과세와 상관없이 법인세는 내야 합니다. 1억 원의 차익은

법인추가과세 및 법인세의 구조

- 매도금액
- 필요경비
- 매입금액

양도차익(과세 대상) → 20% **법인추가과세** (비사업용토지는 10%)

↓

다른 소득과 합산

↓

운영비용 공제

↓

10~25% **법인세** (과세표준 2억 원까지 10%, 200억원까지 20%)

법인이 1년 동안 벌어들인 모든 사업수익과 합산되지만, 여기에서는 편의상 다른 수익은 없었다고 합시다. 이 1억 원의 수익에 대한 법인세는 내야 합니다.

이쯤에서 다시 한 번 중요하게 짚고 넘어가야 할 것이 있습니다. 법인세는 단순히 매도가격에서 매수가격을 뺀 양도차익으로 계산하는 게 아니라 법인이 운영을 위해서 사용한 비용을 모두 공제한 금액으로 계산한다는 점입니다. 그래서 비용을 많이 지출하면 법인세가 줄어드는 효과를 볼 수 있습니다.

이것이 무슨 뜻인지 좀 더 자세히 보겠습니다. ㈜지성이라는 법인이 2021년 한 해 동안 벌어들인 수익은 1억 원입니다. 그리고 회사를 운영하

J's TIP

법인은 장기보유특별공제가 없다

법인이 불리한 점도 분명히 있습니다. 대표적인 것이 장기보유특별공제가 안 된다는 겁니다. 개인은 부동산 물건을 보유하는 기간이 길면 길수록 양도소득세 금액을 공제해주지만 법인은 보유 기간이 길다고 해서 별다른 혜택을 받지 못합니다.

정부는 개인이 재산증식의 수단보다는 거주를 위한 공간으로서 집을 소유하기를 원합니다. 그래서 자주 사고팔기보다는 오래 머물며 집값 안정화에 기여하길 바라는 차원에서 장기보유특별공제를 적용하는 것입니다. 뒤집어 보면 1년 미만 단기보유를 할 때 중과세를 매기는 것과 같은 맥락이죠. 반면 법인의 주택은 집값 안정과 상관없이 이윤을 내기 위한 사업용 자산으로 봅니다. 그래서 오래 가지고 있어도 혜택을 주지 않을 뿐 아니라, 단기보유 후 매도할 때에도 중과세를 적용하지 않는 겁니다. 이처럼 똑같은 집을 놓고도 소유자가 개인이냐 법인이냐에 따라 다른 기준이 적용됩니다.

는 동안 대표이사에게 급여를 주고, 사무실 임대료를 내고, 업무용 자동차 리스 비용도 내고, 비품도 사고, 직원 식대도 지출했습니다. 모든 비용은 법인카드 등의 지출증빙을 이용해서 깔끔하게 처리했고요. 이 비용을 따져보니 모두 8,000만 원이었다고 합시다.

㈜지성의 수익은 1억 원이지만 비용을 제하고 나니까 최종 순수익은 2,000만 원입니다. 그렇다면 법인세는 바로 이 2,000만 원에 대해서만 과세됩니다. 법인세율은 2억 원까지 10%이므로 세액은 200만 원이 되는 겁니다. 만약 지출한 비용이 모두 1억 원이라면 법인세는 얼마일까요? 0원입니다. 이처럼 공제되는 항목이 개인에 비해 월등히 많다는 것은 법인의 큰 장점입니다.

부연설명을 하자면 법인추가과세는 법인이 부동산을 재산증식의 수단으로 악용하지 못하도록 하기 위한 세금입니다. 추가과세의 대상이 부가가치를 만들어내지 않는 비사업용토지와 임대주택으로 등록되지 않은 비사업용주택인 이유도 그 때문입니다. 업무용으로 사용되는 부동산이라면 모르지만, 그렇지 않은 부동산이라면 세금을 매기겠다는 뜻입니다

법인의 부가가치세

법인이 항상 유리하지만은 않습니다. 개인에 비해 불리한 점도 분명히 존재하는데 대표적인 것이 부가가치세(부가세 또는 VAT)입니다. 부가가치세

는 상품이나 서비스를 공급할 때 생긴 매출에 따라붙는 세금입니다. 개인의 부동산은 상품으로 보지 않지만 법인의 부동산은 상품, 즉 사업용 자산으로 보기 때문에 부가가치세가 매겨지는 거죠. 단, 토지에는 부과되지 않고 건물에 대해서만 거래가격의 10%가 부과됩니다.

의외로 많은 투자자들이 부가가치세를 고려하지 않아서 낭패를 봅니다. 몇 년 전 수강생 중 한 분이 한강 주변의 10억 원짜리 아파트를 경매로 8억 원에 낙찰받은 적이 있었습니다. 덩치가 큰 물건이다 보니 나름대로 미리 절세 방법을 고민하다가 법인 명의로 낙찰을 받았죠. 시세가 10억 원이니까 당장 매도하면 시세차익이 2억 원인데 세금은 법인추가과세 20%와 법인세만 내면 되겠다고 단순하게 생각한 겁니다. 그런데 이 아파트를 매도하고 나니 과세당국에서 부가가치세 6,000만 원을 내라는 연락이 왔습니다. 10억 원 중 건물의 가격이 6억 원이니 10%를 부가가치세로 납부하라는 겁니다. 일부러 절세를 하려고 법인을 설립했는데 예상치 못한 세금을 수 천만 원씩 내야 하는 상황이니 얼마나 당황스러웠을까요?

법인 설립을 생각중이라면 반드시 부가가치세의 개념을 이해하셔야 합니다. 부가가치세는 양도차익이 아닌 거래가격의 10%이기 때문에 금액이 상당히 큽니다. 양도차익은 1,000만 원밖에 얻지 못했어도 매매가격이 6억 원이라면 부가가치세는 6,000만 원입니다.

주의하실 점은 계약서 상에 별도의 언급이 없다면 매매가격 안에 부가가치세가 포함된 것으로 보는 게 일반적이라는 겁니다. 앞서 언급한 수강생의 사례도 이런 경우였습니다. 이미 거래가 끝난 마당에 뒤늦게 매수자를 찾아가서 부가가치세를 내야 하니 6,000만 원을 더 달라고 할 수 있을까요? 혹은 처음부터 부가가치세를 생각해서 6,000만 원 더 높은 가격에 매물을 내놓았다면 과연 이 아파트가 팔렸을까요? 이래저래 매도자 입장에서는 수익이 6,000만 원 줄어드는 것밖에 길이 없어 보입니다.

이런 딜레마를 해결할 방법이 있습니다. 바로 국민주택 규모인 전용면적 85㎡ 이하(수도권 외의 읍·면 지역은 100㎡ 이하)에 해당하는 물건만 매수하는 겁니다. 이런 물건은 부가가치세가 면제되기 때문에 거래할 때 부담이 없습니다.

참고로 부가세는 법인에게만 부과되는 게 아니라 매매사업자로 등록한 개인에게도 적용되고, 매매사업자 등록을 하지 않았더라도 부동산 거래가 잦은 경우 과세당국이 간주매매사업자로 판단하여 과세하기도 합니다. 간주매매사업자에 대한 내용은 뒤에서 다루겠습니다.

이처럼 '법인으로 투자하면 무조건 절세된다'는 생각은 위험합니다. 개인보다 훨씬 유리한 조건에서 투자를 할 수는 있지만 만병통치약은 아니죠. 이렇게 예상치 못한 세금 하나하나에 대처하려면 투자를 결정하기 전에 철저하게 확인하고, 반드시 세무사 등 전문가와 상의를 하셔야 합니다.

지금까지 말씀드렸던 개인과 법인의 세금 차이를 하나의 표로 정리해보았으니 참고하시기 바랍니다. 오래 가는 투자를 하시려면 반드시 세금을 고려하셔야 합니다. 투자 경험이 많아질수록 결국 투자의 성패는 세금에 달렸다는 것을 절실히 느끼게 될 것입니다.

개인과 법인의 세율 비교 (주택 기준, 임대사업자 미등록인 경우)

		개인			법인	
		과세표준		세율	과세표준	세율
취득세	조정대상지역	1주택	6억 원 이하	85㎡ 이하 1.1%	일괄	13.4%
				85㎡ 초과 1.3%		
			6억 원 초과 ~ 9억 원 이하	85㎡ 이하 1.1~3.3%		
				85㎡ 초과 1.3~3.5%		
			9억 원 초과	85㎡ 이하 3.3%		
				85㎡ 초과 3.5%		
		2주택		85㎡ 이하 8.4%		
				85㎡ 초과 9.0%		
		3주택		85㎡ 이하 12.4%		
				85㎡ 초과 13.4%		
	비조정대상지역	1~2주택	6억 원 이하	85㎡ 이하 1.1%	일괄	13.4%
				85㎡ 초과 1.3%		
			6억 원 초과 ~ 9억 원 이하	85㎡ 이하 1.1~3.3%		
				85㎡ 초과 1.3~3.5%		
			9억 원 초과	85㎡ 이하 3.3%		
				85㎡ 초과 3.5%		
		3주택		85㎡ 이하 8.4%		
				85㎡ 초과 9.0%		
		4주택 이상		85㎡ 이하 12.4%		
				85㎡ 초과 13.4%		

※ 농특세 등 지방세 포함　※ 6억 원 초과 ~ 9억 원 이하 구간의 세율 = (취득당시가액 × 2/3 – 3억 원) × 1/100

		과세표준	세율	과세표준	세율
재산세		6,000만 원 이하	0.1% (1주택 0.05%)	6,000만 원 이하	0.1%
		6,000만 원 초과 ~ 1억 5,000만 원 이하	0.15% (1주택 0.1%)	6,000만 원 초과 ~ 1억5,000만 원 이하	0.15%
		1억5,000만 원 초과 ~ 3억 원 이하	0.25% (1주택 0.2%)	1억5,000만 원 초과 ~ 3억 원 이하	0.25%
		3억 원 초과 ~ 3억6,000만 원 이하	0.4% (1주택 0.35%)	3억 원 초과 ~ 3억6,000만 원 이하	0.4%
		3억6,000만 원 초과	0.4%	3억6,000만 원 초과	4.0%

※ 과세표준 = 6월 1일자 공시가격 × 공정시장가액비율　※ 1주택자 특례세율은 2023년까지 한시 적용

		과세표준	세율	과세표준	세율
종합부동산세	2주택 이하	3억 원 이하	0.6%	일괄	3.0%
		3억 원 초과 ~ 6억 원 이하	0.8%		
		6억 원 초과 ~ 12억 원 이하	1.2%		
		12억 원 초과 ~ 50억 원 이하	1.6%		
		50억 원 초과 ~ 94억 원 이하	2.2%		
		94억 원 초과	3.0%		
	3주택 or 조정대상지역 2주택 이상	3억 원 이하	1.2%	일괄	6.0%
		3억 원 초과 ~ 6억 원 이하	1.6%		
		6억 원 초과 ~ 12억 원 이하	2.2%		
		12억 원 초과 ~ 50억 원 이하	3.6%		
		50억 원 초과 ~ 94억 원 이하	5.0%		
		94억 원 초과	6.0%		

※ 과세표준 = (6월 1일자 공시가격 합산액 – 6억 원) × 공정시장가액비율　※ 1주택자는 공시가격 합산액에서 11억 원을 제외함

	과세표준	세율	과세표준	세율
소득관련	1,200만 원 이하	6%	2억 원 이하	10%
	1,200만 원 초과 ~ 4,600만 원 이하	15%		
	4,600만 원 초과 ~ 8,800만 원 이하	24%		
	8,800만 원 초과 ~ 1억5,000만 원 이하	35%		
	1억5,000만 원 초과 ~ 3억 원 이하	38%	2억 원 초과 ~ 200억 원 이하	20%
	3억 원 초과 ~ 5억 원 이하	40%		
	5억 원 초과 ~ 10억 원 이하	42%	200억 원 초과 ~ 3,000억 원 이하	22%
	10억 원 초과	45%	3,000억 원 초과	25%

※ 종합소득세 및 양도소득세에 적용　※ 법인세에 적용(추가과세 20%는 별도)

	과세표준	세율	과세표준	세율
부가가치세		해당 없음	건물가액	10%

※ 구간별 누진공제액은 반영하지 않았음

임대주택 등록에 대한
개인적 생각

문재인정부는 출범 이후 지금까지 우리 앞에 크고 작은 부동산 대책을 여러 개 던져 놓았습니다. 그 여파는 서서히 퍼지고 있습니다. 팔기도 어렵고 그렇다고 보유하기도 어려워진 투자자들이 임대사업자 등록을 고민하고 있는 거죠. 개인 명의로 여러 채의 부동산을 갖고 있던 사람, 서울과 수도권을 비롯한 중과지역에 물건을 보유한 사람, 이미 임대를 놓고 있는 사람 등 다양한 투자자들이 임대사업자 등록을 고민하기 시작했습니다. 특히 정부가 적극적으로 지원하는 준공공임대사업에 대한 관심은 무척 높습니다. 준공공임대주택으로 등록하고 10년 이상 임대하면 양도소득세가 대폭 감면되는 등 다양한 혜택이 있기 때문입니다.

그렇지만 준공공임대주택으로 등록한 부동산은 길게는 10년 동안 의무적으로 보유해야 합니다. 저는 그것이 개인적으로 부담스럽게 느껴졌습니다. 문득 평소에는 인식조차도 못 했던 제 나이까지 걱정이 되더라고요. '지금 내 나이가 몇 살이더라? 10년 후에는 몇 살이지? 그때까지 이 물건을 못 판단 말인가?'라면서요. 열심히 투자했는데 이대로 나이만 먹을까봐 걱정입니다. 그렇다고 계속 개인 자격으로 투자를 하자니 세금 내고 나면 남는 게 없습니다. 임대사업자 등록, 과연 하는 게 좋을까요?

임대사업자 등록은 일장일단이 있으니 무엇이 정답이라고 말씀드리기 어렵습니다. 다만 제 경우를 말씀드리자면 저는 현재 법인 명의로 보유하고 있는 100여 채의 물건 중에

단 한 건도 임대등록을 하지 않았습니다. 그 이유는 단순합니다. 임대사업자에게 주어지는 혜택이 좋다는 건 알지만, 그래도 내가 팔고 싶을 때 팔아서 수익을 내고 싶으니까요. 임대주택으로 등록하는 순간 그 물건은 오랫동안 팔 수 없는데, 제 성격상 그 오랜 시간 동안 내내 팔고 싶다면서 괴로워할 겁니다. 제 스스로 그걸 알기 때문에 저는 이런 선택을 한 거죠.

임대주택 등록을 선호하는 분들 중에는 '부동산 불패 신화'를 생각하는 분들이 많습니다. 부동산 가격은 절대 떨어지지 않고 계속 우상향하기 때문에 오래 보유할수록 좋다는 겁니다. 틀린 말은 아니지만, 문제는 멀리서 봤을 때 우상향일 뿐 그 안에서 작은 단위의 출렁임은 끊임없이 일어난다는 겁니다. 당장 내일의 시장조차 정확히 예측할 수 있는 사람은 없습니다. 경기가 계속 좋다가 하필 내가 물건을 팔아야 할 10년째 되는 해에 제2, 제3의 IMF 사태가 터지면 어쩌죠? 그래서 피눈물을 흘리며 헐값에 매도했는데 몇 년만에 다시 회복해 버리면, 그땐 또 어떡하나요?

임대주택 등록이 절세에 도움이 되는 것은 사실입니다. 하지만 그 사이에 수익을 낼 수 있는 절호의 기회가 온다면 놓치고 싶지 않습니다. 10년 후 양도소득세가 줄어드는 것과 당장 수익 낼 기회를 얻는 것, 둘 중에 어떤 걸 선택할지 고민하다가 결국 저는 후자를 택한 겁니다.

임대주택으로 등록하지 않은 탓에 물건을 매도할 때마다 양도차익의 20%가 법인추가과세로 지출됩니다. 하지만 매도 타이밍을 내 마음대로 조절하기 위한 비용이니 감수해야 한다고 생각하고 있습니다. 대신 법인을 통해서 다른 부분에서 많이 절세하고, 20%만큼만 더 벌면 되는 거니까요. 어떤 것을 선택할지는 여러분 각자의 몫입니다. 다만 타이밍을 놓친다면 성공한 투자는 어렵다는 것이 제 생각입니다.

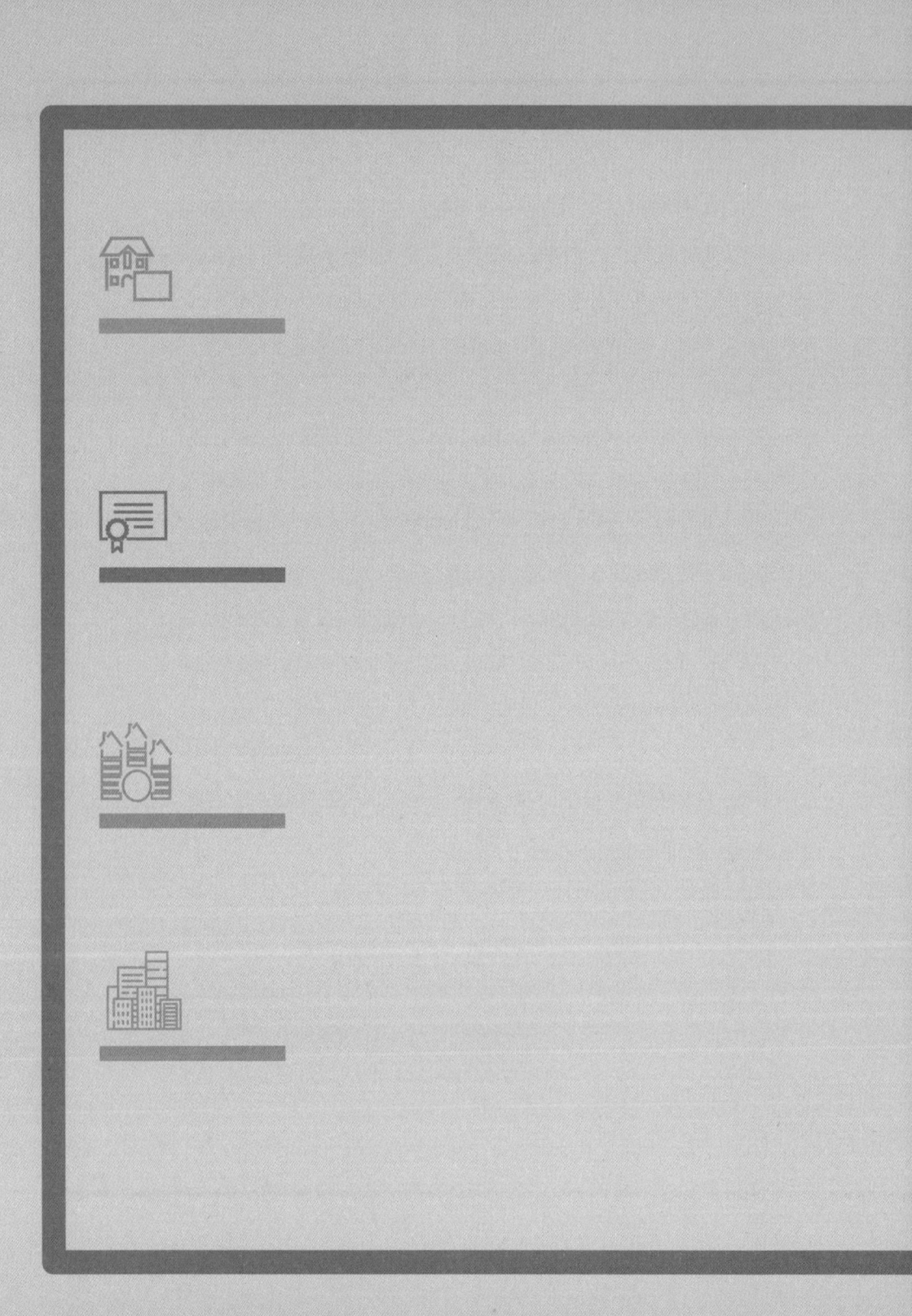

Part 02

부동산 법인 설립하는 방법

08 기본사항 결정하기

 이제부터 본격적으로 법인을 만들어 보겠습니다. 처음부터 끝까지 법무사에게 모든 것을 맡겨서 처리하게끔 할 수도 있지만, 여러분이 직접 셀프로 설립하는 것도 가능합니다. 법무사에게 맡기면 비용이 최소 40만 원에서 최대 100만 원까지 듭니다. 반면 셀프 설립은 약 25만 원밖에 비용이 들지 않지만, 직접 일을 처리해야 한다는 번거로움이 따르죠.

 그래도 이왕이면 한 번쯤은 직접 설립해 보면서 절차를 공부해 보시길 추천합니다. 세상의 모든 배움이 그러하듯이, 직접 해 본 것과 해 보지 않은 것에는 말로 표현할 수 없을 만큼 큰 차이가 존재하거든요. 투자자라면 등기, 법인 설립, 인테리어 등 투자와 관련된 것들을 온몸으로 부딪히며 직접 경험하는 것이 그 어떤 강의를 듣는 것보다 가치있다고 봅니다.

 이 장에서는 셀프 법인 설립의 절차를 차근차근 살펴볼 예정입니다. 시작도 하기 전에 겁먹지는 마세요. 읽고 나면 법인 설립이 생각보다 어렵지 않다는 것을 알게 될 겁니다.

법인 이름은 겹치지 않게

법인의 설립은 아이가 한 명 새로 태어나서 출생신고를 하는 것과 같습니다. 아이가 태어나고 출생신고를 하기 전에 무엇을 해야 할까요? 이름을 짓는 일입니다. 우리도 법인의 이름을 지어줍시다.

아이들 이름에도 유행이 있다는 걸 아시죠? 만약 올해에 '아름'이라는 이름이 유행하면 이 집 저 집 모두 아름이라는 이름을 짓습니다. 나중에 아이가 커서 학교에 가면 같은 반에 아름이라는 이름의 아이가 꼭 한 명씩 더 있게 되죠.

사람의 경우는 한 반의 모든 아이들이 아름이라고 해도 크게 문제가 되지는 않습니다. 이름 대신 번호로 부를 수도 있고요. 하지만 법인은 같은 구역 안에서 같은 이름을 사용할 수가 없습니다. 법인의 이름, 즉 상호를 만들 때 이미 해당 구역 안에 같은 상호가 존재한다면 그 상호는 사용할 수가 없습니다. 서울시 서초구에 '삼성'이라는 이름의 법인을 세우고 싶어도 그럴 수 없습니다. 이미 삼성이라는 법인이 서초구에 존재하니까요.

그래서 법인 상호를 정하기 전에는 본인이 사용하고 싶은 상호를 쓰는 법인이 이미 있는지 미리 검색해 봐야 합니다. 법무사를 통해서 설립하면 이런 검색 절차들까지 모두 대신해 주지만, 셀프로 한다고 해서 아주 어려운 일은 아닙니다.

먼저 인터넷등기소(www.iros.go.kr) 홈페이지에 접속합니다. 메인페이지 왼쪽 하단에 '법인 상호 검색' 버튼이 있는데, 이걸 클릭하면 본인이 생각한 상호가 존재하는지 여부를 알아볼 수 있는 검색 페이지가 나옵니다. 법인의 본점 사무소가 위치할 지역의 관할등기소를 선택한 뒤 본인이 생각한 상호명을 검색해 보면 됩니다. 간단하죠?

기존의 상호명이 없다면 그 이름으로 법인 설립 절차를 이어가면 됩니다. 만약 기존에 이미 존재한다면 마음은 아프지만 또 다른 좋은 상호를 고민해 보셔야 합니다.

주소지는 과밀억제권역을 피해서

이제 사업장의 주소지(본점 주소지)를 정해야 합니다. 임대차계약을 하든, 내 건물에 사무실을 차리든, 소호사무실을 얻든 상관없이 사업장의 주소지가 있어야 법인 설립이 가능합니다.

그런데 이 사업장 주소지를 어느 도시에 둘 것인지는 신중하게 선택해야 합니다. 법인은 본점의 주소지가 어디냐에 따라 부동산 취득세가 중과될 수 있기 때문입니다. 독자 여러분이 법인 설립에 관심을 갖고 이 책을 읽는 이유는 무엇인가요? 상당수는 세금을 줄여서 수익률을 높이기 위해서일 겁니다. 세금을 줄이려고 법인을 설립하는데 취득세가 중과된다면 어처구니가 없겠죠. 특히나 우리가 설립할 법인은 부동산을 사고파는 게 주업

수도권 과밀억제권역

서울시	전 지역
인천시	전 지역 예외지역 : 강화군, 옹진군, 서구 대곡동, 불로동, 마전동, 금곡동, 오류동, 왕길동, 당하동, 원당동, 인천경제자유구역 및 해제 지역, 남동국가산업단지
경기도	의정부시, 구리시, 하남시, 고양시, 수원시, 성남시, 안양시, 부천시, 광명시, 과천시, 의왕시, 군포시, 시흥시 일부, 남양주시 일부(호평동, 평내동, 금곡동, 일패동, 이패동, 삼패동, 가운동, 수석동, 지금동, 도농동) 예외지역 : 남양주시 일부(표시된 지역 외), 시흥시 내 반월특수지역 및 해제 지역

이므로 취득세 문제는 중요합니다.

그럼 어느 지역에 사업장 주소지를 등록하는 게 좋을지 살펴봅시다. 단도직입적으로 말하면 수도권 과밀억제권역 지역은 무조건 피해야 합니다.

왼쪽의 지도는 수도권 과밀억제권역을 표시한 것입니다. 과밀억제권역이란 서울, 경기, 인천 등 수도권에 과도하게 집중된 인구와 산업을 적절하게 배치해서 균형 있게 발전시키기 위해 수도권 정비계획에서 정해 놓은 세 가지 권역(성장관리권역, 자연보전권역, 과밀억제권역) 중 하나입니다. 한 마디로, 이 지역에는 이미 사무실 등 산업시설이 과밀 상태니까 다른 곳에 회사를 세우라는 뜻입니다.

법인 설립하는 과정에서 과밀억제권역을 알아야 하는 이유는 취득세 때문입니다. 법인의 주소지가 과밀억제권역 내에 있고, 이 법인이 과밀억제권역 내의 물건을 매수할 경우 취득세가 중과됩니다. 중과율은 약 세 배입니다. 우리가 관심 있는 투자지역은 대부분 과밀억제권역 안에 있으니 이곳에 사무실을 만든다면 중과를 적용받을 가능성이 높겠죠. 다만 설립한 지 5년이 지난 법인은 취득세 중과를 적용받지 않습니다.

그래서 취득세 중과를 피하려면 과밀억제권역이 아닌 지역에 사업장 주소지를 등록하고 법인을 설립하는 게 좋습니다. 수도권에도 과밀억제권에 포함되지 않는 곳이 있습니다. 인천(일부), 김포, 파주, 양주, 남양주(일부), 광주, 용인, 화성, 오산 등입니다. 특히 인천의 경우 경제자유구역으로 지정된 송도, 청라, 영종지구는 과밀억제권역에 포함되지 않습니다. 이런 곳에 사업장 주소지를 등록하면 거리도 멀지 않으니 좋겠죠.

반드시 사무실을 얻어야 하는 것도 아닙니다. 요즘 인터넷 포털에서 '소호사무실'을 검색해 보면 좋은 곳이 많이 나옵니다. 소호사무실은 1인 창업자 및 소규모 기업에게 작은 사무공간을 빌려주고, 전화응대나 우편물 수취 등 필요한 서비스를 제공하는 곳입니다. 저렴한 곳은 임대료가 월 몇 만 원밖에 안 되는 곳도 있죠.

보증금에 월세까지 내는 사무실을 임대하는 것보다 부담이 적기 때문에 처음에는 소호사무실을 임대하는 것도 나쁘지 않습니다. 일부 소호사무실은 장기계약을 하면 임대료를 할인해 주기도 하니, 여러 곳을 비교해 보시기 바랍니다.

과밀억제권역은 수도권에만 지정되어 있기 때문에 부산이나 대구 등 대도시에 사업장 주소를 두려는 분들은 걱정할 필요가 없습니다. 다만 본인은 서울에 사는데 사업장 주소는 부산에 있는 식이라면 간혹 문제가 발생할 수도 있습니다. 과세당국이 보기에는 거주지와 너무 떨어져 있는 걸 보니 세금을 회피할 명목으로 가짜 사무실을 만든 것 아니냐고 생각할 수 있는 것이죠.

실제로 저희 수강생 중 한 분도 이런 경험을 한 적이 있습니다. 본인의 거주지 주소는 서울인데 과밀억제권역에 포함되지 않는 용인에 소호사무실을 구해서 법인을 설립했습니다. 이 법인으로 부천에서 아파트를 매수했더니 부천시청 취득세 담당자로부터 연락이 왔다는 겁니다. 법인 대표이사의 생활권은 서울이고 자택도 서울에 있으니, 법인의 실질적 사업장은 서울인 것 같다며 취득세 중과를 적용하겠다고 한 거죠. 세금은 과세당국의 재량에 의한 판단이 영향을 미치는 경우가 많기 때문에 담당공무원을 어떻게 납득시키느냐가 중요합니다.

이분도 어쩔 수 없이 용인 사무실에서 실제 업무가 이뤄지고 있다는 걸 증명해야 했습니다. 그래서 기장을 담당해주는 세무대리인과 함께 담당자를 찾아가, 사무실 근처에서 사용한 신용카드 영수증 등의 증거를 보여주며 설명했다고 합니다. 다행히 잘 마무리가 되었습니다. 이런 문제에 대비하려면 사업장 주소지 근처에 가서 필요한 일처리를 한 후 남은 영수증 등의 증거를 잘 남겨두는 게 좋습니다.

J's TIP

살고 있는 집에 설립할 수도 있다

1인법인을 만드는 입장에서 갑자기 큰돈을 들여서 사무실을 구하는 것은 아무래도 부담스럽죠. 이런 분들은 현재 거주하는 집을 사업장 주소지로 등록해도 법적으로 아무 문제가 없습니다. 다만 집 안에 독립된 사업공간이 있어야 합니다.

저도 처음에는 제가 살고 있었던 파주 집을 본점으로 해서 법인을 설립했습니다. 설립하고 등기할 때까지도 아무 문제가 없었는데, 사업자등록을 하려고 세무서에 갔더니 담당공무원이 의아해 하더군요. 사업장 주소지가 아파트로 되어 있으니 이상하다는 거죠. 저는 돈이 많지 않아서 사무실을 임차하기가 힘든 상황이라고 설명했습니다. 물론 사업자등록은 무사히 완료되었습니다. 법적으로 아무 문제가 없으니까요. 다만 담당공무원이 "실제로 사업장으로 사용되고 있는지 나중에 실사가 나가게 될 거예요"라고 하는 겁니다. 집으로 돌아왔는데 겁이 좀 나서, 사무공간도 자그마하게 꾸며놓고 현관문 앞에 사업자등록증도 붙여 두었습니다. 하지만 막상 실사를 나오지 않아서 약간 김이 빠졌던 기억이 납니다.

사업목적은 가능하면 다양하게

법인을 설립하기 위해서는 정관과 이사회 회의록 등의 서류를 작성해야 합니다. 여기에 들어가는 항목 중 하나가 사업목적입니다. 말 그대로 어떤 사업을 위해서 법인을 설립했느냐를 의미합니다.

당연히 부동산 투자를 통해서 수익을 올리는 것이 목적이겠지만, 그래도 이왕이면 최대한 다양한 사업목적을 포함하는 것이 좋습니다. 매매, 임대, 상가 분양, 건축은 물론 컨설팅, 인테리어 등 부동산과 관련된 것은 전부 넣는 것입니다. 인터넷 포털사이트에서 검색해 보면 굉장히 다양한 사업목적을 찾을 수 있으니 참고하시기 바랍니다.

웬만하면 처음부터 부동산과 관련된 사업목적은 전부 등록하는 것이 좋습니다. 그 이유는 나중에 지출이 발생할 경우에 사업목적과 관련된 업무 활동에 의한 것이라면 비용으로 처리할 수 있기 때문입니다. 그만큼 활동의 폭이 넓어질 수도 있습니다. 반대로 사업목적에 없는 업무를 위해 돈을 지출했다면 비용 처리가 어려울 수 있습니다.

만약 사업목적에 없는 업무 활동을 한 뒤에 비용처리를 하고 싶다면 정관에 새로운 사업목적을 추가하면 됩니다. 그런데 이를 위해서는 정관을 수정해야 하므로 별도의 절차와 비용이 필요합니다. 처음부터 관련된 사업목적을 많이 넣어 둔다면 나중에 번거로운 절차를 거칠 필요가 없습니다.

09

지분 관련 내용 결정하기

법인은 가상의 인물과 같다고 할 수 있지만, 그 법인이 존재할 수 있도록 하는 실제 인물들이 필요합니다. 바로 자본금을 출자한 사람들, 즉 주주들입니다. 주주들은 각각 얼마의 자본금을 출자했느냐에 따라 법인에 행사할 수 있는 영향력이 달라집니다. 그리고 법인이 수익을 남겨서 이를 배당할 때에도 출자한 자본금의 비율만큼 배당을 받습니다.

주주가 대표 한 사람뿐인 1인법인도 얼마든지 설립할 수 있지만 그래도 자본금 및 지분과 관련된 내용은 기본적으로 숙지해야 할 사항입니다.

자본금은 많을 필요가 없다

처음 부동산 투자 법인을 설립할 때의 자본금은 보통 1,000만 원이면 충분합니다. 그보다 적어도 괜찮습니다. 자본금이 100원만 있어도 법적으로 법인 설립이 가능합니다.

자본금이 적으면 은행에서 대출이 이뤄지지 않는 건 아닐까 걱정을 하는 분도 계십니다. 하지만 자본금과 은행 대출은 크게 관련이 없습니다. 그보다 더 큰 영향을 주는 것은 담보물의 가치와 기업의 신용도입니다.

물론 간혹 대출을 받으러 간 은행에서 자본금이 적으니 출자를 더 하라고 요구하는 경우도 있긴 합니다. 5억 원짜리 아파트를 매수하려는 법인의 자본금이 1,000만 원밖에 안 된다면 이상하다는 거죠. 물론 법적으로는 아무 하자가 없지만 왠지 대출을 잘 받으려면 그 말을 들어야 할 것 같은 생각이 듭니다. 그래서 얼마를 더 출자하면 되는지 물으면 그래도 10%인 5,000만 원 정도는 돼야 하지 않겠느냐고 이야기할 겁니다. 이런 일은 보통 2금융권보다는 1금융권에서 종종 발생합니다.

그 말을 그대로 따르면 생각지 못한 지출이 발생할 수 있습니다. 출자금을 증자할 때마다 등록면허세를 내야 하기 때문입니다. 등록면허세는 출자한 금액의 0.4%인데 세액이 11만2,500원 이하일 경우에는 무조건 11만2,500원으로 일괄 적용합니다. 출자금 금액으로 환산하면 약 2,800만 원 정도까지죠. 만약 과밀억제권역 내에 있다면 세 배인 33만7,500원이 중과됩니다. 우리는 지금 절세를 목적으로 법인 설립을 공부하고 있습니다. 최대한 불필요한 지출은 없애야 합니다. 그런데 등록세가 추가로 발생하는 것은 말이 안 되죠.

법적으로는 추가 출자를 해야 할 의무가 없지만, 그래도 은행이 요구하니 따라야겠다는 생각이 든다면 차라리 추가 출자가 아닌 가수금 형태로 자금을 일단 투입하고 대출을 받은 후 정리하는 게 낫습니다. 뒤에서 자세히 다루겠지만 가수금은 법인이 대표이사에게 돈을 빌리는 형태로, 나중에 법인이 대표이사에게 갚아야 하는 돈입니다.

주식비율 정할 땐 과점주주를 고려하자

자본금을 정했으면 그 자본금에 따른 주식비율을 결정해야 합니다. 즉 누가 얼마를 출자할 것이냐를 주식의 비율로 결정하는 겁니다.

흔히 법인 주식의 과반수, 즉 자본금의 50%보다 많이 출자한 사람을 과점주주라고 합니다. 과점주주가 되면 이 법인의 실제 의사결정권을 가진 셈이므로 그 회사의 주인이나 다름없습니다. 과세당국 역시 그렇게 봅니다. 그래서 혹시라도 법인이 세금을 제대로 납부하지 못할 경우에는 그 납세의무를 과점주주에게 대신 지게 합니다. 이것을 '2차 납세의무'라고 합니다.

이때 주주들 사이의 특수관계에 주의해야 합니다. 간혹 나 혼자 법인을 만들면 과점주주가 되어서 왠지 불안하니 배우자와 지분을 50%씩 나눠서 2인 주주 체제로 가야겠다고 생각하는 분도 계십니다. 그러나 법적으로는 대표이사와의 관계가 배우자 또는 6촌 이내일 경우 특수관계인으로 봅니다. 즉 특수한 관계에 있는 두 사람 이상의 지분은 한 사람 것으로 본다는 말입니다. 배우자와 50%씩 지분을 나눴다 해도 과세당국은 한 사람이 모든 지분을 소유한 것으로 판단합니다.

물론 성실하게 세금을 납부한다면 이렇게 하든 저렇게 하든 아무 문제도 생기지 않습니다. 리스크가 큰 투자를 했다가 크게 망하는 경우가 아니라면 2차 납세의무를 따져야 할 정도로 세금 체납이 발생하는 경우는 일반적으로 거의 없다고 봐야 합니다. 담당 세무사의 조언에 따라 기장을 잘 하고 세금도 제때 낸다면 걱정할 필요가 없습니다.

반대로 과점주주가 아니라면 2차 납세의무도 지지 않습니다. 만약 친구 네 명이 함께 법인을 설립하고 인당 25%의 주식을 보유한다면 이들은 특수관계인이 아니기 때문에 과점주주나 2차 납세의무에 해당이 되지 않습니다.

그러나 이런 관계에서는 오히려 사업이 잘될 경우가 더 문제입니다. 예를 들어 네 명이 함께 설립한 법인의 투자가 잘되어서 법인이 보유한 부동산 자산이 많이 늘었고 이에 대한 배당도 하게 되었다고 합시다. 여럿이 일을 진행하다 보면 그중에는 분명 아무 일도 안 하고 구경만 하는 친구들이 꼭 있습니다. 수익이 늘어난 것은 어쨌든 기쁘지만 생각해 보니 나는 혼자서 물건 조사하고, 명도하고, 이것저것 알아보며 자산을 불렸는데 다른 친구들은 구경만 하면서 돈만 받아 간다고 생각을 하니 화가 날 수도 있어요. 앞으로도 계속 그럴 것 같아 까마득하기도 하고요.

안 되겠다 싶어서 친구들에게 1,000만 원씩 챙겨줄 테니 주식을 넘겨 달라고 요구합니다. 그 과정에서도 마찰이 일어날 수 있겠지만, 어쨌든 원만하게 주식을 넘겨받았다고 합시다. 문제는 그 이후에 본인이 과점주주가 된다는 거예요. 그러면 법인 소유의 물건 전부에 대한 취득세를 다시 납부해야 합니다. 세법상 주인이 바뀌었다고 판단되기 때문입니다.

보유 주식 지분의 변동이 있는 경우에는 반드시 세무사에게 상담을 받고 진행하시길 바랍니다. 법인 소유의 물건이 아직 없는 경우는 크게 상관없지만 물건이 하나라도 있다면 꼭 상담을 받아 보고 정확히 알아보셔야 세금 문제를 피할 수 있습니다.

법인 발기인 및 대표이사는 누구로 할까

법인 발기인이란 법인의 설립을 준비하고 그 과정을 집행하는 사람들을 뜻합니다. 발기인은 법인의 정관을 작성하고, 그 정관에 기명날인 또는 서명을 하게 됩니다. 회사의 주식을 한 주라도 매수한 사람이라면 누구나 발기인이 될 자격이 있습니다. 미성녀자부터 외국인까지 모두 가능하지요. 다만 19세 미만 미성년자일 경우에는 법정대리인(친권자● 또는 후견인●)의 동의가 있어야 합니다. 과거 한정치산자● 또는 금치산자●라 불렸던 심신박약 또는 심신상실 상태의 인물도 법정대리인(성년후견인)의 동의가 필요합니다.

● **친권자**
미성년자와 관련된 신분상·재산상의 권리를 가진 자. 주로 부모를 의미한다.

● **후견인**
미성년자의 몸과 재산을 법적으로 보호하거나 대신할 책임이 있는 성인. 친권자가 없거나 관련 권리를 행사할 수 없을 때 지정된다.

● **한정치산자**
심신박약이나 재산 낭비 등으로 가족의 생활을 궁박하게 할 염려가 있다고 법적으로 선고받은 사람. 중요한 재산에 관한 권리를 혼자 결정할 수 없다.

● **금치산자**
심신상실 상태에 있어 행위의 결과를 스스로 판단할 능력이 없다고 법적으로 선고를 받은 사람. 현재는 성년후견인제도로 변경되었다.

미성년자의 법정대리인이 될 수 있는 사람은 첫 번째가 친권자인 부모, 두 번째가 '법정대리인 자격을 갖춘 후견인'입니다. 법정대리인 자격을 갖춘 후견인은 미성년자에게 친권자 또는 대리권자가 없는 경우에 지정되는데 친권자인 부모가 유언으로 지정한 사람, 직계혈족, 3촌 이내의 방계혈족 등이 우선순위입니다. 실제로 미성년자에게 법인의 지분을 주어 발기인 역할을 맡기는 경우도 간혹 있습니다. 그러나 미성년자가 이사 또는 대표이사로서 업무를 진행하려면 매번 법정대리인의 동의가 있어야 합니다. 이것을 매번 입증하기 위해서는 아무래도 불편함을 감수하셔야 합니다.

법인을 설립할 때에는 대표이사를 결정하게 됩니다. 보통은 발기인 중 한 명이 대표이사가 되거나, 처음부터 대표이사가 될 사람이 발기인으로 참여합니다. 만약 대표이사가 정해지지 않았다면 원칙적으로 이사회를 통해서 대표이사를 선임하지만 때로는 주주총회에서 직접 선임할 수도 있습니다. 참고로 모든 주주가 이사를 맡는 것은 아닙니다. 단순하게 설명하자면 이사회보다 더 높은 권한을 갖는 것이 주주총회입니다.

우리가 만들 법인은 대부분 1인 법인이거나 많아야 두세 명 정도가 모여 설립하는 형태일 겁니다. 그렇지만 이런 소규모 법인이라도 대표이사를 선임하려면 반드시 이사회 회의록이나 주주총회 회의록 등의 기록을 남겨야 합니다. 개인사업자는 사업체를 만든 사람이 자연스럽게 사장이 되지만 법인사업자는 중요한 의사결정 과정에서 항상 이런 '의미 있는' 절차들이 필요합니다.

감사는 누구를 임명할까

감사는 법인이 업무를 진행하는 과정의 회계 및 재산 상황 등을 감시하고 그 정당성 여부를 조사하는 역할을 합니다. 법인은 사업연도 개시일부터 5개월 이내에 반드시 감사를 선정해야 합니다. 법인의 매출이 100억 원을 넘을 경우에는 의무적으로 외부감사를 두어야 합니다.

누구나 감사가 될 수 있고, 법인 대표의 배우자를 감사로 임명하는 것도 가능합니다. 부부가 함께 투자한다는 측면에서 봤을 때 법인 설립은 괜

J's TIP

공무원·대기업 임원도 법인 설립 가능할까

간혹 "저는 공무원 신분인데 법인을 설립할 수 있나요"라는 질문을 받곤 합니다. 결론부터 말하자면 '설립은 안 된다'입니다. 공무원은 법적으로 겸직을 금지하고 있으므로 영리법인의 대표이사가 되는 것은 물론 발기인으로 참여하는 것도 금지되어 있습니다. 하지만 주식을 소유함으로써 주주가 되는 것은 문제가 되지 않습니다. 즉, 다른 사람이 발기인으로서 설립한 법인의 주식을 인수하는 것은 괜찮다는 뜻입니다.

참고로, 대표이사가 반드시 주주 중에서 선임되어야 하는 것은 아닙니다. 다만 소규모 법인의 경우 대출을 받을 때 대주주가 연대보증을 서야 하는 경우가 많은데, 대표이사가 주식을 보유하지 않았다면 금융기관에서는 다른 대주주의 연대보증을 요구할 수도 있습니다.

비슷한 맥락에서 "저는 대기업 임원인데 법인을 설립할 수 있나요"라는 문의도 받습니다. 법적으로는 가능합니다. 다만 많은 회사들이 내부적으로 겸업금지 조항을 두고 있기 때문에 인사상 불이익이 생길 수도 있다는 점은 주의하셔야 합니다. 법적으로는 가능하지만 내부적으로는 협의가 필요한 것입니다.

찾은 방법일 수 있습니다. 예를 들어 법인 명의로 물건을 매매하고 은행에 대출을 받으러 간다고 합시다. 은행은 사내이사와 감사의 인감증명서, 인감도장, 주민등록초본 등의 서류를 요구할 겁니다. 그러면 배우자 몰래 투자하는 것이 불가능할 것이고 어쩔 수 없이 부부 사이에 투자에 대한 이야기를 많이 할 수밖에 없겠죠.

설립 후 어느 정도 시간이 흐른 후에는 이사회 회의를 거쳐서 배우자를 감사에서 물러나게 할 수도 있습니다. 실제로 많은 분들이 이 방법을 선호하는데, 그 이유는 대출 시 연대보증 때문입니다.

법인 명의로 대출을 받을 때 은행은 대표이사뿐만 아니라 감사에게도 연대보증을 요구하는 경우가 많습니다. 법인이 대출을 상환하지 않고 폐업해 버리면 은행이 곤란해질 수 있으므로 은행 입장에서는 실제로 책임질 사람이 필요한 거죠. 그래서 법인 대표에게 연대보증을 요구하는데, 만약 다른 이사나 감사가 목록에 올라 있다면 이 사람들에게도 함께 연대보증을 서라고 요구하기도 합니다.

사람의 일은 언제 어떻게 될지 아무도 모르는 겁니다. 혹시 잘못되더라도 대표이사인 나만 잘못되는 게 낫지 배우자까지 함께 휩쓸리는 상황은 미연에 방지하는 게 좋습니다. 그래서 처음에는 감사로 배우자를 임명했더라도 나중에 퇴사를 시키는 분이 많은 겁니다.

이때 주식을 한 주도 소유하지 않았다면 퇴사 절차가 수월합니다. 그래서 퇴사를 염두에 두고 임명한 감사에게는 주식을 보유하지 않도록 하는 것이 좋습니다.

세무사만 잘 만나도 절반은 성공이다

법인을 운영할 때 세무사는 가장 필수적인 인력입니다. 처음 설립할 때부터 좋은 세무사를 만나면 모든 일이 편해집니다. 부동산 투자 법인에게 좋은 세무사는 누구일까요? 여러 조건이 있겠지만, 아무래도 부동산 투자에 대한 감각이 있는 분일 겁니다.

처음 설립할 때는 대부분 기장료가 얼마나 저렴한지를 따집니다. 기장료는 소규모 법인의 경우 보통 적게는 한 달에 8만 원, 많게는 20만 원 선입니다. 그런데 생각해 보면 이 돈은 앞으로 우리가 하게 될 투자 규모와 비교했을 때 정말 푼돈입니다. 한 푼이라도 아끼는 것은 좋지만 그것 때문에 좋은 세무사를 놓치는 우를 범하지는 않았으면 합니다. 기장료가 저렴하다고 무조건 좋은 건 아니라는 말입니다.

세무사는 세법에 대해서는 전문가이지만 모든 세무사가 부동산 투자와 관련된 것까지 잘 아는 것은 아닙니다. 그런 분들에게는 오히려 내가 부동산 투자에 대해 알려주면서 일해야 할 수도 있는데, 번거로운 건 둘째 치고 아무래도 실수가 생길 가능성이 없지 않습니다. 처음부터 부동산 투자에 대한 감각이 있는 세무사를 만나는 것도 큰 복입니다.

내가 모르는 부분을 배울 수 있는 사람이라면 정말 좋은 세무사입니다. 아무래도 실제 법인을 설립해 보면 실무적으로 막히는 부분이 생길 것이고 그때 물어볼 수 있는 가장 든든한 전문가는 세무사입니다. 전화를 걸어 "세무사님, 이럴 때는 어떻게 하는 게 좋을까요?"라고 물었을 때 명쾌하게 알려줄 수 있고, 혹시라도 불분명한 점이 생기면 다시 확인해 본 후 알려주는 사람이 좋은 세무사입니다.

좋은 세무사를 만나는 데에는 특별한 요령이 없습니다. 법인 설립을 준비하면서 가능한 한 여러 세무사를 만나보고 이야기를 나눠 보는 것이 최고죠. 부끄럽다 생각 마시고, 상담료가 아깝다 생각 마시고 처음에는 과감하게 시간과 비용을 투자하는 게 좋습니다.

다만 그 과정에서 팔짱을 끼고 '그래, 어디 얼마나 많이 아는지 한 번 보자'라는 식으로 접근하시면 곤란합니다. 세금은 각자가 처한 상황에 따라 대처 방법이 달라지기 때문에, 아무리 실력 있는 세무사라도 여러분의 정보를 제대로 알지 못하면 정확한 상담을 할 수 없습니다. 여러분이 처한 상황, 재무상태, 앞으로 나아가고 싶은 방향, 걱정되는 점, 궁금한 점 등을 허심탄회하게 이야기하고, 궁금한 점은 망설이지 말고 자세히 물어보는 것이 좋습니다.

그러다 보면 어떤 세무사는 굳이 법인을 설립할 필요가 없다고 할 것이고, 반면에 다른 세무사는 법인을 통해서 여러분이 얻고자 하는 바를 잘 이해할 것입니다. 또 어떤 세무사는 세법을 곧이곧대로 해석하는가 하면 다른 세무사는 다양한 방향에서 방법을 제시해 줄 것입니다. 그리고 어떤 세무사는 최근에 계속 바뀌고 있는 부동산 관련 세법을 제대로 알지 못하는 반면, 다른 세무사는 정확히 인지하고 있을 것입니다. 어떤 세무사가 더 좋은 세무사일지는 굳이 말 안 해도 아시겠지요.

물론 가장 좋은 세무사는 직접 부동산 투자를 해 본 사람일 겁니다. 저도 지금까지 투자를 하는 동안 수많은 세무사님들을 만났는데, 그중에는 법인으로 투자하는 것에 부정적인 분들도 많더군요. 반대로 법인 투자를 긍정적으로 바라보고 적극적으로 방법을 찾아주는 분들도 계셨고요. 후자에 속하는 분들의 특징은 본인도 부동산 투자를 직접 하시더라는 겁니다.

세금에 관한 한 최고의 전문가일 텐데 투자까지 섭렵하고 있으니 성과가 어떨지는 말할 필요가 없습니다. 제가 의견을 드리지 않아도 이미 어떻게 해야 절세가 되는지를 잘 알고 계신 거죠. 여러분도 이런 분을 만나신다면 기장료에 신경쓰지 말고 무조건 담당 세무사로 모셔서 배움을 받으셨으면 합니다.

J's TIP

법인 설립 기간은 최소 10일의 여유를 둘 것

수강생 여러분들이 개인적으로 질문을 주실 때가 있는데, 가장 난처한 것은 이런 경우입니다. 다급하게 전화가 와서 "지금 제가 물건을 열 개 정도 잡아놔서 계약서를 쓰려고 하는데, 법인 설립하고 계약하는 것이 가능할까요?"라는 겁니다. 계약서는 지금 당장 써야 하는데 이것이 가능할까요?

이렇게 계약 직전 혹은 이미 계약을 하고 난 후 다급하게 연락을 주시면 도움을 드리기가 무척 어렵습니다. 뭐든지 미리 준비해야 탈이 없죠. 법인에 대해서도 미리미리 공부하고 만들어 두시는 게 좋습니다. 법인은 하루아침에 뚝딱 만들어지는 게 아니라 법인이 완전히 설립되기까지 빨라도 3일, 보통은 10일이 걸립니다. 혹시나 중간에 담당공무원이 좀 더 자세히 검토할 필요가 있다는 의견을 내기라도 하면 기간은 더 길어질 수 있습니다.

10
도전! 법무사 없이 셀프 설립하기

　법인 상호, 주소지, 자본금은 물론 대표이사와 감사까지 모두 결정했다면 다음에는 절차에 맞게 진행만 하면 됩니다. 등기를 할 때 준비서류가 많아서 복잡하게 느껴질 수 있지만 차근차근 따라해 봅시다.

　법무사에게 돈을 주고 맡기는 것도 방법이지만 직접 발로 뛰면서 법인등기를 해보는 것도 좋은 공부라고 생각합니다. 막상 해 보면 생각보다 어렵지 않다는 것을 알게 되실 겁니다.

　요즘처럼 좋아진 세상에는 법인을 설립할 때에도 인터넷을 활용할 수 있습니다. 포털사이트에서 '법인등기'를 검색해보면 대행업체부터 서류준비를 도와주는 업체들까지 매우 다양한 서비스가 있으니 활용하면 편리하지만 소정의 수수료를 지급해야 하는 경우도 많습니다.

　사실 셀프 법인등기가 어려운 이유는 갖춰야 할 서류가 많기 때문입니다. 필요서류만 제대로 준비하면 등기소에 방문해서 등록면허세 등의 세금을 납부한 후 수입인지를 부착해서 제출하기만 하면 됩니다. 이때 필요한 서류는 다음과 같습니다.

- 정관
- 주식발행사항동의서
- 주식인수증
- 잔고증명서
- 발기인총회 의사록
- 조사보고서
- 기간단축동의서(필요시)
- 취임승낙서(임원별 각1통)
- 인감증명서(임원별 각1통)
- 주민등록등/초본(임원별 각1통)
- 인감신고서

이름도 낯선 서류들을 대체 어떻게 준비해야 할지 걱정되시나요? 그런 분들을 위해서 이 책의 뒷부분에 해당 서류의 예시를 부록으로 수록해 놓았습니다. QR코드를 활용하면 파일로 다운받을 수도 있으니 활용하시기 바랍니다. 단, 수록된 양식은 예시일 뿐 설립하려는 법인의 상황이나 목적에 따라 내용을 바꿔서 활용하시는 게 좋습니다. 여기에서는 서류에 공통적으로 들어가야 할 내용을 어떻게 정하는 것이 좋은지 주의사항을 중심으로 살펴보겠습니다.

상호·사업목적·본점주소지 정하기

모든 서류에 공통으로 들어가는 것이 상호, 즉 법인의 이름입니다. 앞서 인터넷등기소를 이용해서 겹치지 않는 법인 이름을 정했다면 크게 문제는 없을 것입니다.

신경을 좀 써야 할 내용은 '사업목적'입니다. 법인의 활동을 규정하는 '정관'에는 법인이 어떤 활동을 할 것인지를 규정하는 사업목적이 반드시 들어가야 하는데, 앞서 설명했듯이 가능하면 업종과 관련해서 최대한 많이 입력하는 것이 좋습니다. 사업목적과 관련된 지출은 비용 처리가 가능하지만, 만약 사업목적에 없는 업무에서 지출이 발생했다면 추후에 사업목적을 추가해야 하기 때문입니다. 그러면 번거롭기도 하고 별도의 법무사 비용이 발생하기도 하므로 이왕이면 처음부터 다양한 사업목적을 넣어두는 것이 좋습니다.

다만 일부 업종은 세무서에서 사업자등록을 할 때 인허가가 필요한 경우도 있습니다. 하지만 정관에 적힌 사업목적에 따라 모두 사업자등록을 할 필요는 없으므로 나중을 대비해서 가능하면 많이 적어두시기 바랍니다.

그 다음으로 결정할 것은 본점 주소지입니다. 부동산 투자를 목적으로 한다면 과밀억제권역 내에 설립하는 것이 불리할 수 있다는 점을 앞에서 설명한 바 있습니다. 이런 사항들을 고려해서 본점 소재지를 정하시기 바랍니다.

참고로, 법인 정관을 보면 이러한 내용을 신문에 공고하라고 되어 있는데, 지역 내에서 발행하는 일간지라면 어떤 것이든 상관없습니다. 법인등기가 이뤄진 후에는 해당 신문에 광고를 내어 등록공고를 해야 하는 것이 원칙이지만 공고를 하지 않는다고 해서 특별히 불이익이 있는 것은 아닙니다.

자본규모 · 주식수 · 지분비율 정하기

그 다음은 자본금과 주식에 대한 것을 구체적으로 정할 차례입니다. 특별한 규정이 없다면 자본금은 보통 1,000만 원 정도면 충분하다고 말씀드렸습니다만 혹시라도 대출 문제가 걱정된다면 적당히 조율하여 결정하시기 바랍니다. 참고로, 법인등기를 할 때는 등록면허세를 납부해야 합니다. 세율은 자본금의 0.4%(과밀억제권역은 1.2%)이고, 여기에 지방교육세가 추가됩니다.

자본의 규모를 정했다면 이제 주식의 수를 정할 차례입니다. 예를 들어 자본금 1,000만 원인 법인이 있는데 총 1,000주를 발행하겠다고 하면 한 주의 금액은 1만 원이 됩니다. 그리고 자본금 1,000만 원으로 1만 주를 발행하겠다고 하면 한 주의 금액은 1,000원이 되겠지요. 한 주의 금액을 얼마로 할 것인지는 크게 중요한 것이 아니지만, 나중에 회사를 분할하거나 지분을 나누게 될 때를 감안한다면 단위가 너무 클 경우에는 불편할 수 있습니다.

이때 '회사가 발행할 주식의 총수'와 '설립 시에 발행할 주식수'는 조금 다른 개념이라는 것을 알아두시기 바랍니다. 지금 당장 법인을 설립할 때 내가 넣을 자본금이 1,000만 원이고 한 주의 금액을 1만 원으로 한다면 총 1,000주를 발행하게 됩니다. 하지만 앞으로 회사가 어떻게 될지는 모르는 일이죠. 엄청나게 성장해서 추가로 주식을 발행할 수도 있습니다. 그때를 대비해서 회사가 발행할 주식의 총수는 넉넉하게 잡아두시는 게 좋습니다.

1인법인일 경우에는 지분의 100%를 모두 대표이사가 갖지만, 주주가 두 명 이상일 경우에는 지분율도 정해두어야 합니다. 예를 들어 성춘향 씨가 대주주로서 60%를 갖고, 배우자인 이몽룡 씨가 40%를 갖는다면 1,000주 중에서 600주를 성춘향 씨가, 나머지 400주를 이몽룡 씨가 가지는 식입니다. 법인등기를 할 때는 이 내용이 정확히 기록된 주주명부를 함께 제출해야 합니다.

임원 정하기

처음 법인을 설립하려면 최소 두 명이 필요합니다. 한 명은 사내이사(대표이사), 또 한 명은 감사입니다. 그런데 앞에서 설명했듯이 감사는 주식을 한 주도 보유해서는 안 됩니다. 즉, 임원이지만 주주는 아닌 것이죠.

1인법인이나 소규모 법인에서는 흔히 이사가 곧 주주인 경우가 많기 때문에 헷갈리기 쉽지만, 엄밀히 말하면 주주는 주식을 보유한 사람이고 이사는 법인등기부에 등기되어 있는 임원이므로 전혀 다른 개념입니다. 임원이 되려면 발기인 총회에서 의결을 거쳐야 하고, 취임승낙서를 별도로 받아야 합니다. 이는 대표이사와 감사 모두 마찬가지입니다.

이사 중에서도 회사에 상근하면서 여러 가지 업무를 돌보는 사람을 '사내이사'라고 합니다. 그리고 그중에서 대표권을 가진 사람을 '대표이사'라고 하지요. 그래서 법인등기부에는 한 사람이 '대표이사'와 '사내이사'로 두 번 기록됩니다. 단, 대표이사 한 사람이 주식을 100% 보유했다면 사내이사가 한 명뿐이므로 대표이사 없이 '사내이사'로만 기재됩니다.

참고로, 정관에는 이사의 임기에 대한 내용도 들어갑니다. 대부분 3년을 임기로 하는 경우가 많은데, 주의할 점은 임기가 만료되었을 경우 다시 대표이사를 재선출해서 2주 안에 새롭게 등기를 해야 한다는 점입니다. 같은 사람이 중임하더라도 마찬가지입니다. 위반시에는 500만 원 이하의 과대료가 부과될 수 있으니 주의하시기 바랍니다. 감사는 임기가 만료된 후 중임을 할 수 없습니다.

회계연도·잔고증명일 정하기

　법인은 법인세를 1년 단위로 계산하기 때문에 한 해 동안의 수익과 지출을 결산하는 결산일이 반드시 필요합니다. 이것을 회계연도(영업연도)라고 하는데, 대부분의 법인들은 매년 1월 1일부터 그해 12월 31일까지를 회계연도로 잡고 있습니다. 하지만 반드시 그 날짜여야 하는 것은 아니므로 필요에 따라서 자유롭게 잡아도 상관없습니다.

　법인을 여러 개 가진 사람이라면 법인세 납부 시기를 분산하기 위해서 회계연도를 각각 다르게 잡는 것도 전략입니다. 다만 다른 회사들과 회계연도가 다를 경우에는 그에 따라 회계 일정을 조정하는 것이 번거로울 수도 있고, 세무당국의 불필요한 주의를 끌 수 있다는 점에서 주의가 필요합니다.

　잔고증명서는 법인을 설립하기 위한 자본금이 실제로 통장에 존재하는지를 은행이 증명해주는 서류입니다. 자본금 1,000만 원으로 ㈜지성이라는 법인을 만들고자 한다면 그 자본금이 실제로 존재한다는 사실을 은행으로부터 증명받는 것입니다. 이때 잔고증명을 받을 통장은 대표이사(발기인 대표) 개인 명의일 수밖에 없습니다. 아직 법인이 설립되지 않았으니 당연히 법인통장도 없기 때문이죠.

　중요한 것은 날짜입니다. 잔고증명을 받은 날짜가 곧 회사의 정식 설립일로 간주되기 때문입니다. 대표이사가 기존에 가지고 있던 통장을 이용해서 잔고증명을 받는다면 크게 상관이 없지만, 만약 새로운 통장을 발급받아야 한다면 은행에서는 몇 가지 서류를 요청할 것입니다. 요즘은 목적이 없는 통장은 함부로 발급해주지 않기 때문이죠. 예를 들어 법인정관이나 이사회 회의록 등을 요구할 수 있는데, 만약 법인정관의 설립날짜와 잔고증명서의 날짜가 다르면 등기소에서 등기를 내주지 않습니다. 이 점에 유의하시기 바랍니다.

참고로, 나중에 법인 설립이 완료되고 법인통장을 만들 때 꼭 잔고증명을 받은 은행에 가야 하는 것은 아닙니다. 은행마다 법인통장에 대한 혜택이 천차만별이므로 여러 곳을 살펴보시고 가장 좋은 곳에서 법인통장을 개설하면 됩니다.

J's TIP

법인 인감도장을 먼저 만들자

법인 상호가 결정되었다면 법인 인감도장을 만들어야 합니다. 아직 법인 등기가 되기 전인데 도장부터 파는 이유는 그 도장으로 등기 관련 서류에 날인해야 하고, 법인인감신고서도 제출해야 하기 때문입니다. 즉, 법인이 설립되기 전부터 법인 인감이 필요하다는 말이죠. 물론 상호를 결정했다고 무조건 인감부터 만들면 곤란합니다. 일단 검색을 통해서 동일한 상호가 있는지를 확인하시는 게 좋습니다. 이미 다른 법인이 사용 중인 이름이라면 우리가 쓸 수 없으니, 검색을 건너뛰었다가는 법인 인감을 다시 만들어야 할 수도 있습니다.

법인인감도장이라고 해서 특별히 다르게 만들어야 하는 것은 아니지만 그래도 하루이틀 정도 시간이 걸릴 수 있기 때문에 미리 시간을 고려하는 것이 좋겠지요. 수많은 서류에 도장을 찍다 보면 법인인감을 찍어야 하는 곳과 대표이사 개인인감을 찍어야 하는 곳이 달라서 헷갈리기 쉽습니다. 혹시나 이것이 걱정된다면 서류에 도장을 찍지 말고 가져가서 등기소 직원에게 물어보며 날인하는 것도 방법입니다.

등기소에서 법인 등기하기

서류 작업이 마무리되었다면 이제 실제로 법인을 설립할 차례입니다. 정리된 정관을 받았다면 출력해서 필요한 곳에 법인 인감도장으로 날인합니다. 그리고 은행에 방문해서 설정한 자본금만큼 잔고증명을 받습니다.

이것들을 가지고 시청에 방문해서 법인을 등록합니다. 업종에 따라서는 법인 등록 시에 허가나 면허가 필요하기도 하지만, 부동산 투자는 그렇지 않으므로 등록 신청서만 작성해서 제출하면 등록이 완료됩니다. 이제 이 모든 서류를 들고 관할등기소에 가서 등기를 접수합니다. 이 모든 과정은 두 시간이면 끝납니다.

이후 정식으로 법인등기부가 나올 때까지는 약 3일 정도가 소요됩니다. 대표이사 본인이 아니라 대리인이 등기해도 됩니다.

등기가 완료되면 법인등기부등본을 발급받을 수 있습니다. 법인등기부등본은 개인으로 따지면 주민등록등본과도 같기 때문에 법인으로서 업무를 진행할 경우, 특히 계약이나 금융거래를 할 때에 반드시 필요합니다. 법인등기부는 등기소에서 직접 발급받거나 인터넷등기소에서 발급받을 수도 있습니다.

참고로 법인등기가 완료되면 법인 인감 카드가 나오는데, 법인인감증명서를 발급받을 때 요긴합니다. 법인인감증명서는 통상 발급받은 지 3개월 이내의 것만 인정되기 때문에 투자를 하다 보면 자주 발급을 받게 됩니다. 이때 법인 인감 카드를 이용하면 무인 출력기에서 빠르게 발급할 수 있습니다. 잃어버리지 않게 잘 보관하는 것이 좋겠죠.

세무서에서 한 번 더 사업자등록 하기

　법인등기가 완료되었다고 끝나는 게 아닙니다. 등기와 별도로 관할세무서를 방문해서 사업자등록을 한 번 더 해야 합니다. 사업자등록을 마치면 우리가 흔히 알고 있는 사업자등록증이 나오게 되는 것이지요. 사업자등록증이 나와야 우리의 본래 목적인 법인으로 투자하는 것이 가능합니다.

　법인등기까지의 과정은 크게 문제 될 것이 없지만, 사업자등록을 할 때는 종종 어려움을 겪는 분도 계십니다. 사업자등록을 신청하면 보통 그 자리에서 처리하고 바로 사업자등록증이 나오지만, 간혹 며칠 후에 다시 오라거나 검토 후에 연락을 주겠다는 경우도 있습니다. 왜 이런 경우가 발생하는 걸까요?

　예를 들어 이런 경우입니다. 이등록 씨라는 사람이 법인등기를 완료하고 세무서에 가서 사업자등록을 신청했습니다. 그때 세무공무원이 이런 질문을 던집니다.

　"무슨 일을 하는 회사인가요?"

　"업태는 부동산매매업이고, 종목은 주택매매업으로 하고 싶어요."

　어떤 공무원은 바로 처리를 해 주지만, 또 어떤 공무원은 이런 질문을 던질 수도 있습니다.

"현재 법인이 임대 중인 부동산이 있나요? 그러면 그 부동산에 대한 임대차 계약서가 필요합니다."

이제 막 법인사업자를 내는 마당에 법인이 임대하고 있는 부동산이 있을 리 없지요. 이등록 씨가 없다고 답하자 공무원은 이렇게 말합니다.

"그럼 이 업태와 종목으로는 사업자등록증 발급이 안 됩니다."

이런 상황이 생기면 당황스러울 수밖에 없습니다. 그렇다면 사업자등

변경사항 신고는 늦추지 말자

등기가 완료된 후에 법인등기부등본상 변동 사항이 생겼다면 반드시 2주 안에 변경 신청을 해야 합니다. 그렇지 않으면 과태료를 물게 됩니다. 상호, 본점 주소지, 사업내용 등이 변경되었을 경우나 대표이사의 거주지 주소가 바뀌는 것 등이 여기에 포함됩니다. 법인과 관련된 것들 중 하나라도 변동 사항이 발생하면 반드시 변경 신청을 해야 하는 겁니다.

특히 경매 투자를 하시는 분들은 대표이사의 주소지 변경에 주의하셔야 합니다. 예를 들어 법인 본점의 주소지는 파주인데 낙찰 후 대출을 받으러 찾아간 곳은 서울 성동구의 작은 신협이라고 합시다. 이런 지역 신협에서는 조합원에게 시중은행보다 대출을 더 많이 해 주는 경우가 있습니다. 그래서 성동구 신협의 조합원이 되기 위해 대표의 거주지 주소를 성동구로 바꿔 놓은 후 아무 생각 없이 법인등기부 신청을 하지 않은 채 2주를 넘겨버리면 과태료를 물게 되는 거죠.

임원의 임기 만료 시점이 되었을 때에도 마찬가지로 변경 신청을 해야 합니다. 법인을 설립할 때 보통 대표이사직은 언제까지 수행한다고 명시하기 때문에 그 시점이 되면 중임을 할지 해임을 할지 결정해서 변경 신청을 해야 하지요. 명시된 임기가 끝난 시점에도 변경 신청이 없다면 이 법인은 휴면법인이 되어 버립니다.

록증 발급을 위해서 이등록 씨는 주택매매업이라는 종목 대신 다른 업종을 넣어야 할까요? 그것 역시 곤란합니다. 향후 세입자의 전세자금대출 때문입니다.

구체적으로 설명하자면 이렇습니다. 어떤 법인이 아파트를 매수해서 전세를 놓으려 합니다. 세입자들 중에는 전세금을 모두 현금으로 가진 사람이 드물기 때문에 대부분 전세자금대출을 받게 되지요. 그런데 세입자가 전세자금대출을 받을 때 은행은 임대인이 어떤 사람인지를 확인하는데, 이때 임대인이 법인이라면 사업자등록증에 주택매매업 또는 주택임대업이 있는지를 반드시 확인합니다. 만약 그 항목이 없다면 임차인에게 전세자금대출도 해 주지 않지요. 전세자금대출을 받을 수 없는 집에 입주하려는 세입자는 많지 않을 겁니다. 단지 사업자등록증에 해당 글자가 없다는 이유로 세입자를 구하지 못하는 상황이 발생할 수도 있는 겁니다.

다시 이등록 씨의 상황으로 돌아가서, 그렇다면 이 문제를 어떻게 해결해야 할까요? 분명히 방법이 있겠지요.

첫 번째 방법은 무조건 사정하는 겁니다. 30분이고 한 시간이고 매달려서 절실하게 부탁하면 깐깐한 세무공무원도 넘어가 줄지 모릅니다. 하지만 제대로 된 해결책이라고 보긴 어렵겠죠.

두 번째 방법은 가계약을 활용하는 것입니다. 사업자등록증을 발급받기 전에 법인등기부등본만으로 물건을 매수하는 가계약을 하되, 특약에 추후 사업자등록증을 발급받을 때 해당 업종이 포함되지 않는다면 모든 법적 책임은 법인이 지고 계약은 파기한다는 내용을 추가합니다. 법인등기부등본이 이미 나와 있고, 책임은 법인이 지기로 했으니 상대방도 크게 문제 삼지는 않을 것입니다.

이 계약서를 들고 담당공무원을 찾아가서 다시 한 번 설득해 볼 수 있습니다. 이미 계약을 한 상황이라 대출을 받아야 하는데 업종에 '주택매매임대'가 포함되지 않으면 대출을 받을 수 없고, 그러면 계약이 파기될 수 있다는 내용을 자세하게 설명하며 설득하는 것이죠. 이미 임대용 주택을 매수했으니 '아직은 아니지만' 임대용 부동산을 보유하고 있는 것과 마찬가지라는 점을 잘 설명합니다. 이 정도까지 한다면 대부분의 담당자들도 납득할 겁니다. 반면에 왜 안 되느냐고, 무조건 해달라고 생떼를 쓰는 사람은 허탈하게 돌아올 수밖에 없습니다.

마지막 세 번째 방법은 일단 사업자등록을 신청한 후 인터넷으로 변경하는 것입니다. 등록 가능한 업종으로 일단 사업자등록을 한 후 향후에 국

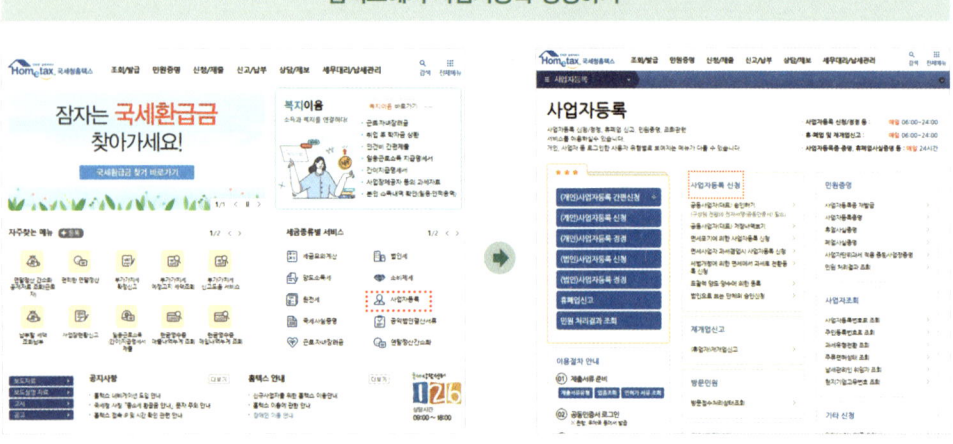

홈택스에서 사업자등록 정정하기

세청 홈택스(www.hometax.go.kr)의 '사업자등록 정정(법인)' 페이지를 통해 업종 변경을 신청할 수 있습니다.

물론 변경을 신청한다고 무조건 되는 것은 아니고 역시 과세당국의 승인이 필요합니다. 그러나 온라인 변경 신청은 상대적으로 덜 까다로운 게 사실이므로 신청이 받아들여질 확률이 높습니다.

부동산 투자를 포함해서 이 세상에 절대로 안 되는 일은 없다는 것이 제 생각입니다. 이등록 씨도 결국 본인에게 가장 잘 맞는 방법으로 주택매매임대 업종을 얻을 수 있게 될 겁니다. 참고로, 사업자등록을 할 때 필요한 서류는 다음과 같습니다.

- 법인 본점 사무소의 임대차계약서
- 전대동의서
- 사업자등록 신청서(법인 인감 날인)
- 정관(사본)
- 법인등기부등본

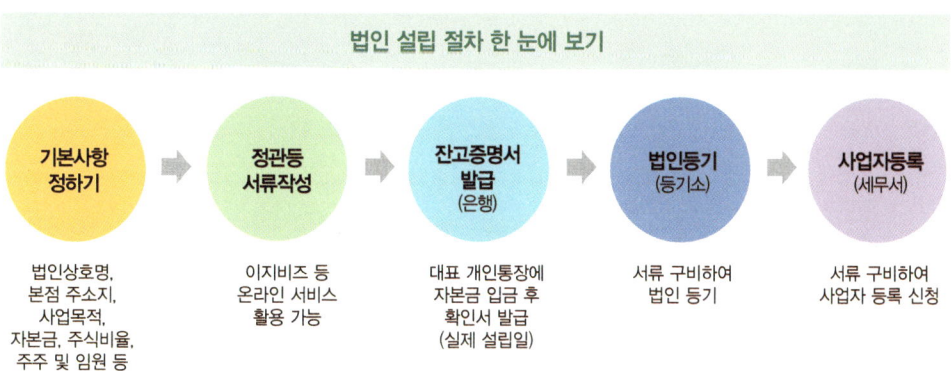

- 법인 인감도장
- 법인 인감증명서(3개월 이내 발급한 원본)
- 대표이사 신분증
- 주주명부

11
기존 부동산을 법인으로 넘기려면

부동산을 전혀 보유하지 않은 상태에서 신규법인을 설립할 수도 있지만, 개인이 가지고 있던 기존 부동산을 법인 명의로 전환하는 방법도 있습니다. 특히 8·2 대책과 9·13 대책 이후 다주택자에 대한 양도소득세 중과 문제로 가지고 있는 주택을 팔기도, 보유하기도 어려워진 투자자들은 기존에 보유한 물건들을 어떻게 처리할지 고민일 겁니다. 이런 물건을 법인 명의로 전환할 수 있다면 한시름 덜 수 있습니다.

저의 지인 한 분도 비슷한 고민을 했습니다. 서울에 물건 한 채를 보유하고 있는데 가격이 많이 오르다 보니 이것을 법인 앞으로 돌릴 수 있는 방법이 없는지 궁금해하셨습니다. 이분에게 '세감면 포괄양수도'와 '세감면 현물출자'라는 방법을 권해드렸고, 덕분에 이 분은 세금을 많이 줄이면서 법인 투자자로 전환하는 것이 가능했습니다.

세감면 포괄양수도와 세감면 현물출자를 활용한 법인 전환은 사실 부동산 투자가 아닌 다른 분야에서 이미 널리 활용되어 온 방법입니다. 개인사업자의 사업이 잘 되면서 소득이 많아지면 절세를 위해 법인 전환을 고민하게 됩니다. 예를 들어 개인사업자를 내고 프리랜서로 일했던 홈쇼핑 쇼호스트가 물건을 잘 팔면서 수익이 눈덩이처럼 불어나거나, 처음에는 개인사업자로 조그맣게 시작했던 고깃집이 잘 돼서 연수익이 중소기업과 맞먹는 경우 등이죠. 변호사나 의사 등 고소득 전문직 종사자들의 상당수도 개인사업자입니다.

지금까지 살펴봤듯 수익이 높아질수록 개인사업자의 세율과 법인의 세율은 크게 역전됩니다. 그래서 이러한 고소득 개인사업자들이 법인으로 전환할 때 흔히 사용했던 것이 세감면 포괄양수도와 세감면 현물출자입니다. 주로 재무설계 또는 자산관리 분야에서 관련 교육이 많이 이루어져 왔지만, 최근에는 부동산 임대사업자들에게로 자연스럽게 그 관심이 확대된 것이죠. 구체적으로 어떻게 진행되는지 살펴보겠습니다.

현금이 충분하다면 '세감면 포괄양수도'를 활용하자

먼저 세감면 포괄양수도는 법인을 새로 설립하면서 동시에 기존 개인사업자가 가지고 있던 자산과 부채를 한꺼번에 인수하는 방식입니다. 주로 현금자산이 풍부한 고소득 자영업자들에게 적합한 방법입니다.

예를 들어 볼까요? 평범한 주부였던 손장금 씨는 남편 사업이 어려워

지자 조그만 상가를 하나 빌려서 국숫집을 시작했습니다. 처음에는 남들처럼 개인사업자로 시작을 했습니다. 그런데 국숫집이 맛집으로 입소문을 타면서 대박이 터졌고, 기본 한 시간을 기다려야 들어갈 수 있는 유명한 집이 되었습니다.

때마침 상가 주인이 건물을 내놓겠다는 이야기를 듣고 손장금 씨는 그 상가를 사버립니다. 임대료를 계속 내느니 차라리 사버리자 싶었던 거죠. 그런데 소득이 많아진 데다가 소유한 부동산까지 생겨나니 내야 할 세금의 액수가 장난이 아니었습니다. 결국 손장금 씨는 ㈜장금푸드라는 법인을 설립하기로 합니다.

손장금 씨처럼 현금자산은 많지만 보유한 부동산의 수는 적은 경우라면 세감면 포괄양수도를 이용해서 법인으로 전환하는 것이 좋습니다. 먼저 손장금 씨가 ㈜장금푸드의 법인 발기인이 되어 법인을 설립합니다. 그래서 탄생한 ㈜장금푸드는 다시 손장금이라는 개인사업자 명의의 사업체를 통째로 인수합니다. 국수 뽑는 기계와 냉장고 등은 물론이고 앞으로 손장금

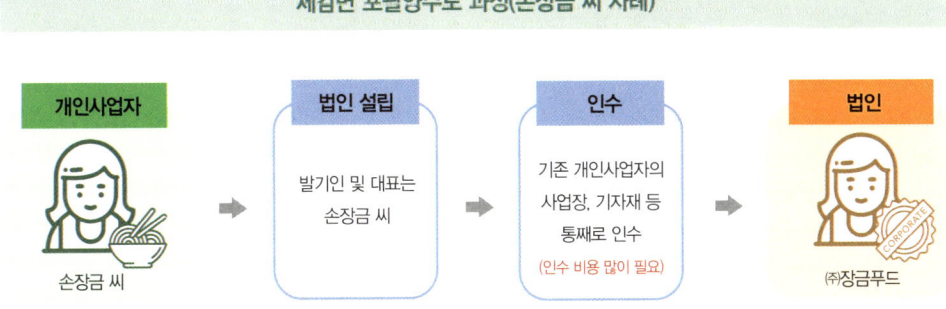

씨가 식재료상에게 지불해야 할 부채까지 법인이 한 번에 싹 가져온 것입니다. 이것이 세감면 포괄양수도입니다.

이 과정은 법인 설립 후 3개월 이내에 이뤄져야 한다는 시기적 제약이 있습니다. 그만큼 짧은 기간 안에 법인으로 전환할 수 있다는 장점도 있지만, 문제는 충분한 현금이 있어야 한다는 점입니다. 만약 손장금 씨의 국숫집 건물이 10억 원짜리이고 대출이 없다면 ㈜장금푸드가 이 건물을 인수하기 위해서는 10억 원의 현금이 필요합니다. 그 돈은 법인 발기인인 손장금 씨가 출자해야 하겠죠. 그만큼의 자본을 출자할 여력이 없다면 애초부터 불가능한 방법입니다.

그런데 부동산 투자자의 대부분은 아마 반대의 경우에 속할 겁니다. 보유하고 있는 부동산 수는 많지만 현금은 별로 없죠. 현금이 생기는 족족 투자를 해 버리니까요. 이런 분들에게 효과적인 방법은 이제부터 설명할 '세감면 현물출자'입니다.

현금이 적다면 '세감면 현물출자'를 활용하자

세감면 현물출자는 말 그대로 돈이 아니라 부동산 등의 현물로 출자하는 것을 말합니다. 이를 위해서는 전제조건이 있습니다. 신설될 법인에 출자할 부동산은 이미 사업용 자산으로 인정받은 것이어야 한다는 겁니다. 즉, 개인 소유의 물건을 곧바로 법인에 현물출자를 할 수는 없고, 먼저 임

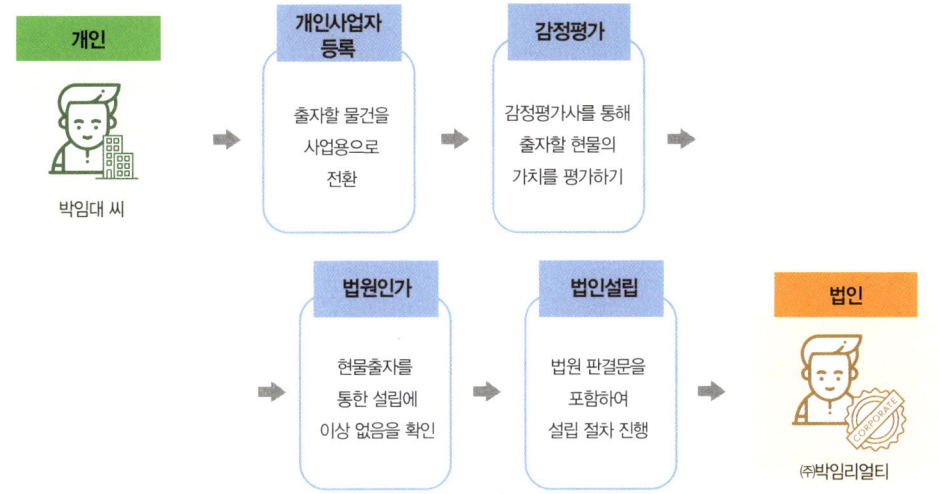

대 또는 매매사업용 주택으로 등록한 후 다시 법인에 현물출자를 해야 합니다.

구체적인 방법을 알아보겠습니다. 박임대 씨는 서울 강남에 아파트를 한 채, 전남 목포에 아파트를 한 채 가지고 있습니다. 박임대 씨는 부동산 투자 법인을 세우기로 하고 세무사를 찾아가 구체적인 절차를 시작합니다. 먼저 현물출자의 대상이 될 현물, 즉 부동산이 얼마의 가치를 가졌는지 평가해야 합니다. 박임대 씨는 세무사를 통해서 감정평가사와 법무사를 고용하고, 강남 아파트의 감정평가를 의뢰합니다.

현물출자에서 감정평가는 매우 중요합니다. 감정평가금액이 얼마로 매겨지느냐에 따라 출자금액이 결정되고, 앞으로 설립할 법인의 자산규모가 정해지기 때문이지요. 박임대 씨의 강남 아파트 가격이 감정평가 결과 10

억 원짜리로 나오면 출자도 10억 원을, 8억 원짜리로 나오면 8억 원을 출자하는 셈이 됩니다.

그런데 감정평가 결과가 실제 시세와 다른 경우도 꽤 있습니다. 감정평가를 할 때에는 해당 물건 인근에 위치한 비슷한 주택이 얼마에 거래되었는지, 분기별 대략적인 거래가격이 얼마인지 등을 참고하기 때문에 그 사이에 시세가 급변했다면 차이가 날 수 있는 거죠.

감정평가 금액이 높게 나오면 법인의 자산규모도 커진다는 장점이 있습니다. 하지만 이것이 반드시 유리한 건 아닙니다. 현물출자를 한다고 해도 개인 입장에서는 어쨌든 법인이라는 존재에게 양도하는 것이기 때문에 그만큼의 양도소득세는 내야 하기 때문입니다. 다만 이 세금은 개인이 지금 당장 내는 것이 아니라, 나중에 법인이 이 물건을 매매할 때 포함해서 내준다는 점이 다릅니다.

박임대 씨의 경우 감정평가를 의뢰한 강남 아파트는 매입가가 5억 원이지만, 최근에 가격이 급등하면서 시세는 10억 원이 되었습니다. 매도차익을 5억 원이나 얻게 된 것은 기쁘지만 양도소득세 생각을 하면 눈앞이 깜깜할 겁니다. 반면 현물출자를 위한 감정평가 결과는 7억 원으로 나왔다고 합시다. 최근에 급등한 것은 반영되지 않은 것이죠. 오히려 박임대 씨에게는 좋은 일일 수 있습니다. 양도소득세를 5억 원이 아닌 2억 원에 대해서만 내면 되니까요.

나중에 법인은 이 물건을 15억 원에 매도합니다. 법인이 박임대 씨로부터 넘겨받은 가격이 7억 원이기 때문에 이때의 매도차익은 무려 8억 원입니다. 개인이라면 42%에 달하는 양도소득세를 내야 하겠지만, 법인은 법인세 10%를 낼 뿐이고, 만약 의무임대기간을 채우지 못했다면 그에 따른 과태료 등을 낼 뿐이죠. 게다가 이미 우리가 알고 있듯이 법인세는 경비를 공제한 뒤 계산하기 때문에 세액은 더 낮아질 수 있습니다. 바로 이것이 현물출자의 장점입니다.

J's TIP

현물출자는 법원의 인가가 필요하다

세감면 현물출자는 세감면 포괄양수도와 달리 법원의 인가가 필요합니다. 현물출자는 좀 더 엄격한 관리가 필요한 '변태설립'에 포함되기 때문이죠. 변태설립이란 회사를 설립할 때 위험요소가 있다고 판단되는 경우를 말합니다. 회사를 설립할 때의 자본금을 돈으로 출자하지 않고 현물로 하면 그 현물의 실제 가치와 서류상의 가치가 다를 수 있으니 위험하다는 거죠.

예를 들어 어떤 사람이 투자 법인을 설립하기 위해서 강원도 산골짜기에 있는 부모님 명의의 땅을 현물출자한다고 칩시다. 실제로는 1,000만 원에 불과한 땅이지만 이 사람의 친구가 감정평가사라서 이 땅의 가치를 10억 원으로 높게 평가해 준다면 어떨까요? 속사정을 모르는 사람이 봤을 때 이렇게 설립된 법인은 자산이 10억 원이나 되는 큰 회사입니다. 실제보다 부풀려진 거죠. 법이 현물출자에 더 엄격한 잣대를 들이대는 것은 이런 위험성 때문입니다.

다만 모든 현물출자에 법원 인가가 필요한 것은 아닙니다. 상법 시행령 제299조(검사인의 조사, 보고)에는 '제290조 제2호 및 제3호의 재산총액이 자본금의 5분의 1을 초과하지 아니하고 대통령령으로 정한 금액을 초과하지 아니하는 경우'에는 법원에 보고하지 않아도 된다고 나옵니다. 대통령령으로 정한 금액이란 5,000만 원 이하를 뜻합니다. 물론 이것은 이론상 그렇다는 것이므로 현실에서 어떻게 적용되는지는 세무전문가 및 담당공무원과 반드시 상의하셔야 합니다.

그런데 왜 박임대 씨는 두 채의 주택 중에서 강남 아파트만 현물출자를 하고 목포의 아파트는 출자하지 않았을까요? 강남 아파트는 상승 폭이 커서 양도소득세 부담이 크지만, 목포 아파트는 아니기 때문입니다. 목포 아파트는 시세가 거의 오르지 않아서 현재 매도 시세가 약 1억 원이라고 합시다. 이럴 경우에는 차라리 현물출자보다 법인이 박임대 씨로부터 매입하는 형식을 취하는 게 나을 수 있습니다.

2021년 12월 현재를 기준으로 법인이 주택을 구입할 때는 취득세율이 12%로 중과됩니다. 여기에 지방세가 추가되면 최고 13.4%까지 세율이 높아질 수 있습니다. 개인이 매입할 때의 취득세는 3주택 이상이면서 조정대상지역 내 주택일 때에 12%의 세율을 부과합니다. 이와 비교하면 법인의 취득세가 너무 높다고 느껴지기 때문에, 이제 법인으로 주택을 매입하는 것은 실효가 없다는 주장도 있습니다.

그러나 아직 틈새시장이 남아 있습니다. 비조정지역에 있으면서 공시지가가 1억 원 미만인 주택은 서민 실수요자를 고려하여 취득세를 중과하지 않습니다(단, 재건축·재개발 조합설립인가를 받은 곳은 중과 대상). 박임대 씨가 보유한 목포 아파트의 시세가 1억 원이라면 공시지가는 그보다 낮은 확률이 높습니다. 따라서 법인 명의로 이 아파트를 취득하더라도 법인은 취득세 1.1%(중과되지 않았을 경우)를, 박임대 씨는 약간의 양도소득세를 내면 그만이지만, 현물출자를 하려면 감정평가도 해야 하고 법원의 인가도 받아야 하므로 오히려 비용이나 노력이 더 들 수 있습니다. 현물출자는 앞으로 가격이 많이 오를 것으로 예상되는 물건일수록 절세 효과가 크다는 사실을 염두에 두시기 바랍니다.

이처럼 현물출자는 당장 현금이 없어도 법인 설립을 할 수 있고 양도소득세를 획기적으로 절약할 수 있습니다. 하지만 법인을 설립하는 시간이 상대적으로 오래 걸리고 감정평가 등의 비용도 들어간다는 단점이 있습니다. 간혹 그런 비용 때문에 현물출자를 망설이는 분도 계시지만, 앞으로 내야 할 양도소득세보다 감정평가 비용이 훨씬 적다면 어떤 것을 선택하는게 좋을지 잘 아시리라 생각합니다.

게다가 세감면 포괄양수도와 세감면 현물출자의 장점은 단순히 세액이 줄어든다는 것뿐만이 아닙니다. '세감면'이라는 말이 붙은 이유는 원래 개인이 내야 할 양도소득세를 법인으로 이월과세할 수 있고, 법인의 취득세도 면제되기 때문입니다.

참고로, 기존에는 세감면 현물출자를 할 경우 대표 개인이 납부해야 할 양도소득세를 법인이 대신 내주는 이월과세를 할 수 있고, 법인 취득세도 면제되었지만 2022년 현재는 세법이 개정되면서 주택을 현물출자할 경우 이같은 혜택은 사라졌습니다. 다만 주택이 아닌 상업용 부동산의 경우는 취득세 감면은 불가하지만 아직 양도소득세 이월과세는 가능합니다.

12

기존의 다른 법인을 인수할 수도 있다

법인을 새로 설립하지 않고 기존의 법인을 인수하는 방법도 있습니다. 특히 과밀억제권역 내에 본점이 있더라도 설립된 지 5년이 지난 법인은 취득세 중과 대상이 아니기 때문에 이러한 법인을 인수하는 것도 좋은 방법일 수 있습니다.

그런데 법인 인수가 그렇게 쉬운 것만은 아닙니다. 여러 가지로 꼼꼼히 따져볼 필요가 있습니다. 이번 장에서는 법인 인수와 관련해서 주의해야 할 사항을 알아보도록 하겠습니다.

문제는 기존 법인의 채무

최인수 씨는 부동산 투자 법인을 고려하고 있습니다. 그런데 때마침 한 친구가 서울에서 운영하던 보습학원을 정리하면서 그 법인의 인수를 제안합니다. 이 학원은 설립한 지 5년이 지난 데다가 친구가 "어차피 정리할 거니까 돈 안 받고 넘겨줄게"라고 하니 귀가 솔깃할 수밖에 없습니다. 지금은 학원 법인이지만 인수 후에 정관을 수정해서 사업목적에 부동산 투자 관련 내용을 넣으면 되겠다고 생각하고, 최인수 씨는 덜컥 그 법인을 인수해 버립니다.

그런데 인수 과정이 마무리된 후에 최인수 씨는 뜨악했습니다. 이 작은 보습학원에 채무가 12억 원이나 있었던 겁니다. 그 친구가 돈을 한 푼도 받지 않고 법인을 넘긴 데에는 이유가 있었던 거죠. 뒤늦게 연락을 해 보지만 친구는 이미 전화번호도 바꾼 채 연락을 끊어버렸고, 최인수 씨는 졸지에 12억 원의 채무를 짊어지게 됐습니다. 이처럼 기존 법인을 인수할 때는 신중해야 합니다. 법인 인수 자체는 어렵지 않지만, 법인의 채무 상태와 인수계약서 내용을 철저하게 확인해야 합니다.

문제는 법인이 채무를 얼마나 가지고 있는지를 외부인이 알기는 어렵다는 겁니다. 그래서 안전하게 법인을 인수하려면 세무대리인을 통하는 것이 가장 좋습니다. 세무대리인은 본인이 담당하고 있는 법인의 기장을 처리하면서 그 법인이 어떤 형태인지, 채무가 얼마나 있는지, 대표이사는 어떤 사람인지 등을 이미 알고 있습니다. 그래서 덮어놓고 아무 법인이나 인수하는 것보다는 세무대리인을 통해서 구체적인 내용을 알아본 후 인수하는 것이 좋습니다. 그래야만 혹시 문제가 생겼을 경우에 세무대리인에게 책임을 물을 수도 있고요.

마이너스 법인을 인수한다면

법인을 인수할 때는 그 법인이 '플러스' 법인인지 '마이너스' 법인인지도 잘 따져 봐야 합니다. 법인 자체만 놓고 보면 당연히 플러스 법인, 즉 자산이 채무보다 많은 법인이 탄탄하고 좋겠죠. 마이너스 법인, 즉 채무가 자산보다 많은 법인이라면 분명 안전의 문제가 있을 수 있으니까요.

재무상태가 마이너스라고 해서 무조건 부실한 회사라고 보기는 어렵지만 왜 마이너스가 되었는지는 꼼꼼히 따져봐야 합니다. 새로운 곳에 투자를 하다 보니 일시적으로 그랬을 수도 있고, 수금이 늦어져서 그랬을 수도 있습니다. 문제는 정말로 회사 경영이 어려워져서 마이너스가 된 경우입니다. 운영자금을 빌려주는 은행도 없을 것이고, 어쩔 수 없이 대표이사가 자기 돈을 가수금 형태로 털어 넣으며 운영하다가, 결국 감당이 안 되자 법인을 폐업하는 경우가 그렇지요. 부채가 많은 법인이라면 나중에 최인수 씨처럼 그 부채까지 감당해야 할 수 있습니다. 대신 부실한 법인이니 인수 금액은 저렴하겠지요.

안전성만 보장될 수 있다면 마이너스 법인을 인수해서 세금을 절약할 수도 있습니다. '이월결손금 공제'를 이용하는 것입니다. 결손금이란 해당 과세기간의 필요경비가 총수입금액을 초과한 경우의 금액, 즉 적자를 본 금액을 말합니다. 그런데 이 결손금은 다음 과세기간으로 이월할 수 있습니다. 올해 손해를 봤다면 내년에 벌어들인 돈에서 공제할 수 있는 것이죠. 이것을 이월결손금 공제라고 합니다. 이에 대해서는 뒷부분에서 다시 자세히 다루겠습니다.

요점은 마이너스 법인을 인수한 후 그 결손금을 이용해서 세금을 절약할 수 있다는 사실입니다. 양도차익이 많이 나올 것 같은 아파트가 있을 때 이를 법인 명의로 변경했는데, 그 법인에 결손금이 있다면 양도차익에서 공제할 수 있습니다. 양도차익이 줄어드는 만큼 세금도 적어지는 겁니다. 이월결손금은 10년 동안 이월할 수 있기 때문에 잘 활용한다면 큰 절세 효과를 볼 수 있습니다.

다른 업종과 시너지를 낼 수도 있다

우리가 법인을 인수하는 주목적은 부동산 투자이지만, 인수한 법인의 기존 업종을 활용하는 것도 가능합니다. 주인이 바뀌었다고 법인의 업종이 완전히 달라져야 할 필요는 없습니다. 기존의 업종은 그대로 가지고 있으면서 부동산 매매 및 임대라는 업종만 추가로 등록해도 무방합니다.

아이디어를 잘 낸다면 이것을 투자에 활용할 수도 있습니다. 예를 들어 인수한 법인이 건축업을 했던 법인이라면 공공기관에 입찰할 상황이 생겼을 때 기존의 건축업 경력이 유리하게 작용할 수 있습니다.

법인을 인수하는 것뿐 아니라 법인끼리의 합병도 가능합니다. 한 법인이 다른 법인의 자산과 영업권 등을 포괄적으로 인수하거나, 상대 법인의 주식을 대량으로 매입해서 경영권을 가져오거나, 두 법인이 합병해서 아예 새로운 법인을 설립하거나, 상대편 법인을 흡수하는 등 방법은 다양합니다.

주식투자를 공부하신 분들은 증자, 감자, 적대적 M&A 등 주식을 주고받음으로써 경영권이 어떻게 움직이는지 대강 아실 겁니다. 이 책에서 그 내용을 다루기에는 너무 방대하지만, 법인 운영 경험이 쌓이다 보면 다양한 방식으로 투자의 범위를 넓힐 수 있게 됩니다. 투자에는 정해진 방법이 없으니 끊임없이 궁리하고 길을 찾아보시기 바랍니다.

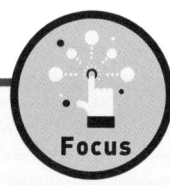

법인과 증여 문제

세금과 관련된 여러 문제 중에서 많은 분들이 관심을 갖는 것이 바로 증여입니다. 내가 잘 먹고 잘 사는 것도 중요하지만 애써 모은 재산을 자녀나 배우자에게 물려주는 것도 중요하기 때문이죠. 부동산 법인의 경우는 증여나 상속이 가능할까요? 일반적인 부동산 증여세와는 어떤 차이가 있을까요? 한 번 살펴봅시다.

먼저 법인의 자산을 어떻게 평가하는지부터 이해해야 합니다. 예를 들어보겠습니다. 오부자 씨는 ㈜부자라는 부동산 투자 법인을 설립했고, 한 주당 500원씩 총 1만 주를 만들었습니다. 그리고 이 1만 주는 모두 대표이사인 오부자 씨가 보유하고 있었죠. 이후 ㈜부자는 한 채당 3억 원짜리 주택을 열 채 매수했습니다. 이런 상황에서 오부자 씨는 보유주식의 10%인 1,000주를 아들인 오주주 씨에게 증여하려고 합니다. 과연 오주주 씨는 증여세를 얼마나 내게 될까요?

비상장주식의 가치를 평가하는 방법

한 주당 액면가가 500원이고 1,000주니까 증여한 금액이 50만 원이라고 생각하면 곤란합니다. 주식은 액면가가 아니라 시가를 기준으로 증여세를 계산하기 때문이죠. 그렇다면 ㈜부자의 주가를 얼마로 볼 것이냐가 관건일 텐데, ㈜부자는 주식시장에 상장되지 않은 비상장주식이기 때문에 정확한 시세를 판단하기 어렵습니다. 거래가 이뤄진 적이 없으니까요.

이처럼 시가 평가가 어려운 비상장주식은 보충적 평가 방법을 적용하게 됩니다. 흔히 사용되는 방법은 1주당 순손익가치와 순자산가치를 따져서 각각 3대 2의 비율로 반영하는 것입니다. 하지만 보유자산 중에서 부동산의 비중이 50%를 넘어서는 부동산과다보유법인은 반대로 2대 3의 비율로 반영합니다. 우리가 설립하려는 대부분의 법인은 아마 여기에 속하겠죠.

대개는 양도가 이뤄지기 전 3년 정도의 재무제표를 통해서 그동안의 순손익과 순자산을 반영하여 평가합니다. 다만 이렇게 평가한 금액이 순자산가치만 반영했을 때의 80%보다 적을 때에는 무조건 순자산가치의 80%를 주가로 보죠. 계산법이 다소 복잡하므로 구체적인 계산법은 세무사와 상담하시는 게 좋습니다.

이런 식으로 평가된 ㈜부자의 주가가 약 4만 원이라고 하면 오주주 씨는 4만 원짜리 주식 1,000주, 즉 4,000만 원을 증여받은 것으로 간주됩니다. 성인 자녀에게는 10년간 5,000만 원까지 증여세가 과세되지 않으므로 이 경우에는 증여세를 납부할 필요가 없습니다. 엄밀히 말해서 오부자 씨가 오주주 씨에게 증여한 것은 부동산이 아니지만, 나중에 부동산이 안겨 줄 수익의 10%를 가져갈 권리를 얻게 되었습니다.

이것이 무슨 차이가 있느냐고 생각하시나요? 몇 년 후에 ㈜부자가 사두었던 3억 원짜리 주택이 5억 원으로 올랐다고 합시다. 한 채당 2억 원씩 열 채이므로 20억 원의 수익이 생긴 거죠. 이중 2억 원은 10%의 주식을 보유한 아들 오주주 씨의 몫입니다.

이제 이해가 되셨나요? 부동산을 그대로 증여할 때에는 시세를 기준으로 증여세가 매겨집니다. 하지만 아직 법인의 자산이 저평가되어 있을 때 주식을 미리 증여해 둔다면 미래에 자녀가 돌려받게 될 실질적 금액은 더 커질 수 있습니다.

주식 수가 적을수록 많이 배당받는 차등배당

자녀가 주식을 증여받게 되면 주주로서 배당을 받을 수도 있습니다. 이럴 경우 많은 분들이 활용하는 것이 차등배당입니다. 차등배당이란 대주주가 스스로 배당을 양보해서 소액주주에게 더 높은 배당을 해주는 정책으로, 보유한 주식의 수가 적을수록 더 많은 금액을 줌으로써 소액주주를 배려하는 방식이지요. 여기에서는 개념만 알아두시고, 자세한 것은 법인 운영 편에서 다시 한 번 다루겠습니다.

자산 규모가 큰 부자들 입장에서는 1~2%의 세금만으로도 금액이 몇 천만 원씩 차이가 나니 이런 방식에 눈독을 들일 수밖에 없습니다. 그러나 이때에도 주의가 필요합니다. 최근 상속세 및 증여세법이 강화되면서 차등배당으로 인한 이익을 증여로 보는 시각도 많아졌기 때문입니다. 주식을 사전 증여한 경우에는 10년간 차등배당을 활용할 수 없는 경우도 있습니다. 그러니 무조건 이를 활용해야겠다고 생각하지 말고, 전문가와의 상담을 통해서 다양한 경우의 수를 고려하시기 바랍니다.

또 한 가지 주의할 점은 자녀가 미성년자일 경우입니다. 미성년자에게 주식을 양도하는 것이 불법은 아니지만, 그 자체로 세무당국의 주의를 끌 수 있습니다. 투자자 입장에서 세무당국의 주의를 끈다는 것이 결코 좋은 일은 아닐 겁니다. 그러므로 문제가 생기지 않으려면 처음부터 세무전문가와 상담하여 잘 설계하는 게 좋습니다.

열심히 투자해서 모은 소중한 자산을 내 자녀에게 잘 물려주고 싶다는 마음은 부모라면 누구나 마찬가지일 겁니다. 당장의 실투자금과 대출한도만 생각할 게 아니라, 내 투자의 종착지는 어디일 것이며 소중한 가족들에게는 무엇을 어떻게 물려줄 것인지를 고민해야 합니다. 어쩌면 그것이야말로 최고의 재테크가 아닐까요?

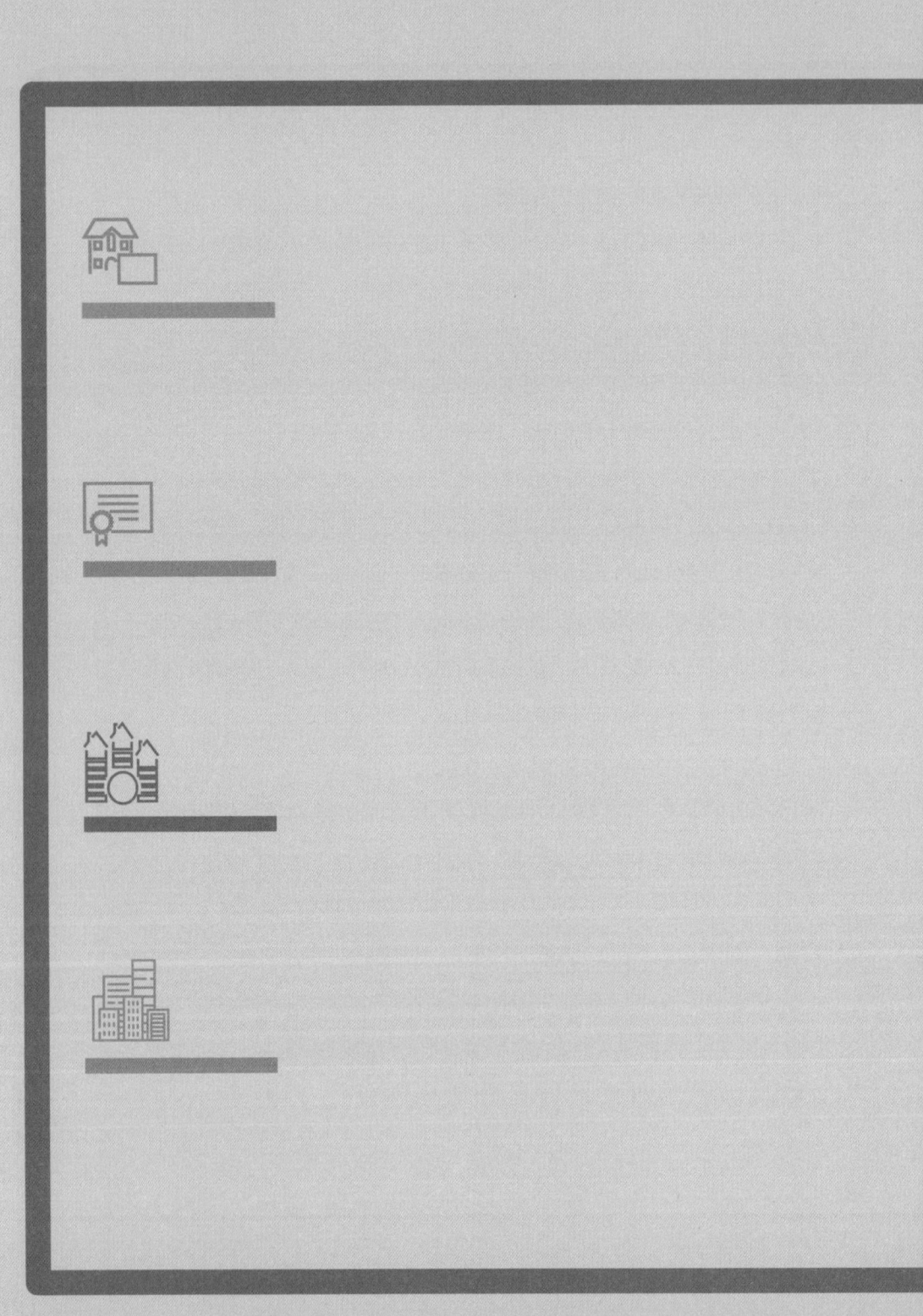

Part 03

법인의
투자법은
어떻게 다를까

13

법인으로 부동산 매입하기

지금까지 법인 설립의 처음부터 끝까지 그 과정을 함께 살펴봤습니다. 법인을 설립하고 사업자등록까지 마무리가 됐다면 이제 본격적으로 부동산 투자를 시작할 차례입니다.

법인이 부동산을 매입하고, 보유하고, 임대를 놓고, 매도하는 과정은 사실 개인 투자자와 크게 다르지 않습니다. 하지만 법인이기 때문에 세부적인 부분에서는 조금씩 다를 수 있습니다. 이 파트에서는 법인으로 부동산을 매입하는 방법, 그리고 주의할 점들도 함께 살펴보겠습니다.

명의변경 특약을 활용하자

제가 많은 투자자들과 수강생들을 상담하다 보니 자주 목격하게 되는 상황이 있습니다. 예를 들면, 서울 강남에 아파트 한 채를 매수했는데 매수 당시에는 개인 명의로 계약을 했습니다. 그런데 잔금을 치르기도 전에 한 달 사이에 시세가 3억 원이 올라버린 겁니다. 가격이 많이 올랐으니 매도하고 싶은데 아직 1년이 채 안 됐기 때문에 양도소득세가 77%(지방소득세 포함), 약 1억3,100만 원의 세금이 부과되는 거죠. 그런데 이럴 때 법인 명의였다면 세금은 법인추가과세 20%와 법인세밖에 안 나오니까 대단한 절세가 되는 겁니다. 그래서 명의를 법인 앞으로 바꿔서 잔금을 치르고 싶은데, 문제는 상대방이 쉽사리 협조를 해 주지 않는 겁니다. 안 그래도 자기가 팔고 나서 가격이 폭등한 상황이라 당장 계약을 취소하고 싶은 마당에 쉽게 협조해 줄 리가 없는 거죠.

이런 상황을 대비해서 일반매매로 부동산 물건을 매수할 때 중요한 팁을 하나 알려드리겠습니다. 처음 계약을 할 때부터 매매계약서 특약에 '잔금 납부 시 특정인의 명의로 변경할 수 있다'라는 문구를 한 줄 넣는 것이 좋습니다. 이것은 법인이냐 개인이냐 여부와 상관없이 모든 매매 계약에 적용됩니다.

특히 요즘처럼 대출 규제가 심해지는 상황이라면 더욱 필요합니다. 대출이 나올 줄 알았는데 한도가 줄어들 수도 있고, 그 과정에서 여러 잡음이 끼어들 수 있습니다. 이럴 때를 대비해서 명의 변경 특약을 넣는다면 훨씬 대응이 편해집니다. 최근에는 대출 규제가 점점 심해져서 1세대1주택자들도 대출이 까다로워졌습니다. 게다가 양도소득세도 많이 내야 하니 명의 분산이 어느 때보다 중요해졌죠.

급등하는 시장에서도 이런 특약은 유용합니다. 상승기의 부동산 가격은 한 번 오르기 시작하면 걷잡을 수 없기 때문에 먼저 잡는 사람이 임자입니다. 일단 계약해 놓고 나면 한 달 후 잔금을 치를 때 전세가가 높아져서 투자금이 별로 들지 않습니다. 속된 말로 그물로 뜨기만 해도 물고기를 잡을 수 있는 상황이죠. 그런데 명의가 부족해서 바로 다음 투자로 넘어가지 못한다면 두고두고 아쉬움이 남을 겁니다.

제가 누누이 강조했다시피 법인으로 투자해야 하는 이유는 첫 번째가 절세, 두 번째가 명의 활용입니다. 내 개인의 명의는 끝까지 잘 지켜서 히든카드로 사용해야 합니다. 우리가 계속 법인 투자 전략을 공부해 가야 하는 이유이기도 하죠.

간주매매사업자의 위험을 피하는 방법

투자자들 중에는 자발적으로 부동산 매매사업자로 등록한 분들이 많습니다. 매매사업자는 임대사업자와 목적이 조금 다른데, 보통은 1년 미만의 단기 매도차익을 목표로 하는 분들이 절세를 위해서 많이 등록하는 편입니다.

예를 들어 양도차익이 발생했을 때 개인투자자에게 적용되는 양도소득세는 1년 미만 보유 시 무려 70%입니다. 매매사업자는 이것을 사업소득으로 계산해서 양도소득세가 아닌 종합소득세로 납부할 수 있으므로 세금이 줄어들 수 있습니다. 그런데 최근에는 이러한 장점이 많이 무색해졌습니다. 가격이 많이 오른 곳은 주로 조정대상지역 내 부동산일 텐데, 이 경우 비교과세가 적용되기 때문에 양도소득세와 종합소득세 중 큰 금액을 내는 것으로 바뀌었기 때문입니다.

매매사업자의 단점은 개인 투자자와 달리 매매 시에 건물에 대한 부가가치세(부가세)를 부담해야 한다는 겁니다. 앞에서 알아봤던 것과 같이 부가가치세는 건물 가격의 10%로 금액이 상당하죠. 아파트를 5억 원에 거래했고 그 중 건물의 가치가 3억 원이라면 3,000만 원을 납세해야 하는 겁니다. 이 부담을 해결하기 위해서는 거래가격을 높여야 하는데, 그러면 거래를 성사시키기가 어려워집니다. 결국 매매사업자 등록이 높은 양도소득세를 피하기 위한 차선책이라고는 하지만, 따져보면 꼭 그렇지 않을 수도 있는 겁니다.

그런데 매매사업자 등록을 한 적도 없는데 갑자기 과세당국이 부가가치세를 납부하라고 통보하기도 합니다. 이런 경우가 바로 '간주매매사업자'에 해당합니다. 정식으로 매매사업자 등록을 하지는 않았지만 실질적으로 매매사업을 하고 있다고 판단되면 과세당국이 직권으로 그 사람을 매매사업자로 간주한다는 뜻입니다. 간주매매사업자로 분류되면 정식 사업자 등록을 하지 않았어도 부가가치세를 내야 합니다.

법적으로 어떤 경우에 간주매매사업자가 된다는 정확한 기준은 없습니다. 다만 통상적으로 1과세 기간(6개월) 중 1회 이상 부동산을 취득하고 2회 이상 판매한 사람은 간주매매사업자로 본다는 의견이 많습니다. 그러나 이 역시 정확한 것은 아니고, 어디까지나 과세당국의 판단에 달려 있습니다.

그런데 이런 사실을 모르고 너무 열심히 투자를 하는 분들이 있습니다. 특히 최근 몇 년 동안 이른바 '갭투자'가 유행하면서 실투자금이 적게 든다는 사실에 고무되어 갑자기 열 채, 스무 채씩 아파트를 매입하는 사람들이 많았죠. 제가 아는 수강생 한 분도 개인 명의로 소형, 중형, 대형 구분 없이 다양한 아파트에 많이 투자를 했습니다. 사업자등록을 하지 않았으니 그냥 양도소득세만 내면 될 거라고 생각했던 겁니다. 그런데 어느 날 국세청에서 간주매매사업자로 분류되었으므로 지금까지 낸 세금을 재정리해서 납세하라는 통보를 받았습니다. 지금까지 거래한 열 몇 채에 대해 부가가치세를 납부하라는 겁니다. 그야말로 날벼락이죠.

물론 방법은 있습니다. 85㎡ 이하의 소형주택은 부가가치세 대상이 아니니까 이런 주택만 거래하면 되겠죠. 부가가치세에 있어서는 법인도 매매사업자와 똑같습니다. 그래서 법인은 85㎡ 이하의 소형주택만 거래하는 것이 좋습니다. 적어도 부가가치세에서는 법인이 큰 장점을 보여주지 못하는 게 사실입니다. 그렇지만 개인 매매사업자의 장점이 비교과세로 인해서 점차 퇴색되고 있는 상황이다 보니, 부가가치세 외의 다른 분야에서 절세 효과를 따져 보게 됩니다.

기존의 매매사업자들이 점차 법인 투자로 눈을 돌리는 데에는 이런 이유가 있죠. 단기 매도에 유리하다는 장점은 최대한 유지하면서, 그 밖의 다른 비용은 절세하는 가장 최적의 투자 전략을 찾으려는 겁니다.

14

법인으로
대출받기

　부동산 투자에서는 레버리지(leverage)를 얼마나 잘 활용하느냐가 수익률을 높이는 관건입니다. 이미 보편적으로 알려진 개념이지만 간단하게 설명하자면 레버리지라는 말은 영어로 '지렛대'를 의미합니다. 무거운 바윗덩어리를 맨손으로 들어 올리는 것보다는 지렛대를 이용하면 적은 힘으로 수월하게 들어 올릴 수 있죠. 이처럼 레버리지는 투자에서 적은 투자금으로 높은 수익금을 벌어들이게 해주는 지렛대 역할을 합니다. 자기자본이 투자금이라면 외부에서 끌어온 부채는 레버리지에 해당합니다.

　레버리지에는 은행 대출뿐 아니라 임대차보증금도 포함됩니다. 최근 유행한 갭투자도 임대차보증금을 레버리지로 활용하는 투자법이라고 볼 수 있습니다. 매도가격 7억 원짜리 아파트를 매수하려고 합니다. 그런데 때마침 그 집에 6억 원의 보증금을 낸 채 거주하는 전세 세입자가 있습니다. 그러면 그 전세보증금이 투자 레버리지가 되므로 자기자본금 1억 원만 있어도 그 집을 매수할 수 있는 겁니다. 이런 식으로 레버리지는 내가 쓸 수 있는 가용자산의 범위를 넘어서까지 투자를 가능하게 해주기 때문에 투자자라면 기본적으로 알아야 할 상식입니다.

다양한 대출 방법을 고민하자

처음 투자를 시작했을 때에는 이곳저곳에 부지런히 임장을 다니고, 이 물건 저 물건 등 여러 가지를 보러 다녔습니다. 하지만 나중에는 굳이 힘들게 여기저기 돌아다니기보다는 오를 만한 지역 한 곳을 콕 집어서 그 지역 안에서만 여러 채에 투자하는 것을 선호하게 되었습니다. 지역을 분산해서 리스크를 줄이는 것도 좋지만, 이왕이면 한 번 오를 때 많이 오르는 것이 더 좋기 때문입니다.

그렇게 하기 위해서는 투자금을 많이 확보하는 것이 중요합니다. 지금 이 순간에도 가격이 오르고 있는 시장이라면 서둘러 물건을 잡아야 하거든요. 그래서 다양한 대출 전략을 미리 연구해 두면 좋습니다. 예를 들어 전세보증금을 약간 낮춰 받는 대신 세입자에게 전입보다 날짜가 빠른 선순위 대출을 조금 남겨두겠다는 조건을 내걸 수도 있습니다. 그러면 임대차보증금에 선순위 대출금까지 합해져서 전체 레버리지 금액이 커지기 때문이죠. 반대로 전세보증금보다 순위는 뒤에 있지만 금리는 다소 높은 후순위 담보대출을 이용할 수도 있습니다. 혹은 아예 명의 자체를 신탁회사에 위탁하여 진행되는 신탁대출도 있습니다.

가격이 급등하는 시장에서는 후순위 담보대출을 활용하기가 조금 더 쉽습니다. 예를 들어 10억 원짜리 아파트를 분양받아서 7억 원의 담보대출을 받았다고 합시다. 그런데 입주할 때쯤에는 이 아파트의 시세가 15억 원으로 올랐다고 합시다. 그러면 오른 시세를 기준으로 은행으로부터 추가로 담보대출을 받을 수 있게 됩니다. 대출을 추가로 받을 수 있다는 것은 투자금을 더 많이 확보할 수 있다는 뜻이고, 그만큼 수익률을 높일 기회를 얻었다는 뜻이겠지요.

항상 그런 것은 아니지만, 급격히 상승하는 시장에서는 될 수 있으면 물건을 많이 잡아 놓는 사람일수록 성공할 확률이 높습니다. 다른 말로 하면 레버리지를 많이 활용할 수 있는 사람이 성공 확률이 높다는 거죠. 대출을 너무 만만하게 생각하는 것도 문제지만, 너무 나쁘게 생각하는 것도 투자의 걸림돌입니다.

법인 대출은 이제 정말 불가능한 걸까

그러나 안타깝게도 이 책의 개정판을 쓰고 있는 2022년 초 현재를 기준으로, 법인의 부동산 관련 대출은 상당히 까다로워졌습니다. 부동산매매 또는 부동산임대를 주업으로 하는 법인은 사실상 대출이 어려워졌고, 일반 법인 역시 주택 구입을 목적으로 하는 담보대출은 거의 불가능합니다. 간혹 주택을 먼저 매입한 후 몇 개월이 지나서 그 주택을 담보 삼아 사업자금을 대출받는 경우도 있지만, 그나마도 기숙사로 활용할 경우에 한정되는 것이 대부분입니다. 정부의 부동산 규제 이후에는 주택담보대출만 놓고 보면 법인사업자보다 오히려 개인사업자가 유리해진 게 사실입니다.

그러나 중요한 포인트가 있습니다. 법인에 대한 정부의 대출 규제는 주로 주택에 초점이 맞춰져 있다는 사실입니다. 이는 정부가 집값을 안정시키기 위해 투자자들의 시장진입을 막고자 하는 의도인데, 뒤집어 생각하면 집이 아닌 부동산은 대출 규제에 큰 영향을 받지 않는다는 뜻이기도 합니다. 실제로 주택이 아닌 상가나 토지, 공장 등에 투자하는 법인은 오히려 대출의 문턱이 낮아졌다는 이야기를 종종 듣곤 합니다.

생각해 보면 당연한 일입니다. 은행이 자선사업을 하는 게 아니라면 기업으로서 수익을 올려야 하는데, 대출이자는 은행의 주요 수입원이기 때문이죠. 정부 정책에 따라서 주택 관련 대출은 잘 해주지 않지만 그 외의 대출은 오히려 적극적으로 해주고 싶은 것이 은행들의 속마음일 겁니다.

부동산 투자자 중 상당수가 아파트를 비롯한 주택에 투자하기 때문에 이 책 역시 주택 투자를 위주로 설명하고 있는 것은 사실입니다. 하지만 법인은 주택 투자만을 위해 만드는 게 아니고, 심지어 부동산 투자만을 위해 만드는 것도 아닙니다. 부동산 임대와 매매는 법인이 할 수 있는 수많은 사업 중 하나라는 것을 생각하신다면 레버리지를 활용할 수 있는 다양한 방법을 생각해내실 수 있을 겁니다.

어느 은행에서 법인 대출이 가능하느냐, 어떤 조건일 때 가능하느냐와 같은 구체적인 질문은 사실 이 책에서는 별로 의미가 없습니다. 대출 상품은 은행마다 전략적으로 그때그때 개발해서 만들어내므로 시시각각 금리와 조건이 변하기 때문이죠. 다만 손품과 발품을 많이 팔수록 더 좋은 조건의 대출을 받을 수 있다는 것만큼은 확실합니다.

다양한 대출 상품을 취급하는 대출중개인들과 평소에 관계를 만들어두고, 좋은 상품이 나올 때마다 가급적 자주 정보를 얻는 것이 좋습니다. 제가 운영하고 있는 네이버카페 '전업을 꿈꾸는 사람들'에서는 법인에 대한 대출 정보를 공유하는 분들이 많으므로 이를 이용하시는 것도 좋습니다.

신규법인이라도 겁낼 필요 없다

법인을 설립하기 직전인 분들이 많이 질문하는 것이 있습니다.
"신규법인도 대출이 나오나요?"
원론적으로 답변하자면, 제 대답은 "네"입니다. 법인의 대출은 신규법인이냐 아니냐보다 그 법인이 대출금과 이자를 상환할 능력이 있느냐 없느냐로 결정된다고 보아야 합니다. 은행의 대출 담당자가 보기에 이 법인은 충분히 상환 능력이 있다고 판단될 경우에는 대출이 가능한 것이고, 그렇지 않다면 대출이 불가능한 것입니다.

현실에서는 오히려 신규법인이 기존 법인보다 대출이 잘 나오는 경우도 있습니다. 아직 첫 번째 회계연도를 마치지 않은 신규법인은 재무제표가 나오지 않은 상태지만, 기존 법인은 직전년도 재무제표가 마이너스일 경우에 그렇습니다. 모든 금융기관이 그런 것은 아니지만 재무제표가 마이너스인 기존 법인보다는 차라리 깨끗한 신규법인을 선호하는 금융기관이 있기 때문이죠. 이렇게 답변을 드리면 다음 질문이 이어집니다.

"그럼 아무래도 주거래은행에서 대출받는 게 좋겠죠?"

이에 대한 제 대답은 "아니오"입니다. 법인의 주거래은행이라고 특별히 대출을 잘 해주는 건 아닙니다. 법인의 대출은 주거래은행 여부나 제1금융권 여부와는 전혀 관계가 없으므로, 오히려 법인 대출을 상대적으로 잘 해주는 곳이나 특판상품을 운영하는 곳을 찾아가시길 추천합니다.

꼭 은행에서 받아야 하는 것도 아닙니다. 실제로 은행 중에서는 부동산 법인에 대한 대출을 잘 해주는 곳이 적을 뿐 아니라, 보험사 등 제2금융권의 경우 대출한도가 더 크게 나오기도 합니다. 물론 제1금융권 은행보다 대출금리가 더 높긴 합니다.

하지만 투자를 하다보면 대출금리가 별로 중요하지 않을 경우도 많죠. 월세를 놓고 장기간 세를 받을 거라면 모르지만, 전세가 나갈 때까지만 대출금을 이용한 뒤 전세보증금을 받으면 곧장 대출을 갚아버릴 수도 있습니다. 이럴 경우 더 중요한 것은 대출금리가 몇 %이냐보다 대출한도가 얼마나 되느냐, 그리고 중도상환수수료˙가 얼마냐일 것입니다.

> ● **중도상환수수료**
> 대출을 받은 사람이 만기보다 대출금을 먼저 상환해 버리면 은행은 그 기간만큼의 이자를 받지 못하므로 수익이 줄어든다. 때문에 대출금을 먼저 상환할 때에는 기간에 따라 일정 금액의 중도상환수수료를 내도록 함으로써 손해를 막는다. 적용하는 기간과 수수료율은 은행마다 다르다.

금리가 몇 십 프로에 이르는 대부업 대출이라면 몰라도 고작 1~2% 차이 때문에 대출을 망설인다면 성공적인 투자를 하기는 어려울 겁니다. 금리보다 무서운 것은 사실 대출을 받지 못하는 상황 아닐까요? 무조건 큰 은행이나 주거래은행만 생각하지 마시고, 법인 대출에 관대한 금융기관을 찾아 열심히 발품을 팔아봅시다. 잘 빌리고 잘 갚을 수만 있다면 대출을 겁낼 이유는 조금도 없습니다.

말씀드렸듯이 대출 조건은 시시각각 바뀝니다. 그렇기 때문에 가능하면 많은 사람으로부터 최신 정보를 입수하는 것이 유리합니다. 저 역시 대출이 잘 되는 곳을 발견하면 카페 회원들에게 추천하곤 하는데, 한번은 어떤 지점에서 전화를 주셨더라고요. "도대체 지성이란 사람이 누군데 손님들이 자꾸만 법인을 만들어서 대출을 받겠다고 오느냐" 하면서요.

J's TIP

가장 좋은 대출은 특판 상품

제 경험상 가장 저렴한 대출은 지점이 운영하는 특판 상품입니다. 잘 찾아보면 특별 이벤트 형식으로 금리는 낮추고 한도는 높여주는 대출 상품을 판매하는 곳들이 있습니다. 그런데 이런 정보를 혼자 찾으려면 시간도 오래 걸리고 어렵죠. 이런 면에서는 은행 관계자와 친해지는 것도 좋은 방법이 될 수 있습니다. 좋은 조건의 특판 상품이 나오면 알려줄 수 있도록 말이죠.

저의 경우는 전국의 대출중개인 연락처를 300개 정도 가지고 있습니다. 물론 그중에서 먼저 연락하는 사람은 정해져 있습니다. 이미 여러 번 함께 일을 진행했던 사람에게 가장 먼저 대출 상품을 알아봐 달라고 부탁하지만, 생각보다 진행이 안 될 때는 300개 연락처 모두에게 문자를 돌립니다. 이러이러한 조건을 생각하고 있으니 가능하면 답장 달라고 말입니다. 가능하다는 연락이 오면 바로 진행합니다.

물론 저는 그 은행에서 수수료는커녕 밥 한 번도 얻어먹은 적 없습니다. 단지 투자자들에게 도움이 될 만한 정보라서 공유한 것뿐입니다. 뜻이 맞는 사람들이 모여서 함께 노력하면 서로에게 이익이 될 수 있는 거니까요.

남들보다 먼저 법인을 설립해 봤고, 투자를 해 봤고, 대출도 받아 봤고, 수익도 내 봤다면 그 정보를 많은 분들과 나누셨으면 좋겠습니다. 나는 이미 법인을 다 설립했다며, 나는 이미 대출을 다 받았다며 정보를 공유하는 데에 인색하게 굴지 마시고, 서로 한 번씩 정보를 나눔으로써 시너지를 냈으면 합니다. 함께 가는 투자가 오래 가는 투자라는 게 제 생각입니다.

15

법인으로 부동산 임대하기

　법인도 보유하고 있는 부동산을 임대할 수 있습니다. 전세도 가능하고 월세도 가능합니다. 임대하는 방법 역시 개인 투자자와 마찬가지로 그냥 임대하거나, 임대사업자로 등록한 후 임대할 수 있습니다.

　법인이 임대주택을 등록할 때에는 혜택부터 방법까지 개인과 크게 차이가 없습니다. 따라서 여기에서는 임대주택 자체에 대한 설명보다는 법인으로서 주택을 임대할 경우에 특히 조심해야 할 점을 중심으로 이야기해 보겠습니다.

법인에게 더욱 중요한 중개사의 역할

　법인으로 임대를 할 때 제도적으로 어려운 점은 없습니다. 다만 세입자들이 법인 소유의 물건을 꺼린다는 점이 문제이긴 합니다. 법인이라고 해서 개인이 임대하는 주택과 별로 다른 것도 아닌데, 흔치 않은 상황이라 그런지 세입자들이 지레 겁을 먹는 것이죠.

저도 이런 어려움을 몇 번 겪었습니다. 법인 명의의 물건에 세입자를 구하려고 몇몇 공인중개소에 물건을 내놨더니 한 곳에서 계약하고 싶어 하는 분이 있다고 해서 계약서를 쓰러 갔습니다. 그런데 중개사가 등기부등본을 출력해 보더니 "소유자가 법인이네요. 삼성 같은 곳이에요?"라고 묻는 겁니다. 크기로 따지면 삼성과 비교가 될 리 없지만, 삼성이나 저희나 둘 다 법인인 건 마찬가지니까 "뭐 비슷해요"라고 했지요. 그런데 순간 임차인으로 계약하겠다던 사람의 눈빛이 흔들리는 겁니다. 결국 계약이 무산되었습니다.

일반인들 중에는 법인이라고 하면 전부 삼성처럼 큰 회사인 줄 아는 사람이 많습니다. 그래서 '함부로 대하면 안 되겠구나, 나중에 혹시 문제가 생기면 내가 불리하겠구나'라는 오해를 하면서 불안해합니다.

그럴 때 중개사가 협조적이라면 계약이 성사될 확률이 높아집니다. "임대인은 세금 문제 때문에 법인 명의로 물건을 보유하고 있을 뿐이며, 법인으로 계약할 때와 개인으로 계약할 때에 아무 차이가 없다"라는 이야기만 해 줘도 대부분의 임차인은 안심합니다. 대부분의 임차인들은 집주인보다 중개사의 말을 더 신뢰하기 때문이죠. 그런데 상당수의 중개사들은 "어떤 회사인지 사장님(집주인)이 직접 설명 좀 해 주세요"라는 식으로 말하면서 한 발 빼려고 합니다. 이런 식이라면 그 앞에 앉아서 3박4일을 꼬박 설명해도 계약이 성사되기 어렵습니다. 이미 임차인 눈에는 제가 사기꾼으로 보일 테니까요.

그래서 임대를 놓을 때는 물건지 주변을 돌아다니면서 협조가 잘 될 만한 중개사를 미리 찾아야 합니다. 중개사에게 내가 어떤 사람인지, 왜 법인을 만들어서 집을 매입했는지를 잘 설명하고 개인이 임대할 때와 아무 차이가 없다는 점도 미리 설득해 둬야 합니다. 우리는 큰 기업이 아니라 1인 법인이고, 채무 문제가 없다는 것을 증명할 수 있으며, 단지 절세를 위해서 이렇게 진행하고 있다는 점, 그리고 이렇게 진행했을 때 그동안 아무 문제도 일어난 적이 없다는 점을 되도록 자세히 설명해 주는 겁니다.

이렇게 중개사부터 이해시켜서 내 편으로 만들어야 나중에 임차인이

J's TIP

세입자가 된다면 특약을 추가하자

혹시 반대 입장이 되었을 때는 어떻게 하시겠습니까? 즉 소유주가 법인인 아파트에 내가 세입자로 들어갈 상황이 되었다면 어떻게 할까요? 고민하고 계시다면 지금까지 책을 헛 읽으신 겁니다. 소유자가 법인이라고 해서 임차인이 주택임대차보호법을 적용 못 받는 것도 아니고, 법인의 회계는 개인보다 훨씬 투명하기까지 하니 불안할 필요가 전혀 없습니다.

그럼에도 여전히 불안하고 의심스러운 상황이라면 저는 임대인 측에 혹시 모르니 계약서에 특약을 하나 추가해 달라고 요청할 겁니다. '이 계약의 모든 책임은 대표이사가 진다'라는 내용의 특약입니다. 이 말인즉슨 대표이사가 이 계약에 대해 연대보증을 한다는 뜻이죠. 이렇게 특약 하나만 넣어도 법인이 임대하는 집은 개인보다 훨씬 더 안전해질 수 있습니다.

계약을 꺼릴 때 잘 중재할 수 있습니다. 중개사의 역할이 중요한 것은 모든 부동산 계약에서 마찬가지지만, 법인이 임대를 놓을 때에는 특히 그렇습니다. 따라서 마음이 맞는 중개사를 찾았다면 평소에 친분을 잘 쌓아 두는 것도 방법입니다.

법인도 임대주택 등록 혜택을 받을 수 있다

개인이 주택을 두 채 이상 임대등록하고 8년 이상 보유하면 양도소득세, 취득세, 재산세, 종합부동산세 등에서 혜택이 있습니다. 법인도 마찬가지입니다. 법인은 양도소득세를 내지 않지만 임대주택으로 등록할 경우 법인추가과세를 내지 않아도 되고, 법인세와 종합부동산세 등에서 혜택이 있습니다. 물론 의무사항을 어길 시 받게 되는 처벌도 똑같습니다. 의무임대기간을 다 채우지 않고 중간에 매도할 경우 개인과 마찬가지로 그동안 혜택 받았던 세금이 모두 추징되고 과태료 1,000만 원이 발생합니다.

다만 9·13 대책으로 인해 임대사업자에 대한 혜택이 많이 줄어든 것은 사실입니다. 기존에는 임대주택은 무조건 양도소득세 중과 대상에서 제외되었지만 2018년 9월 13일 이후 취득한 주택 중 조정대상지역 내에 있는 주택은 여전히 중과를 적용받게 됩니다.

또한 종합부동산세에서도 조정대상지역 내 주택은 합산에서 배제되지 않고 여전히 과세 대상입니다. 임대주택을 등록할 것인지 아닌지를 결정할 때에는 이러한 장점과 단점들을 꼼꼼히 비교·분석해 해 보는 것이 좋습니다.

법인의 임대주택 등록 시 혜택

		40㎡ 이하	40㎡~60㎡	60㎡~85㎡	85㎡ 초과
취득세		최초분양 시 면제[1]		50% 감면[2]	혜택 없음
		과밀억제권역 내 중과 적용 배제			
재산세[3]		면제	75% 감면	50% 감면	혜택 없음
법인세[4]		75% 감면			혜택 없음
법인 추가과세[5]	2018.3.31. 이전 등록	단기임대 또는 준공공임대로 5년 이상 임대 시 면제			
	2018.4.1. 이후 등록	준공공임대로 8년 이상 임대 시 면제			
	2020.8.18. 이후 등록	10년 이상 임대 시 면제			
종합 부동산세[6]	2018.3.31. 이전 등록	단기임대 또는 준공공임대로 5년 이상 임대 시 합산배제			
	2018.4.1. 이후 등록	준공공임대로 8년 이상 임대 시 합산배제			
	2020.8.18. 이후 등록	10년 이상 임대 시 합산배제			

1) 단, 취득세 금액 200만 원 초과 시 85% 감면
2) 20호 이상 임대 시에만 적용
3) 2호 이상 임대 시에만 적용
4) 임대개시일 현재 기준시가 6억 원 이하
5), 6) 임대개시일 현재 기준시가 6억 원(수도권 밖 3억 원) 이하

16

법인으로 부동산 매도하기

법인이 부동산을 매도하는 방식은 개인과 크게 다르지 않습니다. 개인에게 매도할 수도 있고 다른 법인에게 매도할 수도 있습니다.

가장 크게 다른 점은 법인은 임대사업자가 아닐 경우라면 매도 기간에 제약이 적다는 겁니다. 개인은 1년 미만을 보유하고 양도할 경우 양도소득세 77%(지방세 포함)를 부담해야 하지만, 법인은 그러한 규제가 없기 때문에 잠깐 보유하고 매도하는 게 가능합니다. 이런 이유로 단기매매를 선호하는 투자자는 법인 설립에 더욱 관심을 보이고 있죠.

복잡한 부가가치세 구조를 이해하자

법인 명의의 부동산을 매도할 때 가장 주의할 점은 부가가치세입니다.

모든 재화와 용역을 거래할 때에는 10%의 부가가치세가 붙는데, 이는 부동산도 마찬가지입니다. 부동산도 하나의 재화로 보는 것이죠. 다만 주택의 부가가치세는 토지에는 붙지 않고 건물에만 붙습니다.

사실 부가가치세를 실제로 내는 사람은 사업자가 아니라 최종소비자입니다. 이게 무슨 뜻인지를 이해하려면 부가가치세의 복잡한 구조를 알아야 합니다.

A씨는 매매사업자입니다. 그리고 B씨라는 또 다른 매매사업자에게 5억 원을 받고 상가를 팔았는데, 부가가치세를 포함하여 실제 주고받은 금액은 5억 5,000만 원입니다.

B씨는 C씨에게 이 상가를 6억 원에 팔았습니다. C씨는 사업자등록을 하지 않은 개인이지만, B씨가 매매사업자이므로 역시 부가가치세를 포함하여 실제 주고받은 금액은 6억 6,000만 원입니다.

B씨는 이 금액을 모두 본인이 가지는 걸까요? 아닙니다. 과세당국에 부가가치세를 신고하고 이 6,000만 원을 납부해야 합니다.

그런데 B씨가 이 상가를 매입할 때 A씨에게 건넸던 부가가치세가 있었죠. 그래서 B씨는 C씨에게서 받은 부가가치세 6,000만 원에서 A씨에게 준 부가가치세 5,000만 원을 공제한 1,000만 원만 납부하면 됩니다. 이렇게 매입할 때 들어간 부가가치세를 공제하는 것을 매입공제라고 합니다.

아마 A씨도 B씨에게 받은 5,000만 원의 부가가치세에서 다른 부동산을 매입할 때 지불한 부가가치세를 매입공제한 후 남은 금액만 과세당국에 납부했을 겁니다. 이처럼 부가가치세는 사업자와 사업자 사이에 물고 물리는 구조이지만, 결국은 과세당국으로 들어가게 되죠.

그렇다면 이 거래에서 부가가치세를 실제로 낸 것은 누구일까요? 최종 구매자 C씨입니다. C씨는 사업자등록을 하지 않았으므로 매입공제를 할 수 없으니 6,000만 원을 돌려받을 곳이 없죠.

문제는 바로 여기서 비롯됩니다. A씨와 B씨는 부가가치세를 주고받긴 하지만 다른 곳에서 매입공제를 받을 수 있는 사업자입니다. 그래서 거래 가격에 부가가치세가 얹어지더라도 그리 큰 손해는 아닙니다. 하지만 C씨는 매입공제를 받을 수 있는 게 아니니까 부가가치세를 얹어 주면 그만큼 손해를 보게 됩니다.

같은 조건의 아파트라면 C씨는 매매사업자의 물건이 아닌 일반 개인의 물건을 사려고 할 겁니다. 그러면 부가가치세를 낼 필요가 없으니까요. 그

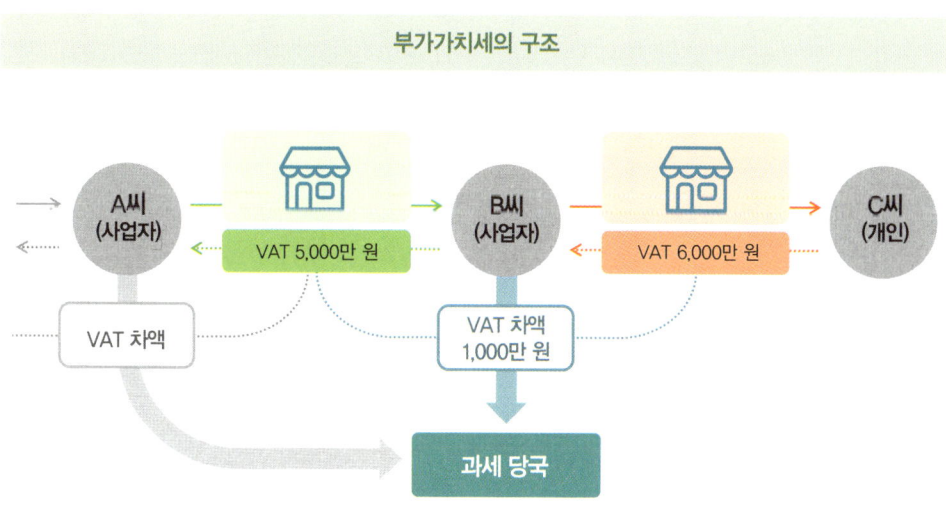

부가가치세의 구조

만큼 C씨는 매도를 할 때 불리한 상황이 됩니다. 똑같은 상황이 법인에게도 발생합니다. 법인은 그 자체로 이미 사업자입니다. 임대사업자나 매매사업자를 따로 등록하지 않아도 부가가치세를 내야 하는 건 마찬가지죠. 그래서 법인 소유의 부동산을 매도할 때에는 부가가치세가 얼마나 나올지 미리 계산해 보고, 그것을 감안해서 수익률이 낮아질 수 있음을 계산해야 한다는 뜻입니다.

부가가치세 부담을 피하고 싶다면

매도할 때마다 10%의 부가가치세를 납부한다면 상당한 부담인데 이것을 해결할 방법은 없을까요? 있습니다. 국민주택 규모(85㎡ 이하)의 소형주택만 거래하는 겁니다. 이런 아파트들은 부가가치세가 면제됩니다.

또 다른 방법은 같은 업종의 사업자, 즉 임대사업자나 매매사업자 또는 법인에게 매도하는 방법입니다. 매입공제를 받을 수 있는 사람이 내 물건을 가져간다면 어차피 부담이 줄어들 테니 부가가치세를 얹더라도 팔기가 쉬워지겠죠. 다만 그런 조건을 갖춘 매수자를 찾아야 하므로 이 점만큼은 법인이 가지고 있는 약점이라 볼 수 있겠습니다.

주의하실 점은 계약서 상에 별도의 언급이 없다면 거래가격 안에 부가가치세가 포함된 것으로 보는 게 일반적이라는 겁니다. 그러므로 반드시 '부가가치세(VAT) 별도'라는 문구를 넣을지 말지를 신중하게 결정하시기 바랍니다. 이미 거래는 끝났는데 이 문구를 깜빡하는 바람에 뒤늦게 부가가치세를 얹어달라고 하기도 난감하니까요.

17
법인에게는 손해 보는 것도 전략이다

　제가 투자 초보였을 때는 어떻게 하면 물건을 싸게 사서 비싸게 팔 수 있을지를 밤새 연구했습니다. 지금은 반대로, 어떻게 하면 비싸게 사서 싸게 팔 수 있을지를 연구하고 있습니다. 왜 그런지 궁금하시죠? 세금을 줄이기 위해서입니다. 싸게 사서 비싸게 팔았더니 오히려 세금만 늘어나서, 세금을 내고 나니 남는 것이 별로 없더라고요. 진짜 수익은 세후수익이라는 말을 실감했습니다.

　어떻게 하면 세후수익을 늘릴 수 있을지 열심히 머리를 쥐어짰더니 법인을 설립한 후에는 손해를 봤을 때 세금이 줄어든다는 걸 알았습니다. 전체 수익을 생각하면 오히려 손해를 봤을 때 더 나을 수도 있는 겁니다. 이른바 차손 물건이라고 하는데, 차익의 반대 개념이라고 보시면 됩니다.

　개인에게도 차손 물건 투자는 좋은 절세 전략일 수 있습니다. 양도소득세를 계산할 때 한 해 동안 매도한 물건 두 개 중에서 하나는 차익이, 하나는 차손이 발생했다면 차익에서 차손을 공제한 뒤 남은 금액으로 양도소득세를 계산하기 때문입니다. 같은 세율을 적용받는 두 개의 물건 중 한 물건에서 2억 원의 차익을, 다른 물건에서 1억 원의 차손을 보았다면 두 개를 합쳐 1억 원에 대해서만 양도소득세를 내면 됩니다.

같은 방법이 법인에도 적용되는데 그 방식과 범위는 조금 다릅니다. 법인은 비사업용주택을 양도한 경우 기본적으로 법인추가과세 20%를 납부하지만, 나머지 차익은 법인세에 포함됩니다. 그런데 이 법인세에는 이월결손금 공제라는 것이 있습니다. 이것을 어떻게 활용하면 될지 구체적으로 이야기해 보겠습니다.

올해의 손해를 내년으로 미루는 이월결손금 공제

법인이 사업을 하다 보면 항상 흑자만 나는 게 아니라 적자를 보는 경우도 많습니다. 현실적인 문제를 한번 생각해 볼게요. ㈜차손이라는 법인을 세우고 3억 원짜리 아파트를 매입해서 전세를 놓았습니다. 사실상 전세 기간 동안 ㈜차손은 수익이 없는 셈이 됩니다. 반면에 수익은 없어도 지출은 계속됩니다. 대표이사와 직원들의 급여 및 보험금도 나갈 테고, 기타 필요경비도 나갈 겁니다. 회계상으로 ㈜차손은 마이너스가 될 것이고 그 손실금액이 1년에 약 1억2,000만 원이라고 합시다.

㈜차손은 이 물건을 4억 원에 매도함으로써 1억 원의 수익을 냅니

다. 벌어들인 수익은 1억 원 인데 운영비로 나간 돈은 1억2,000만 원이니 2,000만 원의 마이너스가 생겼습니다. 그렇다면 ㈜차손의 투자는 잘못된 것일까요?

투자 자체가 잘못됐다고 생각하면 곤란합니다. 모든 투자에는 비용이 따르기 마련인데 법인으로 운영을 하다 보니 유동자금이 일시적으로 부족한 경우가 발생했다고 생각하는 게 맞습니다. 이런 상황이 계속된다면 ㈜차손은 문을 닫아야 하겠지만, 유동자금을 운용하는 데에 별 문제만 없다면 회사는 끄떡없이 잘 돌아갈 겁니다.

또한 이런 상황을 이용해서 절세를 할 수 있는 방법이 있습니다. 이것이 바로 법인세법상 이월결손금 공제를 활용하는 방법입니다. 다시 말해서 올해 법인을 운영하면서 손해가 났다면 그 손해를 후년으로 넘길 수 있다는 뜻이죠. 그러면 후년의 수익에서 올해의 손해를 공제받을 수 있기 때문에 세금이 줄어드는 겁니다. 개인의 양도소득세는 차익과 차손이 반드시

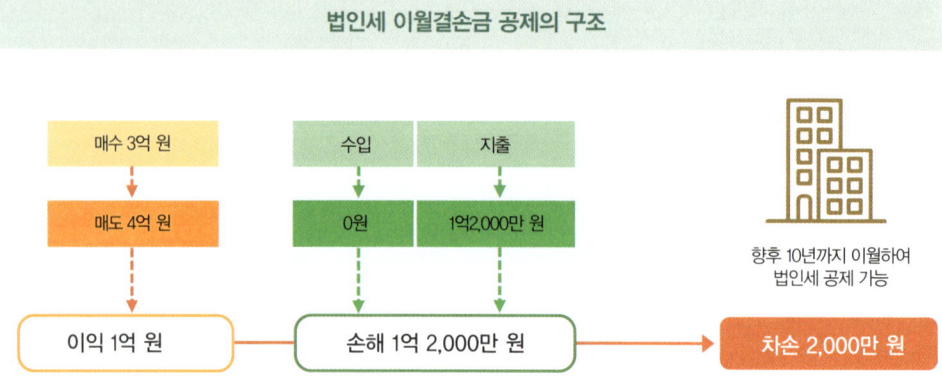

법인세 이월결손금 공제의 구조

같은 해에 일어나야 공제가 가능하지만 법인은 당해 사업연도부터 10년까지, 2021년 이후에 발생한 손실은 15년까지 이월하는 것이 가능합니다. 개인은 손실을 미래로 이월시킬 수 없지만 법인은 가능한 거죠. 다만 가장 과거의 손실부터 순서대로 공제해야 합니다.

㈜차손의 사례를 다시 살펴보겠습니다. 물건을 매수하고 매도해서 얻은 이익은 1억 원, 비용은 1억 2,000만 원으로 결손금은 2,000만 원입니다. 그런데 다음 해 ㈜차손의 수익이 늘어나서 이것저것 공제했는데도 수익이 5,000만 원 남았습니다. 이 경우 법인세는 10%인 500만 원입니다. 하지만 ㈜차손은 지난 해 이월결손금 2,000만 원이 있죠. 수익 5,000만 원에서 이 2,000만 원을 공제하고 남은 3,000만 원에 대해서만 법인세를 내므로 세액은 300만 원으로 줄어드는 겁니다. 이처럼 법인의 손해는 반드시 손해라고만 볼 수는 없습니다.

단, 이월결손금 공제에도 한도가 있습니다. 2021년 사업연도의 이월결손금 공제한도는 총 금액의 60%입니다. 즉 2021년도 수익이 5,000만 원인 일반기업이라면 최대로 공제받을 수 있는 금액은 3,000만 원까지만이라는 뜻입니다. 정치권에서 이 한도를 폐지하자는 주장이 있는 만큼 어떻게 달라질 지 두고봐야 할 것 같습니다.

다음에 해당하는 법인의 경우는 공제한도가 적용되지 않고 100% 모두 공제가 가능하니 해당사항이 있는지 잘 살펴보시기 바랍니다. 특히 부동산 임대업이나 매매업도 「중소기업기본법 시행령」 별표 1에 따라 평균매출액 등이 400억 원 이하이면 중소기업에 포함될 수 있으니 공제 가능 여부를 세무대리인과 따져 보시면 좋겠습니다.

이월결손금 공제한도 적용 예외 법인

① '조세특례제한법' 상 중소기업
② '채무자 회생 및 파산에 관한 법률'에 따라 법원이 인가 결정한 회생계획을 이행 중인 법인
③ '기업구조조정 촉진법'에 따라 기업개선 계획의 이행을 위한 약정을 체결하고 기업개선계획을 이행 중인 법인
④ 해당 법인의 채권을 보유하고 있는 '금융실명거래 및 비밀보장에 관한 법률'에 따른 금융회사 등과 경영정상화계획의 이행을 위한 협약을 체결하고 경영정상화계획을 이행 중인 법인
⑤ 유동화전문회사 등 자산유동화를 목적으로 설립된 특수목적법인으로서 2015년 12월 31일까지 기초자산을 매입한 법인
⑥ 법인세법 제51조의 2에 따른 유동화전문회사 등에 대한 소득공제를 적용받는 법인

관점을 바꾸면 물건의 가치가 달라진다

이월결손금 공제처럼 법인에게는 손실을 기회로 삼을 수 있는 방법이 많습니다. 일부 손 큰 투자자들 중에는 미리 계산을 해 본 후 양도차익이 많이 발생할 것 같으면 일부러 차손 물건을 찾는 경우도 있습니다. 물론 세금 아끼겠다고 그보다 훨씬 많은 금액을 일부러 손해 본다면 바보짓이겠

지만, 자산이 많은 투자자라면 세후수익이 가장 극대화되는 최적의 지점을 찾는 것도 나쁘지 않을 것입니다.

방법은 무척 다양합니다. 예를 들어 유치권이 설정된 물건을 생각해 봅시다. 한 인테리어 업자가 상가의 인테리어를 해주었는데 상가 주인이 공사대금을 주지 않는다면 인테리어 업자는 돈을 받을 때까지 이 상가를 점유할 권리가 있습니다. 이런 것이 바로 유치권인데, 경매 투자를 하다 보면 종종 만나게 되는 사례죠. 유치권이 실제로 성립하면 낙찰자가 그 비용을 물어줘야 하므로 대부분의 투자자들은 이 유치권이 성립하지 않는다는 근거를 눈에 불을 켜고 찾곤 합니다.

그런데 재미있는 것은 오히려 이것을 절세에 활용하는 사람도 있다는 겁니다. 경매 낙찰자가 유치권 해결을 위해서 쓴 비용은 추후 세금에서 공제되기 때문입니다.

이처럼 같은 부동산도 어떻게 바라보느냐에 따라 다르게 활용될 수 있는 겁니다. 수익만 생각하고 바라볼 때와 절세를 생각하고 바라볼 때 부동산이 가진 가치는 전혀 달라집니다.

18

법인의 돈을
꼭 가져와야만 할까

사업자는 당연히 자금흐름이 투명해야 하지만 법인은 특히 그렇습니다. 법인의 모든 금전거래는 법인통장을 통해 이루어져야 하고, 모든 지출에는 증빙과 기록이 남아 있어야 합니다. 그만큼 엄격한 관리가 이루어지는 것입니다. 개인사업자는 매출이 일정금액 이하이면 복식부기를 해야 할 필요가 없지만, 법인은 규모에 상관없이 의무적으로 복식부기를 해야 하는데 그 이유도 투명한 회계 처리를 위한 것입니다.

법인의 자금은 어디까지나 법인의 것이므로 아무리 대표이사라고 해도 그 돈을 가져와서 쓸 수가 없습니다. 법인은 대표 개인과 완전히 별개의 존재이므로, 법인에 문제가 생겨도 대표 개인에게 모든 책임을 묻지 않는다고 한 것을 기억하실 텐데요. 그런데 책임은 묻지 않으면서 벌어들인 수익은 대표 개인이 마음대로 가져다 쓴다면 그것도 문제죠. 쓴다면 반드시 돌려주고 이자까지 지불해야 합니다.

그런데 현실에서는 많은 법인 대표들이 반대로 생각합니다. 내가 만든 법인이니까 법인 돈도 내 돈이라고 생각하는 거죠. 법으로 금지한다고 해도 갖은 편법을 동원해서 법인통장에 들어있는 수익금을 대표 개인에게로 가져오려고 합니다. 뉴스에 등장하는 기업 임원들의 횡령이나 과도한 배당 문제도 여기서 비롯되는 겁니다.

대표이사가 마음대로 법인의 돈을 사용할 수 없다는 것이 법인의 단점이라고 말하는 사람들도 있습니다. 실제로 많은 분들이 그런 이유로 법인 설립을 망설이기도 합니다. 하지만 굳이 법인의 돈을 개인이 가져다 쓸 필요가 있을까요? 어차피 대표는 꼬박꼬박 월급을 받을 것이고, 투자에 필요한 비용은 법인이 지불해 줄 텐데 굳이 욕심을 부릴 필요가 있을까요?

제가 항상 강조하는 것이 있습니다. 법인을 이용한 가장 좋은 절세는 법인이 벌어들인 수익을 법인통장 안에 그대로 넣어두는 것이라고요. 왜 그런지 구체적으로 살펴보겠습니다.

활동비를 법인카드로 충당하기

김개인 씨는 올해 부동산 투자를 통해서 1억 원의 매도차익을 남겼습니다. 그리고 최법인 씨는 똑같은 부동산에 투자하여 똑같이 1억 원의 매도차익을 남겼으나 차이점이 있다면 개인 명의가 아니라 ㈜법인이라는 회사를 통해서였다고 합시다. 김개인 씨와 최법인 씨의 상황은 어떻게 다를까요?

절세 효과 측면에서 개인보다 법인이 유리하다는 것은 이미 수 차례 말씀드렸죠. 김개인 씨가 1억 원의 매도차익 중에서 공제받을 수 있는 금액은 취득세, 중개수수료, 법무비, 수리비, 컨설팅비 등일 것입니다. 그것이 약 2,000만 원이고 이에 따라 양도차익은 8,000만 원이라고 합시다. 김개인 씨는 이 금액에 대해 양도소득세를 내야 합니다.

김개인 씨의 양도소득세를 계산해봅시다. 편의상 장기보유특별공제나 기본공제 등 기타 다른 조건은 생략하고 8,000만 원이 모두 과세표준으로 처리된다고 가정하겠습니다. 중과를 적용받지 않았을 경우 양도소득세율은 8,800만 원 이하까지 24%이고 누진공제액은 522만 원이므로, 김개인 씨가 내야 할 양도소득세액은 약 1,398만 원입니다(과세표준 8,000만 원 × 양도소득세율 24% - 누진공제액 522만 원).

이번에는 최법인 씨의 회사 ㈜법인의 세금을 계산해봅시다. 마찬가지로 1억 원의 매도차익 중에서 취득세, 중개수수료, 법무비, 수리비, 컨설팅비 등 2,000만 원을 공제받으면 양도차익은 8,000만 원입니다. 해당 주택을 임대주택으로 등록하지 않았다고 하면 그중 20%인 1,600만 원을 먼저 법인추가과세로 내야 합니다. 그리고 나머지 금액에 대한 법인세 본세를 내야 하죠.

그런데 ㈜법인은 법인세를 계산할 때 사무실 임대료, 비품 구입비, 컨설팅 수수료 및 수리비 일체, 식대나 접대비 등 각종 업무추진비, 법인 차량 감가상각비 등을 공제받을 수 있습니다. 이 금액이 대략 1억 원 정도라고 합시다. 여기서 끝이 아닙니다. 결정적으로 대표이사인 최법인 씨는 매달 300만 원씩 총 3,600만 원의 월급을 가져갑니다. 이에 따라 ㈜법인의 법인세 과세표준은 양도차익 8,000만 원에서 각종 비용과 인건비를 제외하면 오히려 마이너스이고, 납부해야 할 법인세액은 단순 계산했을 때 0원입니다. 법인추가과세 1,600만 원을 납부한 것을 감안하면 ㈜법인이 내야 할 세금은 약 1,600만 원입니다.

참고로, 대표이사 최법인 씨는 월급을 받았으므로 이에 대한 근로소득세도 납부해야겠지요. 각종 소득공제를 감안해서 약 100만 원이라고 칩시다(단, 4대보험료는 고려하지 않음). 이렇게 따지면 최법인 씨가 내야 할 세금이 김개인 씨보다 많습니다. 어쩌면 '법인은 절세 효과가 크다더니 거짓말이었네?'라고 생각하실지도 모릅니다.

그러나 매도차익이 커지면 이야기가 달라집니다. 매도차익이 3억 원일 경우를 생각해봅시다. 매도차익 1억 원일 때의 공제금액이 2,000만 원이었으므로 3억 원일 때에는 6,000만 원을 공제받아 양도차익이 2억4,000만 원이라고 해봅시다. 같은 방식으로 계산할 경우 김개인 씨의 양도소득세율은 38%까지 높아지므로 양도소득세액은 약 7,180만 원이 됩니다(과세표준 2억 4,000만 원 × 양도소득세율 38% − 누진공제액 1,940만 원).

반면 ㈜법인은 양도차익 2억4,000만 원 중에서 4,800만 원을 납부하고(과세표준 2억4,000만 원 × 추가과세율 20%), 법인 운영비로 1억3,600만 원을 뺀 1억400만 원이 법인세 대상이므로 납부할 법인세는 1,040만 원입니다(과세표준 1억400만 원 × 법인세율 10%). 두 금액을 합치면 5,840만 원으로 김개인 씨보다 세금이 약 1,300만 원 줄어들게 되죠.

다시 말해서 매도차익이 커질수록 법인이 절세에 더 유리하다는 뜻입니다. 게다가 조정대상지역에서는 더욱 그렇습니다. 2022년 1월 현재 개인이 조정대상지역 내의 주택을 양도할 경우에는 조정대상지역 내 보유주택의 수에 따라 최고세율이 75%까지 적용됩니다. 그러나 법인추가과세는 조정대상지역과 무관하기 때문에 이 경우 세금 차이는 훨씬 벌어지게 됩니다.

그런데 또 있습니다. 김개인 씨는 양도세를 내고 난 금액에서 투자 관련 비용을 지출해야 합니다. 임장을 가는 데에 필요한 교통비와 유류대, 현장조사를 하다가 사먹는 점심값, 하다 못해 공인중개사에게 부탁하러 갈 때

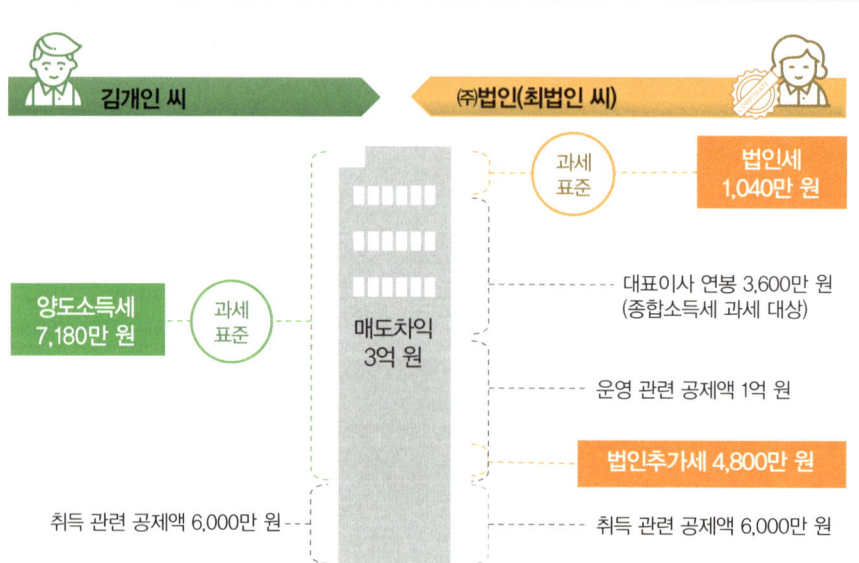

들고 갈 음료수 한 상자 값까지 투자를 위해 쓰는 비용은 은근히 많습니다. 그러나 김개인 씨는 이러한 지출을 비용으로 인정받지 못합니다.

반면에 ㈜법인의 대표인 최법인 씨는 이런 비용을 법인카드로 결제할 수 있고, 업무추진비로 공제받을 수 있습니다. 부동산 투자 법인을 운영하는 데에 필요한 금액이기 때문입니다. 똑같은 비용이지만 김개인 씨는 개인통장에서 지출되고, 최법인 씨는 법인통장에서 지출됩니다. 최법인 씨의 개인통장에는 월급이 고스란히 남게 되죠.

법인의 돈을 굳이 가져올 필요가 없다는 것은 이런 뜻입니다. 법인의 수익은 그대로 법인통장에 넣어 둔 채 사업 활동에 활용하고, 개인적 지출은 대표이사로서 받는 월급만으로도 충분히 낼 수 있습니다. 그것이 훨씬 현명한 절세법일 수 있습니다.

배당금으로 가져오기

물론 원한다면 법인에서 발생한 이익이나 잉여금을 배당이라는 형식을 통해서 가져올 수도 있습니다. 주식투자를 해 보신 분이라면 배당이라는 용어가 익숙하실 겁니다. 우리가 만드는 1인법인도 엄연히 주주와 주식이 있는 기업이므로 잉여이익이 발생하면 주주에게 배당금 형태로 나눠줄 수 있습니다.

다만 개인이 법인으로부터 배당금을 받으면 이에 대한 배당소득세가 발생합니다. 배당소득세의 세율은 2,000만 원 이하까지는 15.4%(지방소득세 1.4% 포함)이고 2,000만 원이 초과되면 종합소득세에 합산되어 6%에서 24%까지 누진세율이 적용됩니다. 주주에게 다른 소득이나 이익이 있을 경우 종합소득세가 큰 부담이 될 수 있기 때문에 1인법인이나 소규모 법인에게는 별로 추천하고 싶지 않은 방법입니다.

그럼에도 배당을 선호하는 분들, 특히 차등배당을 하고 싶어하는 분들이 많습니다. 차등배당이란 법인의 주주들이 지분비율에 따라 균등하게 배당받지 않고, 보유하고 있는 주식 수가 적은 주주들에게 높은 비율로 배당을 해주는 정책입니다. 자녀들이 회사의 소액주주로 참여하고 있는 경우 이런 정책을 선호하는 분이 많습니다.

그러나 차등배당의 대상이 대주주와 특수관계인인 경우 과세당국은 이것이 편법증여에 악용되지 않도록 제도적인 장치를 마련해두고 있습니다. 2021년부터 적용되고 있는 개정 소득세법에 따르면, 최대주주의 특수관계인인 주주에게 차등배당을 하는 경우 그 초과배당금액에 대해 증여세가 부과됩니다. 기존에는 배당소득세와 증여세를 비교하여 큰 금액으로 과세했다면 이제는 증여세와 소득세를 모두 과세하는 식으로 바뀐 것입니다. 단, 증여세를 산정할 때는 증여가액에서 배당소득세액을 차감해줍니다.

참고로, 자녀에 대한 증여세는 10년 이내 합산총액 5,000만 원까지(미성년자의 경우 2,000만 원까지)는 면제가 가능하고, 초과분에 대해서는 최소 10%에서 최고 50%까지의 세율이 적용됩니다.

차등배당과 증여 문제는 여러 가지 변수가 작용하기 때문에 꽤 복잡합니다. 이 책에서는 차등배당이 이런 방식으로 진행된다는 것만 간단히 다루었으니 자세한 내용은 세무전문가와 협의해서 각자의 상황에 맞게 진행하시는 게 좋습니다.

법인이 대표에게 빌려주는 가지급금

정식 절차를 밟지 않고 법인의 돈을 급하게 가져와야 할 일이 생겼다면 대표이사에게 법인이 돈을 빌려주는 '가지급금' 형식을 활용하면 됩니다. 예를 들어 아파트를 매수하려고 하는데, 실거주를 위한 집이라서 법인 명의가 아닌 대표 개인 명의로 매수하고자 합니다. 하지만 당장 돈이 부족하므로 법인통장에 있는 자금을 5,000만 원만 급하게 끌어다 쓰기로 합니다.

이때 법인은 대표이사에게 돈을 빌려주는 형식을 취하고 '가지급금'이라는 계정으로 장부에 기록합니다. 사실 가지급금이라는 것은 아직 거래가 완료되지 않아서 어떤 항목으로 기록해야 할지 판단이 서지 않을 때를 의미하는 계정입니다. 이 말은 거래가 완료되어 회계장부가 깔끔하게 정리되기 위해서는 어떻게든 이 금액을 다시 메우거나 다른 항목으로 변경해야 한다는 뜻이죠. 여기에서는 이해하기 쉽게 그냥 '법인이 빌려주는 돈'이라고 설명하겠습니다.

법인이 대표 개인에게 빌려준 돈이니 대표가 다시 이 돈을 갚는 것도 방법입니다. 이때는 엄연히 빌린 돈이므로 아무리 대표라도 이자를 내야 하는데, 이자율은 통상 4.6% 정도입니다. 하지만 대부분의 법인은 대표에게 이자를 받거나 돈을 돌려받는 번거로움 대신 배당금이나 상여금으로 전환해서 처리하는 경우가 많습니다. 문제는 이 경우 대표가 이에 대한 소득세를 내야 한다는 것이죠. 배당소득세는 앞에서 설명한 15.4%입니다.

사실 가지급금은 그다지 추천할 만한 방법은 아닙니다. 대표이사는 이자를 지불하거나 소득세를 납부해야 하고, 법인 입장에서도 운영자금이 부족해질 리스크가 있으니까요.

그러다 보니 은행 입장에서는 회계장부에 가지급금이 많은 법인에게는 아무래도 대출을 꺼릴 수밖에 없습니다. 게다가 가지급금은 마치 회계처리가 투명하지 못하다는 증거처럼 보이기 때문에 세무조사의 빌미를 제공하기도 합니다. 이래저래 좋지 않은 점이 많다는 것을 기억하시기 바랍니다.

대표가 법인에게 빌려주는 가수금

반대의 경우도 있습니다. 법인의 운영자금이 부족해서 대표이사가 개인의 자금을 법인에 넣는 경우입니다. 이것을 '가수금'이라고 합니다. 예를 들어 강남에 위치한 10억 원짜리 아파트를 매수할 좋은 기회가 생겼는데, 법인통장에는 1,000만 원밖에 없는 상황이라고 합시다. 10억 원짜리 아파트라면 계약금만 1억 원이 필요합니다. 잔금은 어떻게든 해결한다 치고 당장 계약금을 보내야 하는 상황인데 9,000만 원이 모자라는 거죠. 이럴 때 대표이사가 개인 돈 9,000만 원을 법인에 빌려줄 수 있습니다.

이 법인이 무사히 계약을 완료하고 9억 원에 전세를 놓았다고 합시다. 이제 법인의 재무제표에는 9,000만 원의 가수금이 남아 있을 것입니다. 가수금 역시 가지급금과 마찬가지로 임시적인 계정이기 때문에 언젠가는 처리해야 합니다. 처리 방법은 법인이 대표에게 9,000만 원을 갚고, 이에 대한 이자도 지불하는 것입니다. 이 경우에는 대표가 이자소득에 대해 소득세를 내야 합니다. 또 다른 방법은 이 금액을 출자금으로 전환하는 것입니다. 즉 대표가 돈을 돌려받는 게 아니라 주식을 추가로 발행해서 자본금을 늘리는 형식이 되는 거죠.

가수금을 사용할 때도 역시 조심해야 합니다. 가수금은 그 자체로 부채의 성격을 가지기 때문에 가수금이 많으면 법인의 신용이 낮아질 수 있습니다. 뿐만 아니라 가수금을 대표에게 돌려주는 과정에서 회계상 편법을 이용해 법인의 돈을 대표 개인이 가져가려는 경우도 있어서 마찬가지로 세무조사에 빌미를 제공할 수도 있습니다.

어떤 경우든 정확하지 않은 항목이 회계장부에 존재하는 것을 과세당국은 좋아하지 않습니다. 그러니 이런 계정을 활용하시려면 반드시 세무사와 꼼꼼히 확인하신 후에 결정하시기 바랍니다.

투자자는
생각을 열어 두어야 한다

부동산 투자를 시작한 지 2년 정도 됐을 때 의정부에 있는 9층짜리 빌딩을 매수할 기회가 있었습니다. 시세가 약 45억 원 정도였던 걸로 기억합니다. 건물주는 압구정 로데오 거리에 또 다른 빌딩을 소유하고 있는 부자였고, 이 빌딩은 부모님 명의의 것인데 부모님이 돌아가시기 전에 서둘러 처리하려고 급매로 내놓았던 거죠. 그런데 담보대출도 많이 있었고 공실도 꽤 있어서인지 잘 팔리지 않자 시세가 22억 원까지 떨어졌습니다.

제가 그 빌딩을 사려면 당시에 2억 원이 더 필요했습니다. 억지로 끌어 모으면 어떻게든 가능할 수도 있었겠지만, 이자를 감당하기도 겁이 났고 투자 경력도 아직 짧았던 때라 공실을 어떻게 처리해야 할지도 몰라서 결국 포기했습니다.

얼마 전에 보니 그 빌딩은 깨끗하게 리모델링되어 상가가 꽉 들어차 있었습니다. 시세는 약 150억 원이 되었더군요. 그때 제가 그 빌딩을 22억 원에 샀다면 지금은 어땠을까 하는 생각을 잠시 해 봤습니다.

여러분에게도 그런 기회가 언제든 찾아올 수 있습니다. 계속 공부하고 기회를 노리다 보면 그런 좋은 물건을 만날 기회는 반드시 옵니다. 문제는 그 기회를 만났을 때 방법도 모르고, 시장흐름도 모르고, 방향성도 잡지 못한 상태라면 아무리 좋은 물건을 만나도 잡을 수가 없다는 겁니다.

오랜 시간 투자를 해 보니까 투자에는 배짱이 필요하다는 걸 느낍니다. 물론 그 배짱은 무모한 용기로 만들어지는 게 아니라 꾸준한 공부와 경험이 있어야 생기는 겁니다. 기존에 쥐고 있던 투자금으로 조금씩 무언가를 계속하는 것도 중요하지만, 다양한 물건을 많이 사고 많이 팔아 봐야 더 큰 투자에 도전할 수 있다는 걸 알게 되었습니다. 수익도 수익이지만 스스로 성장하는 투자자가 될 수 있는 거죠.

30억 원짜리 상가가 있습니다. 아직은 공실이에요. 매매가는 30억 원이지만 35억 원의 대출을 받을 수 있습니다. 투자금이 안 들어가는 무피투자 정도가 아니라 오히려 5억 원이 남는 투자입니다. 엄청나지요. 그렇지만 한 달 이자가 1,000만 원이 조금 넘습니다. 여러분이라면 이런 물건에 투자하시겠습니까? "투자하겠다"라고 쉽게 대답할 수 있는 사람은 생각보다 많지 않습니다.

투자를 시작한 지 몇 년 안 된 투자자들은 대부분 5억 원 이하의 부동산에 투자합니다. 이 정도만 해도 이자가 보통 한 달에 130만 원 정도 나가죠. 그것만으로도 숨이 턱 막히는 분들이 많을 겁니다. 그런데 한 달에 1,000만 원 넘게 이자를 내라고 하면 숨이 막히다 못해 목이 졸리는 기분 아닐까요?

머리로만 생각해 보면, 대출을 받으면 5억 원이 남으니까 이 돈으로 이자를 내도 4년은 버틸 수 있습니다. 하지만 마음에서 느껴지는 부담감을 쉽게 털어내지는 못합니다. 제가 만났던 대부분의 투자자들이 그랬습니다. 그 부담감을 넘어서야 다음 투자가 가능합니다.

아직도 물건은 많다, 접근법을 고민하라

만약 타임머신을 타고 부동산 시장이 가장 바닥이었던 2012년으로 되돌아가서 서울 강남의 아파트를 열 채 살 수 있다고 하면 어떨까요? 100명 중에 90명은 '사겠다'고 말할 겁니다. 비록 한 달에 이자를 한 채당 130만 원씩 1,300만 원을 부담해야 하고 대출을 20억 원이나 받아야 하지만 말입니다. 왜냐하면 우리는 이미 그 결과가 어떤지 알고 있으니까요.

하지만 현실에서는 미래를 알 수 없습니다. 방법을 모르고 리스크가 두렵습니다. 그래서 눈앞에 좋은 물건이 있어도 무리를 하지 않으려 합니다. 내가 감당할 수 있는 이자는 얼마인가, 프리미엄은 어느 정도가 적당한가, 이런 식으로 가지고 있는 투자 금액 안으로 자기의 한계를 정해 버리곤 합니다. 안정적인 투자가 나쁜 건 아니지만, 그 이상을 볼 수 없다는 건 나쁜 것이죠.

제가 이런 이야기를 왜 하는 걸까요? 의정부 빌딩이나 강남 아파트 같은 보물들이 아직도 남아 있을 리 없는데 말입니다. 하지만 분명히 말씀드리건대, 아직 이런 물건이 분명히 있습니다. 다만 접근법을 모를 뿐이죠. 물건이 없는 게 아니라 찾는 방법을 모를 뿐입니다.

무리한 투자를 부추기려는 게 아니라 다르게 생각하는 방법을 습관화 하시라는 겁니다. 이 책에서 설명하는 법인 투자도 결국은 남들과 다르게 생각한 결과로 나온 투자 전략입니다. 지금 이 책을 읽고 계신 분 중에 부동산 투자 회사의 오너가 되겠다고 오래 전부터 꿈꿔 왔던 사람이 과연 몇 분이나 계실까요? 아마 꿈에도 그런 생각을 해 본 적 없는 분들이 더 많으실 겁니다.

그렇지만 새로운 방법을 찾아야 하니까, 필요하니까 결국 이 책을 펼쳐 든 것일 테죠. 목표가 생기면 방법은 찾아지게 마련입니다. 그러니 목표를 낮게 잡지 마시고, 투자에 제한을 두지 마셨으면 좋겠습니다. 끊임없이 공부하고, 생각을 열어 두세요. 그래야 눈앞에 있는 투자 기회를 낚아챌 수 있는 겁니다.

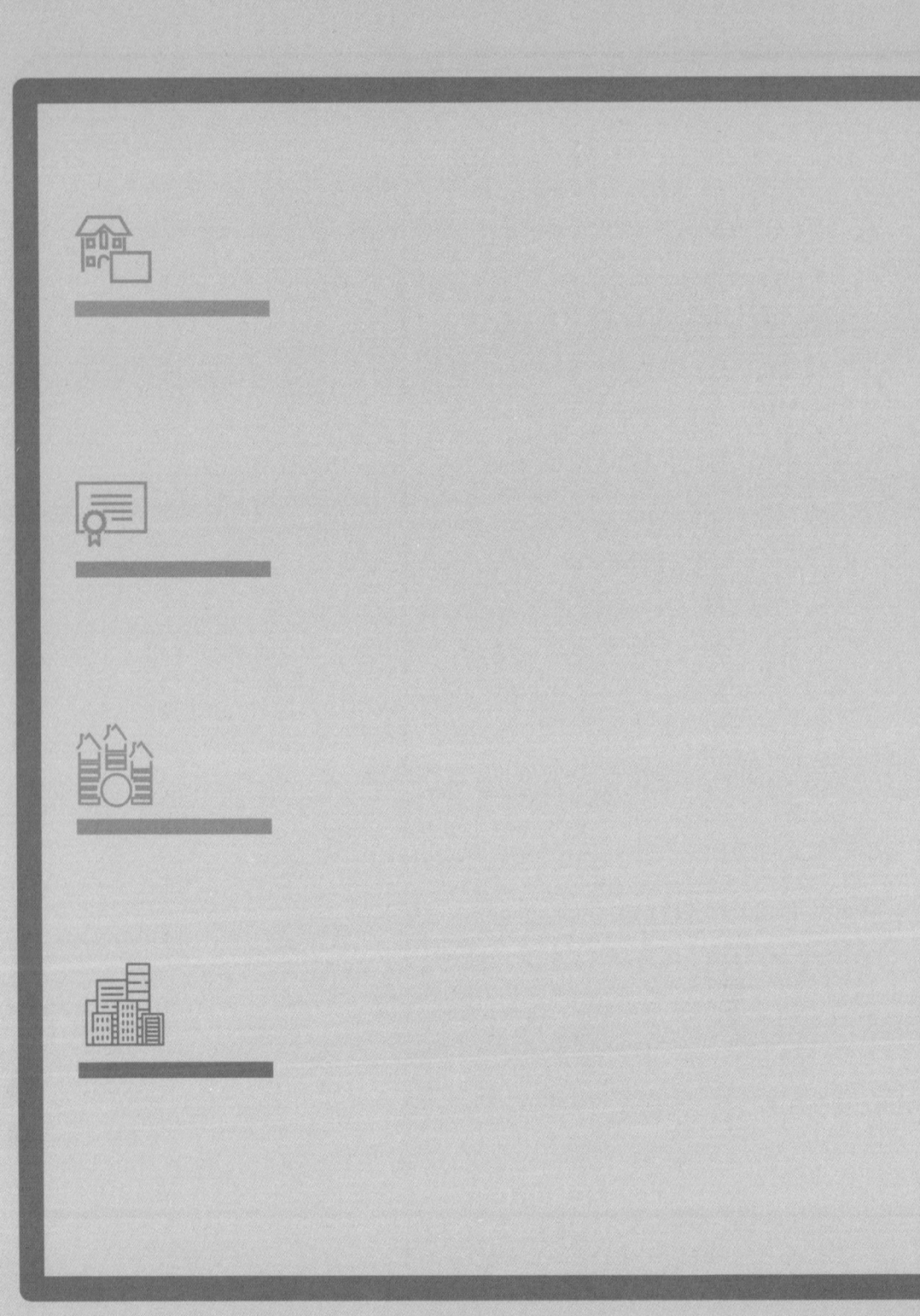

Part **04**

운영 및
관리의
실전노하우

19

인건비는 어떻게 처리할까

　제가 처음 법인을 세웠을 때는 법인으로 비용 처리하고 공제받을 수 있는 항목이 뭔지도 모르는 무지한 상태였습니다. 뭘 해야 할지 고민조차 하지 못했기 때문에 몇 개월간 대표이사 급여도 책정을 안 하고, 사무실 임대료도 비용으로 등록하지 않았습니다. 법인을 설립만 한 채 말 그대로 내버려 둔 것이죠.

　뭔가 느낌이 이상하긴 했습니다. 그래서 기장을 맡아주시는 세무사님께 "대표이사 급여를 정해야 하지 않나요?"라고 여쭤봤습니다. 그랬더니 "나중에 때가 됐을 때 하시면 됩니다"라고 대답하시더라고요. 한 달이 지나서 사무실 월세를 낼 때는 "월세 내역을 등록해야 하지 않을까요?"라고 여쭤봤습니다. 마찬가지로 "나중에 때가 됐을 때 하시면 됩니다"라고만 되풀이하시더군요.

　몇 개월이 지나고 보니 제가 너무 바보 같았던 겁니다. 법인을 세운 이유가 절세를 하기 위한 것인데, 그러려면 공제 가능한 모든 항목을 최대한 일찍 등록해서 비용 처리를 해야 했습니다. 저는 세법을 너무 몰랐고, 그 세무사님은 부동산을 너무 몰랐던 거죠. 법인을 세워서 절세를 해야겠다고 마음먹었다면 저처럼 미루지 마시고 무엇이든 빨리 움직이라고 말씀드리고 싶습니다.

임직원 월급은 얼마가 적당할까

개인사업자 대표와 1인법인 대표의 중요한 차이점 중 하나는 월급을 받느냐 아니냐입니다. 개인사업자 대표는 별도의 월급이 없는 대신 사업을 통해 벌어들인 수익이 모두 대표의 것입니다. 그러나 1인법인 대표는 엄연히 법인으로부터 월급을 받는 직장인입니다.

법인을 설립하면 임직원의 인건비를 책정해서 지급하게 되는데, 얼마를 지급해야 하는지에 대해 별도로 정해진 바는 없습니다. 최저임금을 꼭 지켜야 하는 것도 아닙니다. 지급하는 법인과 지급받는 개인 사이에 협의가 되었다면 훨씬 적은 금액을 인건비로 지급해도 문제는 없습니다.

대표의 인건비를 많이 지급하면 법인 입장에서는 운영비용을 많이 지출하는 것이므로 법인세에서 공제받는 금액이 커지고 세금은 줄어들겠지요. 하지만 인건비를 받는 대표 개인은 그만큼 소득이 높아지므로 소득세가 많아집니다. 반대로 인건비를 적게 지급하면 법인의 법인세는 늘어나겠지만,

대표 개인의 소득세는 줄어듭니다.

물론 세율의 차이는 있습니다. 법인세의 세율은 과세표준 2억 원 이하까지 10%입니다. 반면 개인의 종합소득세 세율은 과세표준 1,200만 원을 넘어서는 순간부터 15%가 되지만 그 이하는 6%에 불과합니다. 따라서 법인세와 소득세의 금액을 어떻게 조율할지와 자신이 처한 상황을 잘 고려해서 대표의 월급을 책정하는 것이 좋을 겁니다.

개인적으로는 연봉 1,200만 원(월 100만 원) 정도면 적당하지 않을까 생각합니다. 과세표준 1,200만 원 이하까지는 종합소득세율이 최저 세율인 6%입니다. 대표이사가 개인적으로 다른 일을 통해서 소득을 몇 백만 원 더 얻을 수도 있지만, 직장인 연봉에서 일부금액은 소득공제가 되므로 과세표준으로 합산하면 얼추 1,200만 원과 비슷해질 거라고 생각하기 때문입니다. 다른 직원을 고용할 때에도 마찬가지로 직원이 원하는 금액과 법인의 세 부담이 최소화되는 금액의 균형을 맞추면 됩니다.

4대보험료는 어떻게 처리할까

임직원에게 월급을 책정할 때에는 회사가 의무적으로 지급해야 하는 4대보험료까지 염두에 두어야 합니다. 물론 이 부분은 세무대리인이 알아서 처리해 줄 것이므로 법인 대표가 크게 신경 쓸 일은 아니지만, 개념 정도는 알아두시는 게 도움이 되겠지요.

4대보험은 건강보험(의료보험), 국민연금, 고용보험, 산재보험을 말하는데 이 중 산재보험은 사업주가 모두 부담하고 건강보험, 국민연금, 고용보험은 직원과 사업주가 각각 절반씩 부담합니다. 금액은 임직원이 수령하는 급여에 따라 달라집니다.

사실 고용보험은 150인 미만 기업일 경우 총 0.9%를 넘지 않고, 산재보험도 산재 위험성이 크지 않은 일반 사무직은 1% 언저리에 불과하므로 크게 부담스럽지 않습니다. 하지만 국민연금과 건강보험은 은근히 부담이 될 수 있습니다. 국민연금은 기준월소득액의 9%를, 건강보험은 보수월액의 6.99%를 직원과 사업주가 반반씩 부담합니다. 그리고 건강보험료의 12.27%가 장기요양보험료로 추가되는데 역시 직원과 사업주가 반반씩 부담합니다. 국민연금과 건강보험의 기준소득을 계산하는 것은 꽤 복잡하므로, 여기서는 대략 어느 정도라는 것만 알아두시고 실무는 세무대리인에게 맡기기를 권합니다.

다만 4대보험에 가입하지 않는 근무자도 있다는 점은 알아두시기 바랍

직원의 급여 수령 시 4대보험 부담액

	근로자	고용자	합계
건강보험(장기요양보험 포함 시)	3.495%(3.92%)	3.495%(3.92%)	6.99%(7.85%)
국민연금	4.5%	4.5%	9.0%
고용보험	0.65%	0.65%	1.3%
산재보험*	–	1.53%	1.53%
총 부담액	급여액의 약 19%		

* 산재보험은 고용주가 전액 부담하며, 업종별 요율이 다름(평균 1.53% 수준).

니다. 월 60시간 이상 일하는 근로자가 한 명 이상 있는 사업장은 근로자 성격이 정규직이든 아르바이트든 의무적으로 4대보험에 가입해야 합니다. 미가입 시 사업주는 300만 원 이하의 과태료를 내야 할 수도 있습니다.

그런데 정식 직원이 아닌 경우에는 소득세만 공제할 뿐 4대보험에 가입해 줄 의무가 없습니다. 월급이 아닌 일당이나 시급을 지급받는 일용직근로자일 경우가 여기에 해당하죠.

일용직근로자를 쓸 때 주의할 점이 있습니다. 고용되어 있지 않아도 반복적으로 일을 맡기고 일당을 지급한다면 일용직이 아닌 일반근로자가 된다는 점입니다. 예를 들어 법인을 설립해서 부동산 투자를 하다보면 인테리어나 입주청소, 경매 대리입찰 등 일용직 아르바이트를 쓰게 되는 일이 많은데, 그 중에 특히 일 잘하는 사람이 있으면 그 사람만 계속 쓰게 되죠. 그러면 이 사람은 일용직이 아니라 일반근로자가 되어 4대보험에 가입해 주어야 할 수도 있습니다.

일용직근로자로 인정되려면 다음과 같은 조건에 모두 부합해야 합니다. 이때 주의할 점은 간헐적으로 근무했더라도 총 근무기간의 합이 90일 이상이라면 일용직이 아닌 일반근로자로 본다는 점입니다.

- 총 근무기간 3개월(90일) 미만
- 월 근무일수 7일 미만
- 월 근무시간 60시간 미만
- 하루 근무시간 8시간 미만

일용직근로자의 일당은 18만7,000원 이하일 경우 소액부징수에 해당되어 갑종근로소득세(갑근세)가 면제되고, 초과될 경우에는 15만 원을 초과한 금액에 대해서만 2.97%(지방세 포함)를 과세합니다. 여기에서는 개념만 알아두시고, 일용직을 고용할 때는 세무대리인과 상의 후 결정하시면 됩니다.

가족도 직원으로 채용할 수 있을까

처음 법인을 설립할 때에는 당연히 규모가 작습니다. 아직 수익도 없는데 월급을 주고 직원을 뽑을 처지는 안 되므로, 대표 혼자서 일을 하거나 대표의 가족들이 동원되는 경우가 많습니다. 그런데 대표와 특수관계에 있는 가족들을 직원으로 채용해도 될까요? 당연히 됩니다. 다만 몇 가지는 주의해야 합니다.

첫째는 가족이라도 급여는 제대로 지급하고 기록을 잘 남겨야 한다는 겁니다. 급여는 용돈이 아닙니다. 급여를 지급할 때에는 소득신고를 정확히 해야 하고 기록을 남겨야 합니다. 그렇지 않으면 법인 입장에서는 급여를 비용으로 인정받지 못하는 것은 물론 탈세 혐의까지 받게 될 수도 있습니다. 예를 들어 부동산 법인을 설립한 후 부모님을 직원으로 채용했다고 합시다. 반드시 부모님 통장에 월급을 제대로 이체하고, 그에 따른 소득세도 매달 신고해야 합니다.

둘째는 업무내용에 대해 증빙을 남겨두는 것이 좋다는 겁니다. 가족으로 구성된 법인은 오히려 더 의심을 받기 쉬우므로, 만약을 대비해서 이 사람이 실제 직원으로서 회사 업무에 관여했다는 증빙을 남겨두는 것입니다. 예를 들어 부모님께 경매 대리입찰을 부탁드렸다면 사건번호와 입찰기일, 경매법원의 위치 등을 간단하게나마 문자로 보내놓을 수 있습니다.

나는 서울에 살지만 부모님은 부산에 살고 계시고, 때마침 부산에 있는 투자 물건의 조사를 부탁드려야 한다면 부모님께 사진을 찍어 보내달라고 할 수도 있을 겁니다. 정해진 증빙 양식은 없고 업무를 했다는 것만 증명하면 됩니다.

J's TIP

4대보험료 모의계산 사이트

소득에 따른 4대 보험료를 대략적으로 계산해 보고 싶다면 '4대사회보험 정보연계센터(www.4insure.or.kr)' 사이트를 이용할 수 있습니다. '알림마당' 메뉴에 있는 '4대사회보험료 모의계산' 서비스를 클릭하면 월 급여를 입력했을 때 납부해야 할 국민연금, 건강보험, 고용보험, 산재보험 등의 대략적 금액을 알 수 있습니다. 다만 수령자의 실제 상황에 따라 달라질 수 있으므로 이 금액은 참고만 하시고, 정확한 것은 세무대리인과 상의하시기 바랍니다.

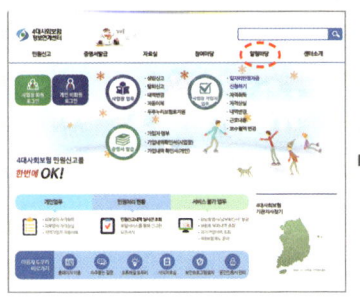 

셋째는 건강보험 등 4대보험 때문에 오히려 손해일 수 있다는 겁니다. 소득이 없는 직계가족은 건강보험 직장가입자의 피부양자로 등록하면 건강보험료를 내지 않아도 되는데, 법인 대표 역시 직장가입자이므로 직계가족을 피부양자로 등록할 수 있습니다.

그런데 이 직계가족을 직원으로 고용하는 순간 직장가입자가 되므로 피부양자 자격을 박탈당합니다. 건강보험료를 내야 한다는 뜻이죠. 이러한 점을 잘 고려해서 가장 좋은 방식으로 결정하셔야 합니다.

요컨대 가족을 직원으로 채용하는 것 자체가 불법은 아닙니다. 하지만 불법적으로 악용될 소지가 있기 때문에 세무당국도 가족으로 구성된 법인을 특히 주목하는 편입니다. 그러므로 괜한 오해를 사고 싶지 않다면 문제가 생길 만한 소지를 남기지 않아야 하고, 혹시 문제가 생겼다면 제대로 증빙을 갖춰 소명하는 것이 중요합니다.

J's TIP

건강보험 직장가입자의 피부양자 등록 요건

투자자에게는 세금보다 부담스러울 수 있는 것이 건강보험(의료보험)입니다. 특히 직장이 없는 지역가입자이면서 연소득이 3,400만 원 이상(2022년 7월 이후부터는 연소득 2,000만 원 이상)이거나 보유하고 있는 부동산 등 재산의 과세표준이 9억 원을 초과하면 건강보험료가 상당히 많이 나옵니다. 건강보험료에서만큼은 직장인이 훨씬 유리한 겁니다. 법인 설립의 장점 중 하나가 바로 직장인의 지위를 유지할 수 있다는 것입니다. 직장가입자는 보험료의 절반을 회사가 부담해줄 뿐 아니라, 직계가족을 피부양자로 등록해서 보험료를 절약할 수 있습니다. 아래와 같은 조건을 모두 갖추고 있는 직계가족이라면 피부양자 등록이 가능하므로 한 번씩 체크해 보시기 바랍니다.

건강보험 직장가입자의 피부양자 등록 가능 요건(2022년 7월 이후)

		인정 조건	인정 안 되는 경우
직장 가입자와의 관계	배우자·직계존비속	별도 조건 없음	–
	형제자매	만 30세 미만 또는 65세 이상 or 장애인·국가유공자·보훈대상자	그 외의 경우
소득요건	사업소득	사업소득 없음 or 사업소득 연 500만 원 이하	사업자등록을 한 경우
	합산소득	합산소득 연 2,000만 원 이하	
	※ 장애인·국가유공자·보훈대상자는 소득요건 적용 안 함		
재산요건	배우자·직계존비속	재산세 과세표준 3억6,000만 원 이하 or 재산세 과세표준 9억 원 이하이면서 합산소득 연 1,000만 원 이하	그 외의 경우
	형제자매	재산세 과세표준 1억8,000만 원 이하	그 외의 경우

20
법인카드는 만능이 아니다

　직장인들끼리의 모임에서는 "나 오늘 법카 들고 나왔다!"라는 말이 "오늘은 내가 쏜다!"라는 말과 비슷하게 사용되곤 합니다. 그만큼 '법카(법인카드)'라고 하면 회사 몰래 쓰는 눈먼 돈이라는 인식이 퍼져 있는 게 사실입니다. 본래는 업무 진행에 필요한 비용을 쉽게 처리하기 위한 카드이지만, 업무를 위한 활동비라는 것이 현실적으로 무 자르듯 딱딱 구분하기가 어려운 게 사실이니까요.

　하지만 최근에는 경각심을 불러일으킬 만한 뉴스들이 자주 등장하고 있습니다. 법인카드로 명품백을 샀다는 유치원 원장, 법인카드로 내연녀와 장을 보거나 성인용품을 샀다는 공기업 대표 등이 보도되면서 비판 여론이 거세졌죠. 법인과 법인대표 개인은 엄연히 별개의 존재인데, 법인이 지불하는 카드를 개인적 용도로 사용한다면 횡령 또는 배임이 됩니다.

　과세당국에서도 이러한 점을 주의깊게 관찰하므로 법인카드 사용에는 조심할 필요가 있습니다. 어떤 것을 주의해야 하는지 살펴봅시다.

적격증빙의 중요성

법인카드는 사용할 수 있는 범위가 상당히 넓습니다. 특히 법인대표의 경우는 직책의 특성상 업무범위가 정해져 있지 않기 때문에 어디까지가 업무이고 개인적 용무인지 쉽게 나누기가 어렵습니다. 그래서 업무 범위 안에서 지출된 금액이라는 것만 소명할 수 있다면 대부분은 비용으로 인정받을 수 있습니다. 다시 말해서 장부에 영수증이나 세금계산서 등으로 증빙을 남기고 사용한 법인카드는 크게 문제될 것이 없다는 뜻입니다.

다만 그 증빙서류는 적합한 형태여야 합니다. 인정받을 수 있는 증빙서류를 적격증빙이라고 하는데, 신용카드 매출전표 또는 신용카드 영수증은

실무에서 사용되는 증빙서류의 종류

항 목	증빙서류
인건비	원천징수이행신고서
원재료비·소모품비	세금계산서, 신용카드 또는 현금영수증
인테리어설치비	세금계산서, 계약서 등
감가상각비	감가상각비명세서
복리후생비	신용카드 또는 현금영수증
여비교통비	사내 내부지출결의서(출장비는 정규영수증 등)
경조사비	청첩장 등 안내문

대표적인 적격증빙에 속합니다. 따라서 결제 후 영수증을 잘 챙겨두었다가 세무대리인에게 전달하는 것이 중요합니다. 번거롭긴 하지만 그만큼 세금을 줄이기 위한 생활습관으로 만드는 것이 좋습니다.

적격증빙을 갖추지 않은 채 3만 원을 초과해서 지출했을 경우에는 증빙불비가산세 2%가 부과됩니다. 실무적으로 알아두면 좋을 증빙서류의 종류는 전 페이지의 표를 참고하시기 바랍니다.

법인카드 활용 범위는 어디까지일까

카드결제 가맹점이라면 어디든 법인카드를 사용하는 것이 가능합니다. 물론 그 가맹점이 지출로 인정받을 만한 성격이냐는 별개의 문제겠지요. 과세당국이 세무조사를 나설 때 기본적으로 살피는 것도 바로 법인카드 사용 내역입니다. 법인카드를 사적인 용도로 사용했다면 회사자금 횡령 또는 탈세에 해당하기 때문입니다. 아무리 1인법인의 대표라 해도 법인카드를 개인이 마음대로 사용할 수는 없습니다.

법인카드로 총 100만 원을 결제했는데 그중에서 20만 원은 비용으로 인정받지 못한다면 어떻게 해야 할까요? 사용한 사람이 회사에 납부함으로써 처리하면 됩니다.

법인카드의 활용 범위는 매우 넓지만 대표적으로 어떤 곳에 사용되는지 간단히 짚어봅시다. 참고로 여기에서 설명하는 항목들은 회계상으로 정확히 구분된 것이 아니라 일반인들이 많이 들어서 알고 있는 것들을 중심으로 구분한 것임을 미리 알려드립니다.

각종 활동비

법인 회사의 직원들이 업무를 수행하기 위해 지출한 금액은 당연히 비용으로 인정받을 수 있습니다. 출장비, 교통비, 식대 등 업무수행에 필요하다는 것만 인정되면 어떤 곳에서의 지출도 가능합니다.

예를 들어 주말에 강원도에서 식사한 영수증은 비용 처리가 가능할까요? 일반 회사라면 어려울 수 있지만, 부동산 투자회사의 특성상 주말에 임장을 간 것이 인정될 경우에는 가능합니다. 사실 투자자들은 주말과 주중 구분 없이 현장조사를 다니기 때문에 별도의 휴일을 정하기가 어렵죠. 강원도에 투자처를 물색하기 위해 주말 출장을 갔다가 식대를 지출했다는 걸 소명할 수 있다면 비용으로 인정됩니다. 같은 맥락에서 숙박비도 인정될 수 있겠죠. 물론 스키장이나 워터파크 입장료처럼 누가 봐도 활동비라고 보기 어려운 경우에는 인정이 어렵습니다.

비품 구입비

일반적으로 이유 없이 마트에서 법인카드를 쓰는 것은 위법입니다. 하지만 회사에 필요한 물품을 산 것이라면 위법이 아니지요. 백화점도 마찬가지입니다. 개인을 위해서 명품구두를 샀다면 문제가 되지만, 홍보용 이벤트 상품이나 업무 진행에 꼭 필요한 물품이라면 비용으로 인정받을 수 있습니다.

다만 이것이 정말로 회사 운영에 필요한 것임을 증빙할 수 있어야 합니다. 이런 식의 지출을 하려면 지출증빙서류를 작성해서 항목과 영수증을 보관해야 하는데, 이 항목이 회사 운영과 관련이 없다고 판단될 경우 과세당국이 소명을 요구할 수 있습니다. 명품구두를 신지 않으면 도저히 현장조사를 할 수 없는 사정이 있어서 어쩔 수 없이 명품구두를 샀다면 어떨까요? 말도 안 되는 이야기처럼 들리지만, 어쨌든 과세당국이 납득하기만 한다면 가능합니다. 물론 법인카드 만들어서 명품구두를 사라는 말은 아니니 오해는 하지 마시고요.

접대비

접대비라고 하면 왠지 밤 문화를 떠올리는 분들이 많지만, 정확히 말하자면 접대비는 직원이 아닌 특정인에게 업무상 목적으로 반대급부를 기대하고 사용하는 비용입니다. 법인세법에 엄연히 나와 있는 정식 항목이기도 하죠. 밥이나 차를 먹는 비용, 사례금, 소정의 선물 등 다양한 부분에서 접대비가 사용됩니다.

그런데 사용되는 항목이 워낙 다양하다 보니 접대비에는 여러 가지 조건이 따릅니다. 건당 1만 원 초과 시에는 반드시 세금계산서 또는 계산서, 현금영수증, 신용카드영수증 등의 적격증빙이 필요합니다. 그중에서도 대부분 법인카드를 많이 사용하는데, 다음과 같은 경우에는 인정이 안 되는 경우가 있으니 주의가 필요합니다.

- 법정 공휴일 또는 휴무일에 사용
- 밤 12시가 넘은 심야시간대의 사용
- 같은 날짜, 같은 거래처 반복 사용
- 개인적인 용도로 상품권 반복 사용
- 국내 및 해외 면세점에서의 사용
- 회사의 업무지역을 크게 벗어난 지역에서의 사용
- 기타 개인적인 용도의 사용

또한 거래처 관계자에게 혼사나 부고 등의 일이 생겼을 경우 경조사비를 지출하게 되는데 이것도 접대비에 포함됩니다. 청첩장이나 부고 내용 등을 알리는 문자메시지로 증빙이 가능하며 한도는 20만 원입니다. 또한 국외에서 접대가 이루어졌다면 현지에서 카드를 사용해서 증빙을 해야 할 경우도 있습니다.

주의할 점은 법인세에서 공제되는 접대비에는 한도액이 있다는 사실입니다. 기본적으로는 연간 1,200만 원까지, 중소기업의 경우는 3,600만 원까지 인정됩니다. 참고로, 이때의 '중소기업'이란 「중소기업기본법」에 따른 조건을 갖춘 경우를 말합니다.

- 일반기업 = 1,200만 원 × 해당 사업연도의 개월 수 / 12
- 중소기업 = 3,600만 원 × 해당 사업연도의 개월 수 / 12

여기에 수입액에 따라 추가한도가 적용됩니다. 수입액 100억 원 이하의 금액까지는 0.3%를, 100억 원 초과 500억 원 이하의 금액까지는 0.2%를, 500억 원 초과의 금액부터는 0.03%를 기준금액으로 해서 그중 10%까지는 추가한도로 인정해줍니다.

물론 1인법인이 수입액 100억 원을 넘는 경우가 많지는 않겠지요. 다만 한 주주가 주식의 50%를 넘게 보유하는 경우이거나, 부동산 임대가 주업이거나, 이자 및 배당 수입이 70% 이상을 차지하는 경우 절반 정도밖에 인정받지 못한다는 점은 기억하셔야 할 것 같습니다.

접대비는 세무당국이 엄격하게 관리하는 항목이다 보니 계산이 꽤나 복잡합니다. 접대비의 종류 중 문화접대비는 체육활동, 박물관 입장권 구입, 문화예술행사비, 음반 또는 간행물 구입, 100만 원 이하 미술품 구입 등에 사용되는 돈인데 이에 대해서는 추가한도가 인정되기도 합니다. 또한 농어민으로부터 직접 재화를 공급받는 경우 적격증빙 없이도 접대비를 인정해주는 등 여러 가지 다양한 변수가 있습니다. 그러므로 정확한 접대비 한도는 세무사와 상의해서 확인하시는 게 좋고, 여기에서는 인정받을 수 있는 접대비의 한도가 대략 매출액의 10% 정도밖에 안 된다는 사실만 기억해두셔도 괜찮을 듯합니다.

직원복지비

직원들의 건강과 행복을 위해 지출하는 금액도 비용으로 인정될 수 있습니다. 주로 법인카드를 여러 장 만들어서 직원들에게 나눠주고 한도를 정해서 각자 사용한 후 증빙 서류를 첨부하는 형식으로 운영됩니다. 법인마다 다르지만 휴대폰 통화요금, 도서구입비, 경조사비 등을 지원하거나 체력단련비, 업무추진비, 내부회의비 등을 지원하는 곳도 있습니다. 어떤 항목에 얼마의 돈을 지원할지는 세무사와 상담하여 결정하시기 바랍니다.

21
그 밖의 비용 처리하기

법인을 운영하면서 비용으로 처리되는 항목은 매우 다양합니다. 이 하나하나가 결국 법인세 절약을 위한 전략이 되므로 꼼꼼하게 챙기는 것이 좋습니다. 물론 실무적인 부분에서는 세무대리인이 알아서 처리해 주겠지만 어떤 항목을 공제받을 수 있는지 대략적으로 알아둔다면 훨씬 효율적인 운영이 가능할 겁니다.

사업장 임대료 처리하는 방법

임대료는 인건비 못지않게 비중이 상당히 큰 지출 항목입니다. 사업장으로 임대하고 있는 곳의 임대료는 물론 관리비도 법인세 공제가 가능합니다. 임대차계약서를 작성한 후 임대인에게 세금계산서를 받아서 비용으로 처리하면 됩니다.

　법인의 대표이사가 개인 명의로 소유하고 있는 주택을 법인에게 전대하는 것도 가능합니다. 이 경우 법인은 대표이사에게 월세를 지급해야 하는데, 이 월세는 대표이사의 종합소득세에 포함된다는 점에 유의하시기 바랍니다. 1인법인이라면 살고 있는 주택에 사업자등록을 하는 것도 가능합니다. 다만 이 경우에는 독립된 업무공간이 있어야 합니다.

　간혹 주택을 임차해서 법인 사업장으로 등록하려 하면 집주인이 거부하는 경우도 있습니다. 법인에게 월세에 대한 세금계산서를 발행해야 하기 때문인데, 이것은 곧 집주인이 임대사업자로서 부가가치세를 신고해야 한다는 뜻이기 때문이죠. 따라서 주택을 임차해서 법인을 등록할 경우에는 집주인과의 원만한 협의가 중요합니다.

업무용 차량 유지 비용 처리하는 방법

　법인은 업무용 차량에 들어가는 유류대, 수리비, 주차요금, 고속도로 통행료는 물론 보험료까지도 비용처리가 가능하며, 감가상각비까지도 비용으로 처리가 가능합니다. 이때 업무용 차량이란 법인 소유로서 업무를 위해 사용되는 차량으로, 반드시 업무용 승용차 보험에 가입되어 있어야 합니다.

　업무용 차량에 대한 운행일지를 작성할 경우에는 그렇지 않을 경우보다 비용으로 인정받는 범위가 넓어집니다. 운행일지를 작성할 경우에는 자동차 운행 및 관리와 관련된 모든 금액이 비용으로 인정되지만, 운행일지를 작성하지 않으면 감가상각비를 포함해서 총 1,500만 원까지만 비용으로 인정받을 수 있습니다.

참고로 감가상각비는 자동차를 하나의 자산으로 바라보았을 때 사용연한이 지날수록 자산가치가 떨어지는 것을 비용으로 처리하는 것입니다. 법인 차량의 감가상각비는 연 800만 원까지 인정되고, 처분손실도 연 800만 원까지 인정됩니다. 다만 부동산 임대업이 주업이거나 과점주주가 있는 법

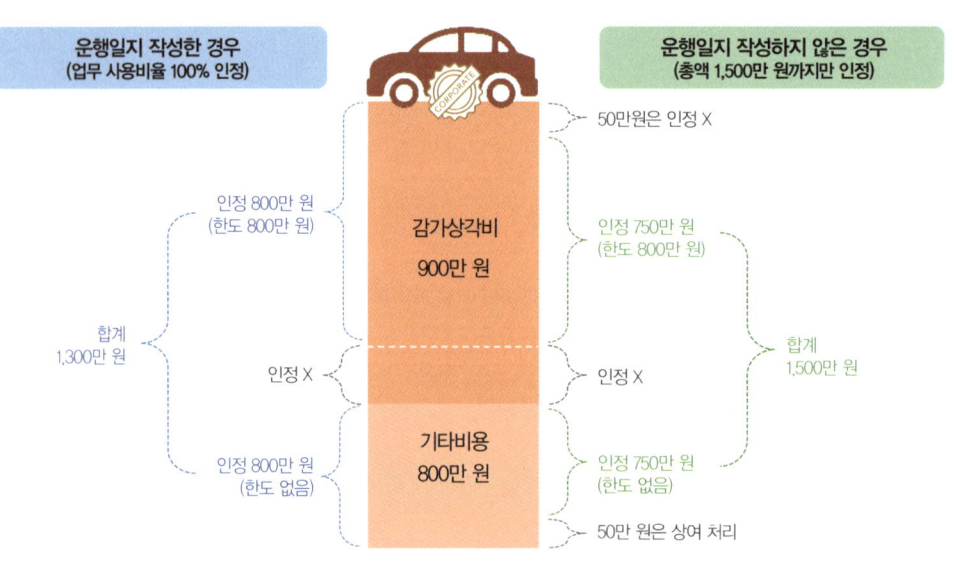

※임대법인은 감가상각비 한도 400만 원으로 축소.
※기타비용 중 처리하지 않은 50만 원은 상여 등 다른 항목에 포함 가능.

인은 감가상각비와 처분손실 한도가 각각 400만 원으로 축소되었습니다. 두 비용에 대한 초과금액은 모두 이월됩니다.

차량유지비 항목에 포함될 수 있는 대상은 직원 소유가 아닌 법인 소유의 차량에 대한 것뿐입니다. 그래서 직원 차량에 대한 지출은 차량유지비로 인정받을 수는 없지만 유류비, 주차료, 고속도로 통행료 등을 직원 개인에 대한 업무추진비나 활동비 등의 항목으로 처리하는 것은 가능합니다.

최근에는 법인을 대상으로 하는 자동차 리스가 각광받고 있습니다. 법인 차량을 매입할 때와 달리 취등록세와 자동차세를 내지 않아도 되고, 보험료를 비롯한 각종 비용을 한 번에 처리할 수 있어 편하기 때문입니다. 또한 약정기간이 지나면 리스했던 차량을 시세보다 저렴하게 인수할 수도 있습니다.

인테리어 비용 처리하는 방법

투자를 하다 보면 정말 아까운 돈 중 하나가 인테리어 관련 비용일 겁니다. 양도소득세 공제를 받을 수 있는 항목이 생각보다 많지 않기 때문인데, 부동산 자체의 가치를 높이는 데에 쓰이는 자본적지출만 인정이 되고 나머지는 수익적지출이라 하여 인정되지 않습니다. 자본적지출과 수익적지출에 포함되는 항목은 오른쪽의 표를 참조하시기 바랍니다.

법인 역시 법인추가과세를 계산할 때 자본적지출만 공제받을 수 있는 것은 마찬가지입니다. 그러나 법인세를 계산할 때에는 수익적지출도 공제받을 수 있습니다. 제가 부동산 법인을 설립하게 된 데에는 이러한 점이 크게 작용했던 게 사실입니다.

처음 부동산 투자를 시작한 후 5년 정도까지 대부분 셀프로 인테리어 공사를 했습니다. 돈이 많지 않았기 때문이죠. 주로 경매를 통해서 낡은 주택을 싸게 낙찰받은 후 몇 날 며칠 밤을 새워 깨끗하게 수리하면 훨씬 높은 가격에 전세를 놓거나 매도하는 것이 가능했습니다.

그때는 경매가 대중화되지 않았던 때라서 웬만한 물건은 쉽게 낙찰받을 수 있었습니다. 아침 6시 반에 기상해서 경매물건을 훑어본 후 법원으로 갑니다. 오전 10시쯤 물건지 근처의 부동산 중개사무소에 전화해서 시세를 대략 확인하고, 권리분석을 간단히 합니다. 워낙 경매에 나온 물건이 많고 낙찰가율이 낮았기 때문에 권리문제가 까다롭지 않으면서도 괜찮은 물건이 꽤 있었습니다. 그런 물건에 입찰하면 대부분 낙찰이었습니다.

그렇게 오전에 하나 낙찰받고, 점심을 먹고, 지난주에 낙찰받은 물건에 명도를 하러 갑니다. 그러고 나면 오후 3~4시쯤인데 그때부터 장비

인테리어 관련 지출 인정 항목

구분	포함되는 항목	공제대상
자본적지출	난방시설 교체, 창틀(새시) 교체, 발코니 확장, 홈오토 설치, 시스템에어컨 설치, 자바라 및 방범창 설치 등	개인(양도소득세) 법인(법인추가과세)
수익적지출	난방시설 수리, 도배·장판 교체, 싱크대 교체, 페인트, 조명 교체, 화장실 수리, 마루 공사 등 (자본적지출 외의 항목 전체)	법인(법인세)

를 몇 개 챙겨서 또 다른 집에 인테리어 공사를 하러 갑니다. 그렇게 시작한 공사는 새벽 3~4시 정도면 마무리됩니다. 정말 미친 듯이 투자하던 시절이었지요. 그때 셀프로 인테리어를 하면 올수리 기준으로 한 채당 800만 원에서 1,000만 원 정도가 들었습니다. 매달 이런 식으로 투자한 것이 15건 정도였으니까 인테리어 비용만 사실상 1억 원이 넘게 들어갔던 겁니다.

개인 투자자에게는 이 돈이 비용으로 인정도 못 받는, 써버리고 마는 아까운 돈입니다. 하지만 법인에게는 이 돈이 법인세를 줄이는 데 사용되는 훌륭한 절세 재료들입니다. 구체적으로 어느 항목에 포함하여 어떻게 처리할 것인지는 세무사와 상담한 후 처리하는 것이 좋습니다.

애매할 땐 일단 가지급금으로

정해진 항목으로 처리하기 어렵거나, 아직 거래가 완료되지 않았거나, 운영상 필요했다는 증명이나 적격증빙이 없는 경우에는 가지급금 형태로 처리하기도 합니다. 하지만 앞서 설명했듯이 가지급금은 임시적인 성격을 가질 뿐 아니라 과세당국이 보기에 탈세에 악용될 위험이 높다고 여기기 때문에 자주 사용하는 것은 좋지 않습니다.

비용 처리가 쉽지 않은 상황이거나, 어떤 항목으로 처리해야 할지 알 수 없을 때에는 반드시 기장을 맡은 세무대리인과 상담하시기 바랍니다. 위험 부담을 줄이기 위해서 비용처리를 하지 말자고 하는 세무사도 있지만, 절세를 생각한다면 세무사와 협조해서 꼼꼼히 따져보고 가능한 항목을 찾아내는 것이 좋습니다.

22

세금계산서 발행하기

　회사 업무를 해 보신 분은 세금계산서 발행이라는 것을 많이 들어보셨을 텐데요. 회사가 세금계산서를 발행한다는 것은 상대방에게 받을 돈이 이만큼 있다는 것을 알려주는 과정이자, 동시에 거래가 있었다는 것을 세무서에 신고하는 것과 같습니다. 그래서 세금계산서는 적격증빙으로서 활용될 수 있습니다. 재화나 서비스를 제공한 사업자라면 누구나 발행할 수 있습니다.

　세금계산서의 '세금'은 부가가치세를 의미합니다. 즉, 세금계산서라는 것은 이 거래의 대가에 붙게 될 부가가치세를 계산해서 상대방에게 공식적으로 보내는 문서입니다. 부가가치세를 내지 않는 면세사업자의 경우에는 그냥 '계산서'를 발행합니다.

　우리가 설립한 1인법인도 사업 활동을 통해서 상대방에게 받아야 할 금액이 생긴다면 세금계산서를 발행해야 합니다. 앞서 살펴봤듯이 주택 건물

분이나 상가 매도 시에 부가가치세를 납부해야 하므로 이때 발행할 수도 있고, 부동산과 관련된 업무인 인테리어나 투자 컨설팅 등의 서비스를 제공했을 때도 발행해야 합니다. 요즘은 대부분 전자세금계산서를 사용하는데, 국세청 홈택스(www.hometax.go.kr)에서 쉽게 발행 가능합니다.

주의할 점은 세금계산서가 발행되면 이것이 법인의 매출로 기록된다는 점입니다. 즉 세금계산서에 포함된 금액만큼 법인의 수익이 과세당국에 공식적으로 알려지는 것이므로, 세금계산서에 기록된 부가가치세는 반드시 납부해야 합니다. 다만 앞서 살펴봤듯이, 발행한 세금계산서(매출) 금액에서 발행받은 세금계산서(매입) 금액의 부가가치세를 매입공제를 한 후 차익만 납부합니다.

인테리어 및 공사 비용

부동산 투자를 하면서 만나게 되는 대표적인 경우는 아마 인테리어 공사에 대한 세금계산서일 겁니다. 공사업체에게 세금계산서를 요구하면 약속한 공사대금 외에 부가가치세 10%가 붙은 세금계산서를 발행해 줍니다.

그런데 우리가 설립할 1인법인도 인테리어와 관련된 세금계산서를 발행할 수 있습니다. 인테리어는 건축과 달라서 별도의 자격이 있는 회사만 할 수 있는 것은 아닙니다. 법인 정관에 인테리어와 관련된 사업목적이 기재되어 있고, 사업자등록증 상 업종에 기록되어 있으면 어떤 법인이든 가능합니다.

　인테리어를 맡긴 후 현금으로 지불하면 부가가치세가 붙지 않아서 좋을 텐데 굳이 세금계산서를 발행하는 이유가 뭘까요? 이것을 증빙 삼아 양도소득세 공제를 받기 위해서죠. 그런데 많은 분들이 실수하는 것이 있습니다. 인테리어 항목 중에서 양도소득세 공제를 받을 수 있는 것은 자본적지출에 해당되는 것들뿐인데, 세금계산서에는 이것을 구분하지 않고 '리모델링'이라는 항목 하나로 합쳐서 발행하는 것입니다.

　리모델링은 부동산 자체의 가치를 높이는 자본적지출이 아니라 부동산의 상태를 좋게 만드는 수익적지출에 더 가까운 개념입니다. 세무공무원이 이를 문제 삼는다면 통째로 인정받으려고 '리모델링'으로 발행했다가 오히려 통째로 인정받지 못할 수 있습니다. 따라서 양도소득세 공제를 목적으로 세금계산서를 발행할 때에는 항목에 구체적으로 자본적지출에 대한 내용이 들어가도록 명시해 주는 것이 좋습니다.

　법인 소유의 부동산을 인테리어 할 때에도 세금계산서를 받을 수 있습니다. 이때도 마찬가지로 자본적지출은 법인추가과세에서만 공제되고, 나머지 수익적지출은 법인세에서 공제받을 수 있습니다.

컨설팅 비용

　부동산 투자 법인은 컨설팅 업무도 할 수 있습니다. 최근에는 '컨설팅'이란 말의 뜻이 왜곡되면서 다소 부정적으로 사용되는 경우도 있지만, 여기서의 컨설팅이란 말 그대로 투자를 고려하는 고객에게 물건을 분석해 주고 의견을 제시해 주는 것을 말합니다. 예를 들어 경매 물건에 입찰하려는데 확신이 없거나 권리분석 방법을 잘 모르는 사람이 있다면 관련 내용을 상담해 주고 일정 부분 수수료를 받을 수 있겠죠.

컨설팅을 받은 사람은 그 비용을 양도소득세를 납부할 때 공제받을 수 있는데, 그러려면 컨설팅을 해준 업체가 세금계산서를 발행해야 합니다. 컨설팅에 대한 보수는 보통 매수 및 매도가의 3% 정도가 일반적이지만 거래가격이 크면 1,000만 원까지 높아지기도 합니다.

투자 법인이 컨설팅에 나서는 경우는 주로 경매나 특수물건, 토지 등 다소 복잡한 물건에 대해서입니다. 일반매매를 하면서 컨설팅을 받는 경우도 없지는 않지만 드물기 때문에 지속적으로 일반매매에 대한 컨설팅을 할 경우 문제가 될 수도 있습니다. 또한 매수를 위한 컨설팅과 달리 매도를 위한 컨설팅은 대부분 인정받기 어렵다는 점도 알아두시기 바랍니다.

컨설팅이 어떤 식으로 이뤄지는지 간단히 살펴보겠습니다. 예를 들어 홍길동이라는 사람이 강남의 아파트를 매수할지 말지 고민입니다. 그런데 때마침 친구가 부동산 투자 법인을 운영하고 있어서 이에 대한 내용을 상담 받습니다. 그리고 친구의 법인은 컨설팅 비용에 대한 세금계산서를 끊어줍니다. 이 세금계산서는 홍길동 씨가 해당 물건의 양도소득세를 계산할 때 컨설팅 비용을 공제받는 근거로 활용되겠지요.

단, 세금계산서를 발행했더라도 컨설팅료를 입금하지 않으면 비용으로 인정되지 않았던 판례가 있습니다. 친구가 대표로 있는 법인에서 컨설팅을 받았다는 세금계산서를 발행하긴 했는데, 친구니까 편하게 생각하고 홍길동 씨에게 돈을 입금받지 않은 겁니다.

법인이 세금계산서를 발행한다는 것은 그만큼의 부가가치세를 납부해야 한다는 뜻입니다. 따라서 실제로 법인통장에 입금된 기록이 없는데 유야무야 넘어갔다가는 탈이 날 수 있습니다.

23

법인을 청산하는 경우

　모든 일이 그렇지만 투자도 원하는 대로 잘 풀리기만 하는 것은 아닙니다. 높은 수익을 올리며 승승장구할 수도 있지만, 그렇지 못할 경우도 생각해야 합니다. 부동산 법인을 설립하고 꾸준한 수익을 올리며 번창한다면 정말 좋은 일이죠. 하지만 투자 영역을 무리하게 확장하거나 미처 대비하지 못한 상태에서 위기를 맞게 되면 생각지도 못한 손해를 입을 수도 있습니다. 물론 법인은 이월결손금공제를 활용할 수 있기 때문에 일시적인 손해는 어느 정도 버티며 넘어갈 수 있습니다. 그러나 몇 년 동안 계속 적자가 쌓이고 그 금액까지 상당하다면 끝까지 버티기만 할 수는 없겠죠. 결국 회사 문을 닫아야 할 상황도 올 수 있습니다.

　반대로, 투자 성과가 높아지면서 슬슬 은퇴를 계획하는 경우도 생각해야 합니다. 누군가에게 법인을 넘길 수도 있지만 지금까지 쌓아올린 재산을 처분한 뒤 깔끔하게 법인을 정리하는 것도 방법이죠.

그런데 한 번 만들어진 법인을 없애는 것은 생각보다 간단한 일이 아닙니다. 법인을 만드는 것은 한 사람의 아기가 태어나는 것과 같다고 했던 말을 기억하시나요? 마찬가지로, 법인이 없어진다는 것은 한 사람에게 사망선고를 내리는 것과 같기 때문에 엄격한 절차를 거쳐야 합니다. 어찌 보면 당연합니다. 법인을 없애는 게 간단하다면 나쁜 마음을 먹은 사람들이 법인을 앞세워 여기저기서 투자금을 끌어 모으고, 법인을 없애버린 후 책임도 지지 않은 채 도망가는 일이 많아질 테니까요.

법인을 정리하려면 세무사의 도움을 받는 것이 좋습니다. 만약 채권채무 문제나 주주들 사이의 이해관계가 얽혀 있다면 법률전문가의 도움이 필요할 수도 있습니다. 어쨌든 실무에서는 전문가들의 도움을 받으시고, 여기에서는 어떤 절차를 거치게 되는지에 대해서만 간단히 알고 넘어갑시다.

폐업을 해도 법인이 사라지지는 않는다

먼저 알아두셔야 할 것이 있습니다. 법인이 폐업하는 것과 법인 자체가 사라지는 것은 전혀 다른 개념이라는 사실입니다.

개인 임대사업자가 폐업할 때를 생각하면 쉽게 이해되실 겁니다. 개인이 사업자등록을 하고 임대사업을 운영하다가 그만둘 때는 세무서에 폐업신고를 하고 사업자등록을 말소합니다. 그러면 더 이상 사업을 유지할 자격은 사라지지만, 그렇다고 개인이 사망한 것은 아닙니다.

법인도 마찬가지입니다. 세무서에 폐업을 신고하고 사업자등록을 말소하면 사업자로서의 자격이 사라지고 더 이상 운영을 할 수 없습니다. 하지만 그렇다고 법인 자체가 사라진 것은 아닙니다. 나중에 다시 사업자등록을 하면 영업을 재개할 수 있습니다.

물론 폐업한 법인이 유령선처럼 영원히 구천을 떠도는 건 아닙니다. 폐업 상태로 아무런 활동 없이 5년이 지나면 휴면법인으로 간주되고, 그 상태에서 다시 5년이 지나면 해산간주 법인으로 기록되며, 그 후 3년이 지나면 관할등기소가 직권으로 청산 처리하고 등기부를 폐쇄합니다. 즉, 폐업을 한 후 13년 동안 내버려 두면 법인도 사라지는 것이죠.

다만 폐업을 한 후에도 완전히 청산되기 전까지는 법인의 권리와 책임이 그대로 유지됩니다. 이 말은 만약 법인이 채무를 지고 있거나 소송에 휘말린 상태라면 폐업을 했어도 강제집행, 가압류, 가처분 등을 피할 수 없다는 뜻입니다. 그래서 주주총회를 통해 계속 대응을 해야 하고, 특히 과점주주에게는 계속해서 채무와 미납세금 문제가 따라다닙니다. 그러므로 어차피 법인을 정리할 거라면 미리 채무와 세금 문제를 해결한 후 폐업신고를 하는 것이 깔끔합니다.

법인을 완전히 없애기로 결정하는 해산

폐업뿐 아니라 법인을 아예 없애고자 한다면 주주총회를 통해서 해산을 결의해야 합니다. 법인은 주주들이 모여서 만든 존재이므로 이 주주들이 해산, 즉 흩어지자고 결정했다면 곧 법인을 없애자는 것과 같은 말인 거죠. 해산이 결정되면 법인의 재산을 잘 정리해서 갚을 돈은 갚고, 낼 세금은 내고, 남은 돈은 주주들이 주식비율에 따라 나눠 갖습니다.

물론 주주총회를 통한 해산결의는 매우 건설적인 방법에 속합니다. 채무나 소송 등의 문제로 인해서 법원이 해산명령 및 해산판결을 내리거나, 정관에 적힌 해산사유가 발생해서 어쩔 수 없이 직권해산 하는 경우도 종종 생기거든요. 반대로 심각한 채무나 미납세금이 있는 법인은 주주총회에서 해산결의가 이뤄지더라도 관계당국으로부터 인정받지 못합니다. 빚이 잔뜩 있는 법인이 해산해 버리면 돈을 빌려준 다른 사람들이 피해를 보기 때문이죠.

따라서 법인을 해산하고자 할 때는 채무와 세금 문제를 먼저 해결해야만 합니다. 우리가 운영하게 될 1인법인이나 소규모 법인은 이런 일이 별로 없을 것이라 생각되지만, 해산은 대표가 마음대로 할 수 있는 게 아니라는 점은 알아두시기 바랍니다.

해산을 구체적으로 진행하는 청산

해산 결정이 내려지면 법인이 가진 재산과 채무를 정리하는 절차에 돌입합니다. 이 과정을 청산이라고 합니다. 법인을 처음 설립할 때 발기인이 필요한 것처럼 법인을 청산할 때에도 주도적으로 일을 진행할 청산인이 필요합니다. 보통은 주주총회에서 해산을 결의할 때 청산인도 함께 선임하는데 이사 중에서 한 명이 총대를 메는 게 일반적입니다. 물론 합병, 분할, 파산 등 특수한 이유로 해산될 때에는 외부인이 선임되기도 합니다. 청산인은 법인이 받아야 할 채권을 추심하고, 갚아야 할 채무를 변제하고, 남은 재산을 주주들에게 나눠주는 역할을 수행합니다.

청산을 위한 등기는 두 번 하게 됩니다. 첫 번째는 주주총회의 결정에 따른 해산 및 청산인 선임 등기인데, 이 등기를 하면 본격적인 청산 절차에 돌입하게 됩니다. 이와 함께 등기부상 공고방법에 따라 2회 이상, 2개월 이상 공고를 해야 합니다. 우리 법인이 청산에 들어갔으니 받아야 할 채권이 있다면 기간 내에 신고하라고 알리는 과정이죠. 이 기간 동안 신고하지 않은 채권은 청산을 할 때 제외하겠다는 것을 공식화하는 과정입니다.

공고기간 동안 채권자들이 이의를 제기하지 않았다면 최종적으로 등기부를 폐쇄하는 청산종결등기를 진행합니다. 이를 위해서는 다시 한 번 주주총회가 열려야 하는데, 이때 청산인은 법인에 남아있는 재산과 채무 등을 정리한 청산재무상태표 및 손익계산서 등을 작성해서 보고합니다. 주주총회에서 이 내용이 승인되면 청산인은 소임을 다한 것이므로 선임에서 해제됩니다. 이제 남은 재산은 주주들이 보유한 주식에 비례해서 나눠 가질 수 있습니다. 이 결과를 가지고 청산종결등기가 진행됩니다.

그러나 아직 법인이 사라진 것은 아닙니다. 가장 마지막으로 등기를 한 후 5년이 지나야만 비로소 등기부에 '해산간주'가 표시됩니다. 그리고 여기에서 다시 3년이 지나야 이 회사의 등기부가 폐쇄됩니다. 모든 절차가 끝나고 나서도 8년이 지나야 드디어 다른 누군가가 똑같은 상호로 새로운 법인을 만들 수 있는 것입니다. 그 사이에 주주총회에서 회사계속을 결의하고 등기를 하면 법인은 다시 해산등기 이전으로 돌아갈 수 있습니다. 이처럼 법인이 완전히 사라지는 것은 간단한 일이 아닙니다.

법인의 파산

법인이 채무나 미납세금을 과하게 가지고 있을 경우에는 해산이 어렵다고 말씀드렸죠. 그런데 아무리 따져 봐도 문제가 해결될 수 없을 것 같은 상황이라면 주주들은 이 암 덩어리 같은 법인을 꼼짝없이 계속 끌고 가야 할까요? 이런 경우는 법원에 도움을 요청해야 합니다. 기업회생을 진행하거나 아예 파산을 신청하는 것이죠. 파산이란 사업자를 폐업하되 남아있는 재산을 법원 감독하에 각 채권자들에게 형평성 있게 배당하는 과정입니다. 이 과정을 거치면 채무 관계는 완전히 정리되는 것으로 보고 법인도 소멸 절차를 거칩니다. 다만 세금은 면제되지 않습니다.

법인의 파산 신청이 받아들여지면 법인의 자산으로 감당할 수 있는 수준 이상의 채무는 대부분 탕감됩니다. 또한 부정수표단속법위반 등의 법적책임도 면할 수 있고, 채권채무 관계로 인한 민·형사상 분쟁을 방지하는 효과도 있습니다. 또한 대표이사나 과점주주가 져야 할 2차 납세의무,

즉 연대보증에 대한 책임도 일부 면제됩니다. 근로자가 임금이나 퇴직금을 받지 못했을 경우는 근로복지공단으로부터 체당금을 지급받을 수도 있습니다.

단, 모든 경우에 파산이 가능한 것은 아닙니다. 법인 재산만으로 전체 채무를 변제하기가 도저히 불가능한 경우이거나 부채총액이 자산총액을 초과하는 경우, 쉽게 말해서 사실상 도산 상태일 때에만 파산을 신청할 수 있습니다. 법인 파산이 받아들여지려면 파산을 진행하기 위한 인지대, 송달료, 예납금 등이 현금으로 준비되어 있어야 합니다. 특히 예납금은 법인의 채무금액에 따라서 최소 500만 원에서 최대 5,000만 원까지 달라지는데, 당장 돈이 없어 파산하려는 법인에게는 이것도 상당한 부담일 수 있습니다. 또한 파산 신청을 위한 변호사 선임비용도 무시할 수 없습니다.

만약 파산 신청 이전에 특정 채권자에게 이미 빚을 갚았는데, 왜 그 돈을 먼저 갚았는지에 대한 객관성이 부족하다고 판단되면 금액이 환수될 수도 있습니다. 그리고 법인 파산이 진행될 때 특수관계인인 대표이사와 이사 등은 파산 과정에서 돈을 받는 대상이 될 수 없습니다. 특히 대부분의 법인 파산은 대표이사나 과점주주에 대한 개인파산과도 연결되기 때문에 추후 다시 사업 활동을 재개할 때 큰 불이익을 볼 수 있습니다.

이처럼 파산은 최후의 수단으로 사용되는 방법입니다. 많은 분들이 부채가 탕감된다는 것만 생각하고 파산을 쉽게 생각하지만, 그 못지않게 감수해야 할 불이익이 무척 크지요.

단순히 법인의 재산을 처분하고 법인 활동을 멈추는 것이 목적이라면 굳이 해산 및 청산 절차를 밟을 필요는 없습니다. 그렇게 하더라도 남은 재산을 주주들이 넘겨받을 때 배당소득세를 내는 것은 마찬가지이기 때문입니다. 따라서 시간을 두고 천천히 법인의 재산을 정리한 후 휴업이나 폐업 상태를 유지하는 것이 더 나을 수 있습니다. 그 과정에서 필요한 채무 변제, 세금 신고, 퇴직금 정산, 지급명세서 제출 등 복잡한 실무절차들에 대해서는 세무대리인과 긴밀히 협조하여 진행하시기 바랍니다.

24

세무조사에 대비하는 자세

투자를 오래 한 사람들은 세무조사라는 말만 들어도 심장이 떨릴 겁니다. 털어서 먼지 안 나오는 사람이 없다는데, 아무리 성실하게 납세를 했다 해도 그것을 소명하지 못하면 기존에 누락된 세금을 내는 것은 물론 상당한 가산세도 더해지기 때문이죠.

평소에 준비해 놓으면 걱정할 필요 없다

아직 투자 물건이 많지 않은데도 세무조사에 대한 걱정을 일찍부터 하는 분들이 많습니다. 강남에 집이 있어서 갑자기 가격이 급등한 것도 아니고 수도권 변두리에 작은 집 몇 채 있는 게 전부인데 세무조사라도 받게 되면 어쩌느냐며 걱정하는 분도 계십니다. 세금을 미리 계산하고 대비하는 자세는 좋지만, 너무 과하게 앞서서 걱정할 필요는 없습니다.

저의 지인 한 분은 지방 아파트만 스무 채 넘게 보유하고 있습니다. 워낙 꼼꼼한 성격이라 평소에 에버노트를 활용해서 모든 기록을 다 문서로 정리해 놓는다고 합니다. 매매계약서와 임대차계약서 등 중요한 서류는 전부 스캔해 두고, 각종 영수증도 모두 사진을 찍어서 보관해 둡니다.

그런데 이 분이 세무조사를 받은 적이 있습니다. 세무서에서 이러이러한 자료를 소명하라는 통보가 오자 그분은 망설임 없이 그동안의 증빙자료를 USB에 담아 보냈다고 합니다. 세무서에서도 할 말을 잃었겠지요. 딱히 잡아낼 만한 게 없으니까 나중에는 괜히 식대나 교통비가 왜 이렇게 많이 나오느냐며 지적했다고 합니다. 하지만 모든 증빙이 갖춰져 있었기에 이 분은 무사히(?) 빠져나올 수 있었습니다. 이렇게 실제로 탈세를 한 것도 아니고 증빙도 제대로 갖추고 있다면 걱정할 필요가 전혀 없습니다.

물론 미리 대비하는 자세는 필요합니다. 언제 어떤 일이 생길지 모르고, 어떤 사소한 것들이 발목을 잡게 될지 모르니까요. 특히 기장은 전문 세무대리인에게 맡기는 것이 좋습니다. 문제가 생기지 않도록 처음부터 챙겨줄 것이고, 혹시라도 문제가 생겼을 때 책임소재를 분명히 할 수도 있습니다. 또한 과세당국도 개인이 직접 제출하는 서류보다는 전문 세무대리인이 한 번 정리한 서류를 더 신뢰하는 게 사실입니다.

법인에게는 반드시 세무대리인이 필요합니다. 개인사업자는 국세청에서 제공하는 간편장부를 이용해서 단순한 형태로 기장을 할 수도 있지만, 법인은 반드시 복식부기 형태로 기장을 해야 하기 때문입니다. 비용은 좀 더 추가되지만 세무대리인이 알아서 처리해주니 오히려 편리하기도 합니다.

　법인이든 개인이든 사업자에게는 업종분류코드라는 것이 있습니다. 과세당국은 수십만 내지 수백만 개의 사업자들을 이 업종분류코드 안에서 관리합니다. 동일한 업종은 동일한 코드를 쓰는데, 하나의 코드에 속한 회사들 중에서 가지급금이 유난히 많다거나 문제 소지가 있어 눈에 띄는 회사를 집중적으로 들여다본다고 생각하시면 됩니다.

　문제가 심각해 보이면 세무조사를 할 수도 있겠지요. 하지만 사업자의 규모가 그리 크지 않고 평소에 잘 관리만 한다면 이런 문제가 생기는 경우는 매우 드뭅니다.

더욱 철저해지고 있는 과세 시스템

　반드시 명심하셔야 할 게 있는데요, 최근 몇 년 사이 국세청이 많이 달라졌다는 것입니다. 2011년 즈음에 한 프로그래머를 알게 되었는데, 국세청에서 탈세를 감시하는 프로그램을 만든다고 하더군요. 그분 말로는 웬만한 것은 이제 국세청에서 다 꿰뚫게 될 거라고 합니다. 국내에서 이용한 대부분의 카드결제 내역, 은행 이체 내역, 심지어 해외에 나갔다가 들어온 기록까지 모두 전산화되어 기록된다는 겁니다. 소득이 없거나 직장에 다닌 적도 없는 사람이 자꾸만 해외에 나갔다 들어오면 과세당국 입장에서는 정황이 의심스러우니 한 번쯤 세무조사를 하게 될 수도 있다는 겁니다.

실제로 2014년 이후부터 대부분의 매매 및 전·월세 거래 자료가 전산화되었기 때문에 국세청은 생각보다 많은 자료를 빠르게 찾아낼 수 있게 됐습니다. 과거에는 주로 당사자의 소득신고에 의존했기 때문에 업계약서나 다운계약서를 쓴 후 허위로 거래가격을 신고하거나, 몇 가지 소득을 누락시켜서 세금을 줄이는 편법이 사용되기도 했습니다. 국세청이 일일이 확인해서 잡아내지 못한다는 점을 악용한 것이죠.

이제는 국세청을 속여 보겠다고 생각하다가는 큰일 날 수 있습니다. 아래 그림은 국세청의 과거와 현재의 동향 변화를 보여줍니다. 국세청이 어떤 시스템을 통해서 얼마나 철저하게 탈세를 잡아내고자 하는지가 잘 드러

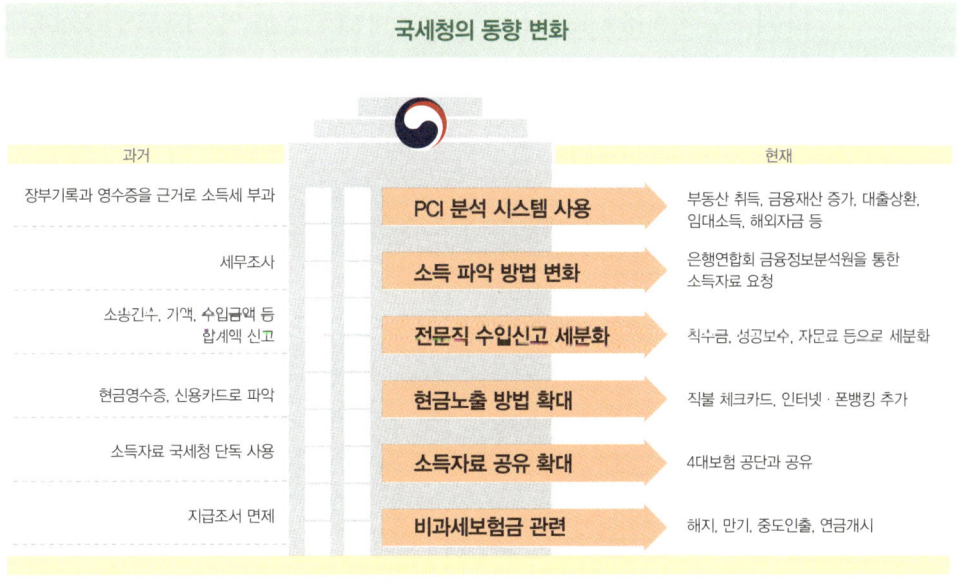

납니다.

특히 부동산 시장이 과열되고 정부가 규제를 시작하면 자산 규모가 큰 투자자들은 세무조사를 조심할 필요가 있습니다. 큰맘 먹고 영혼까지 끌어모아서 강남에 아파트를 한 채 샀는데, 갑자기 과세당국에서 대체 어디서 난 돈으로 샀느냐며 자금출처조사가 나올 수도 있는 겁니다. 자금의 출처를 입증하지 못하면 증여로 간주되어 이에 대한 세금을 물게 될 수 있습니다.

이처럼 세금 문제는 미리 대비해 둘수록 좋습니다. 작은 영수증이나 만기된 계약서 등 사소한 것들도 미리 정리해 두는 습관이 필요합니다. 이 점에서는 법인이 다소 유리할 수 있습니다. 매월, 매분기, 매년 결산을 통해서 자료를 정리해야 하기 때문입니다. 개인은 몇 년 전 어느 공인중개사에서 얼마를 주고 거래했는지 기억이 가물가물할 수 있지만 법인은 회계장부를 들여다 보면 금방 증명이 됩니다.

당신의 '세금지수'는 어느 정도인가

본인이 어떤 물건을 사고팔 때 그 물건에 대해 가장 잘 알고 있는 사람이 누구일까요? 바로 나 자신입니다. 거래금액이 얼마인지, 어떤 사연이 있었는지는 물론 거래당사자인 내가 이것을 감당할 수 있을 상황인지까지도 본인이 가장 잘 알고 있어야 정상입니다.

그런데 가장 잘 알고 있어야 할 본인이 정작 제대로 관심을 기울이지 않으면 문제가 생겼을 때 대신 감당해 줄 사람이 아무도 없습니다. 현실에서는 그런 일들이 꽤 자주 일어납니다. 나한테 말도 없이 부모님이 내 명의로 집을 사 두었다거나, 부모님이 돌아가시면서 있는지도 몰랐던 시골집이 나에게 자동으로 상속이 되었거나, 나도 모르는 사이에 내 앞으로 증여가 되어 있는 경우도 있습니다. 나는 스스로 1주택자라고 생각해서 비과세혜택을 예상하고 서울 아파트를 팔았는데, 알고 보니 혜택은커녕 다주택자 중과까지 적용받게 생긴 겁니다. 전혀 예상치도 못한 세금이 몇 억 원씩, 그것도 현금으로 나갈 수도 있는 거죠.

내 세금이 대략 얼마나 나오게 될지 제일 잘 알고 있어야 하는 사람은 세무대리인이 아니라 바로 나 자신입니다. 세무대리인 없이도 매도하려는 물건의 세금이 대략 얼마일지 기본적인 계산은 할 줄 알아야 합니다. 지능지수(IQ)가 높은 것보다 이런 '세금지수(TQ)'가 높은 것이 투자 인생에서는 더 중요합니다.

제 경우에는 물건을 매입하기 전에 미리 세금부터 계산해 봅니다. 그리고 매도할 때에도 계약서를 작성하기 전에 항상 세무대리인에게 먼저 물어봅니다. 현재 시점에 매도하면 세금이 얼마나 나오는지, 세금이 가장 적게 나올 수 있는 시기는 언제쯤인지 등에 대한 의견을 구하지요. 만약 제가 계산했던 것과 차이가 크면 물건을 거두고 매도를 하지 않습니다. 특히 복잡한 특약이 필요하거나 특수물건을 진행할 때에는 반드시 세무대리인과 상담을 받아야 합니다. 상담비용은 20만 원 정도이지만 그 이상의 가치가 있을 것이라고 확신합니다.

세무대리인은 든든한 조력자이지만 그럼에도 나 자신의 세금지수를 올리려는 노력은 반드시 필요합니다. 사고파는 시기에 따라 세금이 얼마나 달라질지, 언제 어느 때에 팔면 세금을 가장 적게 낼 수 있을지 정도는 누구에게 의존하지 않고 내가 직접 파악하고 있어야 합니다. 세무대리인은 세금에 대한 전문가이긴 하지만, 어디까지나 조언자일 뿐 내 투자 성과까지 책임져 줄 수는 없습니다.

특히 아파트가 아닌 토지나 특수물건의 경우 세무대리인마다 계산에 조금씩 오차가 있을 수 있습니다. 그래서 공인중개사나 세무대리인이 "괜찮다"라고 한 것만 믿고 덜컥 계약을 해 버리면 곤란합니다. 나중에 담당 세무공무원이 "그거 아니에요"라고 하면 아무리 "우리 중개사가(혹은 세무사가) 그렇게 해도 된다고 했는데요"라고 고집부려 봐야 소용없습니다. 따라서 가장 필요한 것은 내가 먼저 세금에 대한 공부를 하는 것이고, 그 다음은 부동산 세금을 잘 아는 세무사를 만나는 것입니다.

여러분의 세금지수는 과연 얼마나 될지 냉정하게 돌아보시고, 오늘부터 세금지수를 높이기 위한 노력을 기울여 봅시다.

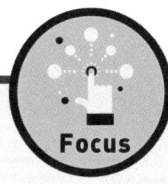

당장 책상 앞에서
떠나라

요즘은 직장을 다니면서도 투자에 관심을 가지고 공부하는 분들이 많습니다. 이런 분들에게 꼭 해드리고 싶은 말이 있습니다.

"투자는 가늘고 길게 가야 한다."

직장인 투자자들 중 상당수는 좋은 물건을 잡고 나서 투자금이 떨어지면 다시 직장으로 돌아갑니다. 혹은 세입자와 마찰이 생기면 스트레스를 받는다며 감정적으로 정리해 버리기도 합니다. 그러다가 부동산이 바닥일 때 즈음에 다시 돌아오는데, 결국 시장이 올랐을 때는 매도하지 못하다가 바닥일 때 급하게 매도하는 경우를 반복하게 됩니다.

제 입장에서는 참 이상해 보입니다. 좋은 물건을 겨우 하나 잡았다고, 투자금이 떨어졌다고 투자 시장을 떠나는 것은 좋은 방법이 아닙니다. 기껏 좋은 물건을 사 놓았는데 현장을 떠나 있는 동안 배웠던 지식도 다 잊어버리고, 매도 타이밍을 놓쳐 수익도 보지 못할 수 있으니까요.

정말 좋은 물건을 하나 잡았고 더 이상 투자금이 없더라도 절대 이 시장을 떠나면 안 됩니다. 요즘은 인터넷 카페나 밴드 등 부동산 관련 커뮤니티가 많으니 그런 모임에 연결된 상태를 계속 유지하시기 바랍니다. 적극적으로 나서지는 못하더라도 조금씩 변하는 현재 분위기 정도는 보고 느낄 수 있도록, 좋은 글이 있으면 한 번씩 읽어 보면서 감을 잃지 않도록 해야 합니다.

처음 시작하는 분들이라면 지금부터 10년 동안 공부를 한다고 생각하세요. 다만 공부를 다 하고 난 후에 투자를 시작하는 게 아니라, 지금부터 조금씩 투자하면서 공부도 함께 해 나가셔야 합니다. 처음에는 어렵겠지만 그렇게 실전경험이 쌓이다 보면 다양한 투자 분야 중에서도 본인의 주특기가 뭔지 발견할 수 있습니다.

투자 공부는 투자를 진행하면서 함께 하는 것이지, 공부 먼저 다 끝내 놓고 투자를 하는 것이 아닙니다. 세상에 공부할 것이 얼마나 많은데 그걸 모두 끝낸 후 투자를 시작하겠다고 하면 아예 시작조차 할 수 없을 겁니다. 그럴 바엔 오히려 투자부터 시작하고, 그 다음에 공부를 해 나가는 게 낫다고 봅니다.

저와 친한 어떤 분은 부동산 관련 강의료만 2,000만 원 가까이 썼는데 아직 매수한 부동산이 하나도 없습니다. '아직 나는 공부가 부족해, 더 많이 공부해야 해'라는 생각 때문이죠. 아파트, 토지, 상가 등 너무 많은 걸 공부하려고 하다가 몇 년이 지나가 버린 겁니다.

다른 사람의 지식을 통해서만 배우려고 하면 나한테 무엇이 남을까요? 직접 몸으로 부딪혀보고 배우는 게 가장 빠릅니다. 강의를 듣는 것도 좋지만 적어도 일주일에 한두 번씩 임장도 직접 가고, 안 되면 손품이라도 파는 겁니다. 요즘은 책상 앞에 앉아서 마우스로 클릭 몇 번만 해도 전국을 다 둘러볼 수 있는 좋은 세상이니까요.

직접 보고 듣고 배우자

그리고 또 한 가지, 정말 안타까운 것은 어떤 지역을 분석하고 입지를 살피겠다면서 본인이 직접 조사하는 게 아니라 귀동냥으로만 듣고 싶어 하는 사람들입니다. 이른바 '찍어 주는 것'을 좋아하는 분들이죠. 그렇게 찍어준 것들만 매입했다가 결과가 좋지 않으면 누구를 원망하시겠습니까? 직접 본인의 발로, 눈으로, 귀로 확인하셔야 뭔가를 배우고 찾아낼 수 있습니다.

사람은 다 비슷합니다. 누구나 냄비근성이 있죠. 그래서 한 가지를 3년 넘게 지속하기가 어렵고, 돈이 떨어지면 시장에서 돌아섭니다. 하지만 부동산 투자는 앞으로 평생 가져가야 할 숙제입니다. 내 손으로 도장 찍을 힘만 있으면 유지할 수 있는 직업이 투자입니다. 세상에는 투자할 물건이 많고 많으니, 그 중에서 내 조건과 방향에 맞는 것만 골라잡아도 일주일에 하나씩 매입할 수가 있습니다.

얼마나 쉬운가요? 투자는 쉽게 해야 합니다. 너무 어렵게, 깊게 파고들면 쉬운 것도 오히려 어렵게 느껴집니다. 그러니 일단 시장에 뛰어들어서 시작부터 해 보세요. 그러면서 공부하세요. 그것이 가장 좋은 투자입니다.

맺는 말

지식은
나눌수록 불어난다

처음 강의를 시작할 때는 한두 번 정도 노하우를 전달하는 자리를 만들어 보자 했던 것인데 이렇게 오랫동안 강의를 하게 되고 책까지 쓰게 될 줄은 몰랐습니다. 아마도 많은 분들이 "이제 이 사람이 강의로 돈 버는 맛을 봤구나"라고 생각할지 모르겠습니다.

강의로 버는 돈이 적은 건 아니지만, 솔직히 부동산 투자를 하는 입장에서 보면 그렇게 큰 돈도 아닙니다. 그럼에도 강의를 계속 하는 이유는 다른 맛을 봤기 때문입니다. 사람 만나는 맛을 봐 버린 거죠. 강의를 하다 보면 부산, 대구, 광주 등 전국에 계신 다양한 분들을 만나게 됩니다. 이런 분들과 소통하다 보면 새롭게 배우는 것도 많고, 새로운 투자 기회를 얻게 되기도 합니다. 제가 도움을 드릴 수도 있지만 반대로 도움을 받는 경우도 많습니다. 그렇게 좋은 사람을 많이 만나는 맛에 중독되어서 쉽게 강의를 끊기가 어렵습니다.

또 있습니다. 부동산 법인에 대한 강의만큼은 한국에서 제가 최초일 것이고 그만큼 오랜 시간 법인을 활용해서 투자를 한 사람도 드물 것입니다. 나름 이 분야의 전문가라고 자부하기 때문에 강의 요청에 응했던 것이고, 제 노하우를 전할 수 있는 기회라고 생각했었죠. 그런데 막상 강의를 준비해 보니 오히려 더 많은 공부를 하게 되는 건 제 쪽이었습니다. 그동안 막연하게 알고 있던 지식들을 하나하나 점검해야 했고, 법인 명의로 가지고 있던 물건을 쭉 정리하면서 그동안의 과정과 성과를 분석해야 했으니까요.

첫 번째 강의를 준비할 때 13일이 걸렸습니다. 그 13일 동안 집에도 안 들어가고 사무실 한 구석에 쳐놓은 텐트에서 먹고 자면서 계속 자료를 찾고, 정리하고, 확인했습니다. 아마 태어나서 가장 공부를 많이 했던 시간이라고 생각합니다. 강의를 준비할수록 제 스스로 투자에 대한 방향성을 잡아갈 수 있었던 거죠.

가끔 이런 생각을 합니다. 부동산 법인 분야에서는 제가 가장 앞장서서 나아가고 있는데, 만약 제가 실패한다면 저를 따라오는 사람들은 어떻게 될까? 그 생각을 하면 갑자기 정신이 번쩍 들면서 더 열심히 해야겠다고 생각하게 됩니다. 요즘도 저는 직원보다 일찍 퇴근하는 경우가 거의 없습니다. 때로는 아침에 해 뜨는 걸 보고 퇴근하기도 하고요.

그만큼 노력하고 있다는 사실만큼은 자신 있게 말씀드릴 수 있습니다. 이 모든 것이 제 강의를 들어 주시고, 꾸준히 응원해 주시는 여러분들 덕분입니다.

그 외에도 이 기회를 빌려 감사드리고 싶은 분들이 더 계십니다. 먼저 혼자만의 경험을 다른 사람과 나눌 수 있도록 강의 시장에 첫 발을 내딛게 해주신 부동산차트연구소 안동건 대표님께 감사드립니다. 또한 부족한 저의 원고를 남다른 전문성으로 보완해 주신 이승현 세무사님께도 감사를 드립니다.

제가 부동산 투자와 강의를 할 수 있도록 뒤에서 묵묵히 뒷받침해 주시는 영동타운 님에게도 감사를 드립니다. 저의 든든한 지원군이 되어 주시는 밴드 및 네이버카페 '전업을 꿈꾸는 사람들'의 운영진 여러분도 빼놓을 수 없습니다. 이분들이 아니었다면 감히 책을 쓸 생각도 할 수 없었을 것입니다. 그리고 거친 저의 원고를 짧은 시간 안에 이렇게 잘 다듬어 주신 잇콘출판사의 임효진 대표님에게도 감사를 전합니다.

마지막으로 대학 졸업 후 20년이라는 긴 시간을 부동산 시장에서 살아남아 버틸 수 있게 해 준 든든한 버팀목, 저의 부모님과 가족들에게 감사하고 사랑한다는 말을 전하고 싶습니다.

부록

법인 설립과 운영에 필요한 서류양식 모음

설립등기 관련 서류

- 주식회사 설립등기 신청서
- 정관
- 주식발행사항 동의서
- 주식인수증
- 발기인총회 의사록
- 조사보고서
- 기간단축 동의서
- 임원취임승낙서
- 인감신고서

사업자등록 관련 서류

- 법인설립신고 및 사업자등록신청서
- 사업장 임대차계약서/전대동의서
- 주주명부

운영 관련 서류

- 정기/임시주주총회 의사록
- 이사회 의사록
- 근로계약서(연봉직/일용직)
- 업무지시서
- 지출결의서
- 가지급금 신청서
- 부동산 매매/임대계약서

일러두기

본 책에 수록된 양식은 표준양식을 바탕으로 하되 부동산 법인에 적합한 형태로 일부 가공하였습니다. 여기에 수록된 양식은 모든 법인에 동등하게 적용되는 것이 아니며, 법인의 운영 방식 및 상황에 따라 가공·보완하여 사용해야 합니다. 따라서 본 양식은 참고용으로 활용하시고 실제 운영에서는 세무대리인과 협의하여 활용하시기 바랍니다. 양식에 파란 색으로 표시된 부분은 참고하기 위한 사례로 넣은 것이므로, 상황에 맞게 다르게 기입하셔야 합니다.

QR코드를 이용하시면 한컴파일 서식을 다운받으실 수 있습니다.

주식회사 설립등기 신청

성춘향 (010-0000-0000)

접수	년 월 일	처리인	접수	조사	인감	기입	교합	통지
	제 호							

등기의 목적	주식회사 설립등기
등기의 사유	정관을 작성하고 발기인이 회사 설립 시에 발행하는 주식의 총수를 인수하여 주금납입을 완료하고 20○○년 ○월 ○○일 발기인 총회를 종결하였으므로 다음 사항의 등기를 구함
본/지점 신청구분	**1. 본점신청 ■** 2. 지점신청 □ 3. 본·지점 일괄신청 □

등 기 할 사 항

상 호	주식회사 지성 (Jisung Co.)
본 점	경기도 용인시 기흥구 동백중앙로 ○○○, ○○○
공고의 방법	경기도 내에서 발행하는 일간 ○○신문에 게재한다.
1주의 금액	1,000원
발행할 주식의 총수	40,000주
발행주식내역 / 자본의 총액	발행주식의 총수 : 10,000주 　보통주식 : 10,000주 자본의 총액 : 10,000,000원
목 적	1) 부동산의 매매 및 임대 2) 부동산 건축 및 개발 3) 건축물의 내외부 수리 및 인테리어 4) 투자 및 자산관리 컨설팅 5) 위 각 호에 관련된 부대사업 일체

임원에 관한 사항	사내이사 성춘향 (700101-1234567) 　　전북 남원시 요천로 ○○○ 이사 이몽룡 (681231-9876543) 서울특별시 서초구 강남대로 ○○○, ○○○○호 감사 박월매 (580808-0000000)					
신청등기소 및 등록면허세 / 수수료							
순번	신청등기소	구분	등록면허세	농어촌특별세	세액합계	등기신청수수료
			지방교육세			
1	수원지방법원 용인등기소		금 000,000원	금 0,000원	금 00,000원	금 00,000원
			금 00,000원			

첨 부 서 면

1. 정관 각1통 1. 주식발행사항동의서 각1통 1. 주식인수증 각1통 1. 잔고증명서 각1통 1. 총회의사록 각1통 1. 조사보고서 각1통 1. 기간단축동의서 각1통	1. 취임승낙서 각1통 1. 인감증명서 각1통 1. 주민등록정보 각1통 1. 인감신고서 각1통

　　　　　　　　　　　　20○○년　 ○○월　 ○○일

신 청 인 　　상 호　　주식회사 지성
　　　　　　본 점　　경기도 용인시 기흥구 동백중앙로 ○○○, ○○○호

　　　　　　성 명　　사내이사 성 춘 향　　　(인)
　　　　　　주 소　　전북 남원시 요천로 ○○○

대리인　　　성 명　　　　　　　　　　(전화:　　　　　　　)
　　　　　　주 소

- 신청서 작성요령 및 등기수입증지 첨부란 -

1. 해당란이 부족할 때에는 별지를 이용합니다.
2. 해당 등기신청과 관계 없는 사항에 대해서는 "해당없음"으로 기재하거나 삭제하고 필요한 사항은 추가 기재합니다.
3. 등기신청수수료 상당의 대법원등기수입증지를 이 난에 붙입니다.

[주식회사 설립등기신청서 별지]

등록세영수필확인서와 등기수수료 영수필확인서를 여기에 붙여주세요.

정 관

[제1장 총칙]

제1조(상호) 당 회사는 '주식회사지성' 또는 '지성주식회사'라고 부른다.

제2조(목적) 당 회사는 다음 사업을 목적으로 한다.
  1) 부동산의 매매 및 임대
  2) 부동산 건축 및 개발
  3) 건축물의 내·외부 수리 및 인테리어
  4) 투자 및 자산관리 컨설팅
  5) 위 각 호에 관련된 부대사업 일체

제3조(본점과 지점) 당 회사는 본점을 경기도 용인시 내에 둔다. 필요에 따라 국내 및 해외에 지점 또는 출장소 및 영업소를 둘 수 있다.

제4조(공고방법) 당 회사의 공고는 경기도 내에서 발행하는 ABC신문에 게재한다.

[제2장 주식(株式)과 주권(株券)]

제5조(회사가 발행할 주식의 총수 및 각종 주식의 내용과 수) 당 회사가 발행할 주식의 총수는 40,000주로서 보통주식으로 한다.

제6조(1주의 금액) 당 회사가 발행하는 주식 1주의 금액은 금 1,000원으로 한다.

제7조(회사 설립시 발행하는 주식의 총수) 당 회사는 설립시에 10,000주의 주식을 발행하기로 한다.

제8조(주권의 종류) 당 회사의 주식은 전부 기명식으로서 주권은 1주권, 10주권, 100주권의 3종류로 한다.

제9조(주권불소지) 당 회사는 주권불소지 제도를 채택하지 아니한다.

제10조(주금납입의 지체) 회사설립시의 주식인수인이 주금납입을 지체한 때에는 납입기일 다음 날부터 납입이 끝날 때까지 지체주금(遲滯株金) 1,000원에 대하여 1원의 비율로서 과태금(過怠金)을 회사에 지급하고 또 이로 인하여 손해가 생겼을 때는 그 손해를 배상하여야 한다.

제11조(주식의 명의개서) ①당 회사의 주식에 관하여 명의개서를 청구함에 있어서는 당 회사 소정의 청구서에 기명날인하고 이에 주권을 첨부하여 제출하여야 한다. ②양도 이외의 사유로 인하여 주식을 취득한 경우에는 그 사유를 증명하는 서면도 함께 제출하여야 한다.

제12조(질권의 등록 및 신탁 재산의 표시) 당 회사의 주식에 관하여 질권의 등록 또는 신탁재산의 표시를 청구함에 있어서는 당 회사 소정의 청구서에 당사자가 기명날인하고 이에 확정된 제권판결의 정본 또는 주권을 첨부하여 제출하여야 한다. 그 등록 또는 표시의 말소를 청구함에 있어서도 같다.

제13조(주권의 재발행) ①주식의 분할·병합, 주권의 오손 등의 사유로 주권의 재발행을 청구함에 있어서는 당 회사 소정의 청구서에 기명날인하고 이에 주권을 첨부하여 제출하여야 한다. ②주권의 상실로 인하여 그 재발행을 청구함에 있어서는 당 회사 소정의 청구서에 기명날인하고 이에 확정된 제권판결의 정본 또는 등본을 첨부하여 제출하여야 한다.

제14조(수수료) 제11조 내지 제13조의 청구를 하는 자는 당 회사가 정한 수수료를 납부하여야 한다.

제15조(주주명부의 폐쇄 및 기준일) ①당 회사에서는 매년 1월 1일 부터 정기 주주총회의 종결일자까지 주주명부 기재의 변경을 정지한다. ②제1항의 경우 이외에 주주 또는 질권자로서 권리를 행사할 자를 확정하기 위하여 필요한 때에는 이사회의 결의에 의하여 일정한 기간 동안 주주명부 기재의 변경을 정지하거나 또는 기준일을 정할 수 있다. 이 경우에는 그 기간 또는 기준일의 2주간 전에 공고하는 것으로 한다.

제16조(주주 등의 주소, 성명 및 인감의 신고) 주주, 등록질권자 또는 그 법정대리인이나 대표자는 당 회사 소정의 서식에 의하여 성명, 주소 및 인감을 당 회사에 신고하여야 한다. 신고사항에 변경이 있을 때에도 또한 같다.

[제3장 주주총회(株主總會)]

제17조(소집) 당 회사의 정기 주주총회는 영업연도 말일의 다음날부터 3월 이내에 소집하고 임시주주총회는 필요한 경우 수시 소집한다.

제18조(의장) 대표이사가 주주총회의 의장이 된다. 대표이사가 유고일 때에는 이사회에서 선임한 다른 이사가 의장이 된다.

제19조(결의) 주주총회의 결의는 법령 또는 정관에 다른 규정이 있는 경우를 제외하고는 발행주식 총수의 과반수에 해당하는 주식을 가진 주주의 출석으로, 그 출석 주주의 의결권의 과반수에 의한다.

제20조(의결권의 대리행사 및 총회의 의사록) ①주주는 대리인으로 하여금 그 의결권을 행사하게 할 수 있다. ②총회는 의사록을 작성하여야 하며, 의사록에는 의사의 경과요령과 그 결과를 기재하고 의장과 출석한 이사가 기명날인하여야 한다.

[제4장 임원과 이사회]

제21조(이사와 감사의 수) 당 회사의 이사는 1인 이상, 감사는 1인 이상으로 한다.

제22조(이사의 선임) ①당 회사의 이사는 발행주식 총수의 과반수에 해당하는 주식을 가진 주주가 출석하여 그 의결권의 과반수로 선임한다. ②2인 이상의 이사를 선임하는 경우에도 상법 제382조의2에 규정된 집중 투표제를 적용하지 아니한다.

제23조(감사의 선임) 당 회사의 감사는 제22조의 규정에 의한 결의 방법에 의하여 선임한다. 그러나 이 경우 의결권 없는 주식을 제외한 발행주식 총수의 100분의 3을 초과하는 주식을 가진 주주는 그 초과하는 주식에 관하여는 의결권을 행사하지 못한다.

제24조(이사 및 감사의 임기) ①이사의 임기는 취임 후 3년으로 한다. 다만, 임기 중의 최종의 결산기에 관한 정기주주총회의 종결시까지 연장할 수 있다. ②감사의 임기는 취임 후 3년 내의 최종의 결산기에 관한 정기주주총회의 종결시까지로 한다.

제25조(회사대표) 당 회사의 대표행위는 이사회의 결의로 선임한 대표이사가 행한다.

제26조(대표이사) ①당회사는 대표이사 1명을 두고 이사회의 결의로 그를 보좌할 전무이사 및 상무이사 약간명을 둘 수 있다. ②필요에 따라 수인의 대표이사 또는 공동대표이사를 둘 수 있다. ③대표이사, 전무이사 및 상

무이사는 이사회의 결의로 이사 중에서 선임한다.

제27조(업무진행) ①대표이사 사장은 당 회사의 업무를 총괄하고 전무이사와 상무이사는 사장을 보좌하고 이사회에서 정하는 바에 따라 당 회사의 업무를 분담 집행한다. ②대표이사 사장의 유고 시에는 미리 이사회에서 정한 순서에 따라 전무이사 또는 상무이사가 사장의 직무를 대행한다.

제28조(임원의 보선) 이사 또는 감사가 결원 되었을 때는 임시주주총회를 소집하여 보선한다. 다만, 법정수를 결하지 아니한 경우에는 그러하지 않을 수 있다. 보선 및 증원으로 인하여 선임된 이사나 감사의 임기는 취임한 날로부터 기산한다.

제29조(이사회의 소집) 이사회는 대표이사 또는 이사회에서 따로 정한 이사가 있을 때에는 그 이사가 회의 개최 7일전에 각 이사 및 감사에게 통지하여 소집한다. 그러나 이사 및 감사 전원의 동의가 있는 때에는 소집절차를 생략할 수 있다.

제30조(이사회의 결의) 이사회의 결의는 이사 과반수의 출석과 출석이사의 과반수로 한다.

제31조(감사의 직무) 감사는 당 회사의 회계와 업무를 감사한다. 감사는 이사회에 출석하여 의견을 진술할 수 있다.

제32조(보수와 퇴직금) 임원의 보수 또는 퇴직금은 주주총회의 결의로 정한다.

[제5장 계산(計算)]

제33조(영업연도) 당 회사의 영업연도는 매년 1월 1일부터 당해연도 12월 31일까지로 한다.

제34조(재무제표, 영업보고서의 작성·비치) ① 당 회사의 사장은 정기총회 개최 6주간 전에 다음 서류 및 그 부속명세서와 영업보고서를 작성하여 이사회의 승인과 감사의 감사를 받아 정기총회에 제출하여야 한다.

    1) 대차대조표

    2) 손익계산서

    3) 이익금 처분계산서 또는 결손금 처리계산서

② 제1항의 서류는 감사보고서와 함께 정기총회 개최 1주일 전부터 당 회사의 본점과 지점에 비치하여야 하고, 총회의 승인을 얻었을 때에는 그 중 대차대조표를 지체 없이 공고하여야 한다.

제35조(이익금의 처분) 매기 총 수입금에서 총 지출금을 공제한 잔액을 이익금으로 하여 이를 다음과 같이 처분한다.

    1) 이익준비금(매결산기의 금전에 의한 이익배당금액의 10분의 1 이상)

    2) 별도적립금 약간

    3) 주주배당금 약간

    4) 임원상여금 약간

    5) 후기 이월금 약간

제36조(이익배당) 이익배당금은 매 결산기 말일 현재의 주주명부에 기재된 주주 또는 등록질권자에게 지급된다.

[부칙]

제37조(최초의 영업연도) 당 회사의 최초 영업연도는 회사의 설립일로부터 당해연도 12월 31일까지로 한다.

제38조(준용규정 및 내부규정) ①이 정관에 규정되지 않은 사항은 주주총회결의 및 상사에 관한 법규, 기타 법령에 의한다. ②당 회사는 필요에 따라 이사회 결의로 업무수행 및 경영상 필요한 세칙 등 내규를 정할 수 있다.
제39조(발기인의 성명과 주소) 당 회사의 설립 발기인의 성명, 주민등록번호와 주소는 이 정관 말미에 기재한다.
제40조(시행일자) 이 정관은 2022년 2월 3일부터 시행한다.

위와 같이 주식회사지성을 설립하기 위하여 이 정관을 작성하고 발기인 전원이 이에 기명날인하다.

2022년 1월 31일

발기인 : 성 춘 향 (인)

(주민등록번호 : 700101-1234567)

(주소 : 경기도 용인시 기흥구 동백중앙로 ○○○, ○○○호)

발기인 : 이 몽 룡 (인)

(주민등록번호 : 681231-9876543)

(주소 : 서울특별시 서초구 강남대로 ○○○, ○○○○호)

주 식 회 사 지 성

경기도 용인시 기흥구 동백중앙로 ○○○, ○○○호

주식발행사항 동의서

주식회사 지성(이하 "본 회사"라 한다)의 발기인 전원은 회사 설립 시 주식에 관한 사항을 다음과 같이 결정함에 대하여 이의 없이 동의함.

다 음

1. 주식의 종류와 수 : 보통주식 10,000주
2. 주식의 발행가액 : 1주의 금액 1,000원
3. 주식의 총수와 주식금액 : 10,000주 10,000,000원

위 동의사항을 확실히 하기 위하여 발기인 전원이 다음에 기명날인하다.

20○○년 ○월 ○○일
주식회사지성

발기인 : 성 춘 향   (인)
        (주민등록번호 700101-1234567)
        (주소 전북 남원시 요천로 ○○○)

발기인 : 이 몽 룡   (인)
        (주민등록번호 681231-9876543)
        (주소 서울특별시 서초구 강남대로 ○○○, ○○○○호)

주식인수증

상 호	주식회사 지성
인수할 주식의 종류와 수	보통주식 4,000주
인수할 주식 총액	금 4,000,000원
1주의 금액	금 1,000원
납입기관 및 장소	AB은행 서초지점

위의 주식을 발기인으로 인수합니다.

20○○년 ○월 ○○일

발기인 (성　　　명) 이 몽 룡　　(인)
　　　 (주민등록번호) 000000-0000000
　　　 (주　　　소) 서울특별시 서초구 강남대로 ○○○, ○○○○호

주식회사지성 발기인대표 귀하

발기인총회 의사록

◆ 일 시 : 2022년 ○월 ○○일(월요일) 오후 3시
◆ 장 소 : 경기도 용인시 기흥구 동백중앙로 ○○○, 본사 회의실
◆ 출석현황 : 발기인 총수 2명   중   2명 출석
            발행주식 총수 10,000주   중   10,000주 출석

주식회사지성(이하 "본 회사"라 한다)의 발기인대표 성춘향은 상법 제309조 소정의 법정수에 달하는 주주가 출석하였으므로 본 총회가 적법하게 성립되었음을 알리고, 주주 전원의 동의로 발기인 대표를 의장으로 선임하였으며, 동인은 즉석에서 그 취임을 승낙하고 의장석에 등단하여 개회를 선언한 후, 다음 의안을 부의하고 심의를 구하다.

제1호 의안 : 정관 승인의 건
의장은 정관을 낭독하고 설명한 후 그 승인 여부를 물은 바 전원 이의 없이 원안대로 승인 가결하다.

제2호 의안 : 임원 선임의 건
의장은 정관에 따라 이사 1인, 감사1인을 선임하여줄 것을 요청하자 출석 발기인은 다음과 같이 선임하기로 승인 가결하다.

  사내이사 : 성춘향 (주민등록번호 700101-1234567)
  감사 : 박월매 (주민등록번호 580808-0000000)

위 피선자는 즉석에서 그 직의 취임을 승낙하다.

제3호 의안 : 본점 설치장소 결정의 건
의장은 본 회사 본점을 다음 장소에 설치함이 적당한 이유를 설명하고 그 가부를 물은 바 출석 발기인은 이의 없이 승인 가결하다.

  본점 : 경기도 용인시 기흥구 동백중앙로 ○○○, ○○○호

제4호 의안 : 주식인수금 납입의 건
의장은 회사 설립시 발행할 주식 10,000주에 대한 주식인수금액을 각 발기인별로 배정받은 주식의 종류 및 수에 따라 2022년 1월 31일까지 ○○은행에 납입 완료할 것을 요청하고 가부를 물은 바 출석 발기인은 이의 없이 승인 가결하다.

제5호 의안 : 상법 제298조의 소정사항 조사보고의 건
의장은 모든 이사로 하여금 상법 제298조 소정의 회사설립에 관한 제반사항을 보고함에 있어 발기인이 아닌 감사 박월매가 적격자임을 설명하고 조사에 착수하도록 하다.

  조사보고자 : 감사 박월매 (주민등록번호 580808-0000000)

출석 발기인은 해당 조사보고서를 검토 후 만장일치로 승인하다.

이상으로 의안 전부의 심의를 종료하였으므로 의장은 폐회를 선언하다.(이사회 종료시간 오후 4시 30분)

위 의사의 경과요령과 및 결과를 명확히 하기 위하여 본 의사록을 작성하고 의장 및 출석이사가 서명 또는 기명날인하다.

20○○년 ○월 ○○일
주식회사지성 발기인총회

의장 겸 발기인대표   성춘향   (인)

발 기 인   이몽룡   (인)

감   사   박월매   (인)

조사보고서

본인 등은 2022년 ○월 ○○일 주식회사지성(이하 "본 회사"라 한다)의 발기인총회에서 상법 제298조 소정사항의 조사보고자로 선임되었으므로 동법에 규정된 사항을 조사하여 다음과 같이 보고함.

조사사항 및 조사결과

1. 회사 설립 시 발행하는 주식의 총수에 대한 인수의 정확 여부
회사 발행 주식의 총수 : 10,000주
설립 시 발행하는 주식의 총 수 : 10,000주
1주의 인수 금액 : 1,000원

인수내역은 다음과 같음
발기인이 인수한 주식 수 : 보통주식 10,000주 (20○○년 ○월 ○○일 인수완료)

2. 인수 주식에 대한 납입의 정확 여부
회사 설립 시 발행하는 주식 총수 10,000주에 대한 주식금액 금 일천만(10,000,000) 원이 20○○년 ○월 ○○일에 납입 완료되었음이 그 납입을 맡은 AB은행이 발행한 통합잔액증명서에 의하여 확인됨.

3. 현물출자 이행의 정확 여부나 검사인 보고서의 정확 여부 등
현물출자 이행의 정확 여부와 검사인 보고서의 정확 여부 등은 현물출자를 한 자가 없고 정관에 상법 제290조 소정사항을 정하지 아니하였으므로 검사인이나 공증인 등을 선임할 필요가 없는 바 그에 관한 정확 여부를 조사할 필요가 없음.

기타 설립에 관한 모든 사항이 법령 또는 정관에 위배되지 아니함.

이와 같이 조사 보고함.

20○○년 ○월 ○○일
주식회사지성

조사보고자 감사   박 월 매 (주민등록번호 580808-0000000)   (인)

기간단축 동의서

본인 등은 주식회사 지성(이하 "본 회사"라 한다)의 발기인총회를 개최함에 있어 상법 제363조에 의거하여 소정의 소집기간을 단축하여 20○○년 ○월 ○○일 개최함에 대하여 이의 없이 동의함.
위 동의 사항을 확실히 하기 위하여 발기인 전원이 다음에 기명날인함.

20○○년 ○월 ○○일

주식회사지성

발기인 : 성 춘 향   (인)
　　　　(주민등록번호 700101-1234567)
　　　　(주소 전북 남원시 요천로 ○○○)

발기인 : 이 몽 룡   (인)
　　　　(주민등록번호 681231-9876543)
　　　　(주소 서울특별시 서초구 강남대로 ○○○, ○○○○호)

임원취임승낙서

성　　명 : 이 몽 룡
생년월일 : 681231-9876543
주　　소 : 서울특별시 서초구 강남대로 ○○○, ○○○○호

상기 본인은 주식회사지성의 이사에 취임하여 그 직을 맡아 성실히 수행할 것을 승낙합니다.

20○○년 ○○월 ○○일

성　명 : 　이 몽 룡　　(인)

인감 · 개인(改印) 신고서

(신고하는 인감날인란)　　(인감제출자에 관한 사항)

	상호(명칭)	주식회사 지성	등기번호	
	본점(주사무소)	경기도 용인시 기흥구 동백중앙로 ○○○, ○○○		
인감제출자	자격/성명	대표이사 / 성춘향		
	주민등록번호	000000-0000000		
	주　소	전북 남원시 요천로 ○○○		

　　☐ 위와 같이 인감을 신고합니다.　　☐ 위와 같이 개인(改印)하였음을 신고합니다.

20○○년　○○월　○○일

신고인 본 인　성 명　　성 춘 향　　　(인)#　(전화 : 010-0000-0000)
　　　　대리인　성 명　　　　　　　　(인)　(전화 : 010-0000-0000)

수원지방법원　용인등기소 귀중

주 1. 인감·개인(改印) 신고서의 **신고인의 날인란**(#)에는 「인감증명법」에 따라 신고한 인감을 날인하고 그 인감증명서(발행일로부터 3개월 이내의 것)를 첨부하거나, 등기소에 제출한 유효한 종전 인감(**법인인감**)을 날인하여야 합니다. 또한 인감제출자가 기명날인 또는 서명하였다는 공증인의 인증서면으로 갈음할 수 있습니다.
2. 인감·개인신고서에는 신고하는 인감을 날인한 인감대지를 첨부하여야 합니다.
3. 지배인이 인감을 신고하는 경우에는 인감제출자의 주소란에 지배인을 둔 장소를 기재하고, **위 1. 의 방법 대신** 「상업등기규칙」 제35조제3항의 보증서면(영업주가 등기소에 제출한 인감날인)을 첨부하여야 합니다. 위 보증서면은 아래의 보증서면란에 기재하는 것으로 갈음할 수 있습니다.
4. **위임에 의한 대리인**이 인감을 신고하거나 개인(改印)을 신고하는 경우에는 위 1. 대신에아래 위임장의 신고인 날인란(※)에 「인감증명법」에 따라 신고한 인감을 날인하고 그 인감증명서를 첨부하거나, 등기소에 제출한 유효한 종전 인감(**법인인감**)을 날인하여야 합니다.

보 증 서 면

위 신고하는 인감은 지배인 성춘향 의 인감임이 틀림없음을 보증합니다.

대표이사　성 춘 향　　(법인인감)

위 임 장

성 명 : 성 춘 향　　　　주민등록번호 : (000000 - 0000000)
주 소 : 전북 남원시 요천로 ○○○

위의 사람에게, 위 인감(개인)신고에 관한 일체의 권한을 위임함.

20○○년　○○월　○○일

인감(개인) 신고인　성 명　성 춘 향　　　(인)※

■ 법인세법 시행규칙 [별지 제73호서식] <개정 2015.3.13.>

홈택스(www.hometax.go.kr)에서도 신고할 수 있습니다. (앞쪽)

| 접수번호 | [○] 법인설립신고 및 사업자등록신청서
[ ] 국내사업장설치신고서(외국법인) | 처리기간 | 3일
(보정기간은 불산입) |

귀 법인의 사업자등록신청서상의 내용은 사업내용을 정확하게 파악하여 근거과세의 실현 및 사업자등록 관리업무의 효율화를 위한 자료로 활용됩니다. 아래의 사항에 대하여 사실대로 작성하시기 바라며 신청서에 서명 또는 인감(직인) 날인하시기 바랍니다

1. 인적사항

법 인 명(단체명)	주식회사 지성	승인법인고유번호 (폐업당시 사업자등록번호)	
대 표 자	성춘향	주민등록번호	700101-1234567
사업장(단체)소재지	경기도 용인시 기흥구 동백중앙로 ○○○ ○○층 ○○○호		
전 화 번 호	(사업장) 070-0000-0000 (휴대전화)		

2. 법인현황

| 법인등록번호 | 000000-0000000 | 자본금 | 10,000 천원 | 사업연도 | 1월1일 ~ 12월31일 |

법 인 성 격 (해당란에 ○표)

내 국 법 인						외 국 법 인			지점(내국법인의 경우)		분할신설법인		
영리 일반	영리 외투	비영리	국 가 지방자치	법인으로 보는 단체		지점 (국내사업장)	연 락 사 무 소	기타	여	부	본점 사업자 등록번호	분할전 사업자등 록번호	분할연월일
				승인법인	기타								
○													

조합법인 해당 여부		사업자 단위 과세 여부		공 익 법 인				외국 · 외투 법인	국 적	투자비율
여	부	여	부	해당여부	사업유형	주무부처명	출연자산여부			
	○		○	여 부			여 부			

3. 외국법인 내용 및 관리책임자 (외국법인에 한함)

외 국 법 인 내 용

본점	상 호	대 표 자	설치년월일	소 재 지

관 리 책 임 자

성 명 (상 호)	주민등록번호 (사업자등록번호)	주 소 (사업장소재지)	전 화 번 호

4. 사업장현황

사 업 의 종 류						사업(수익사업) 개 시 일
주업태	주 종 목	주업종코드	부업태	부 종 목	부업종코드	
부동산업	부동산매매 및 컨설팅업					20××년 ×월 ×일

사이버몰 명칭		사이버몰 도메인	

사업장 구분 및 면적		도면첨부		사업장을 빌려준 사람(임대인)			
자가	타가	여	부	성 명(법인명)	사업자등록번호	주민(법인)등록번호	전화번호
㎡	33 ㎡			변학도		601010-2222222	010-0000-0000

임 대 차 계 약 기 간		(전세)보증금	월 세(부가세 포함)
20××. ××. ××. ~ 20××. ××. ××.		20,000,000 원	550,000 원

개 별 소 비 세				주 류 면 허		부가가치세 과세사업		인·허가 사업 여부			
제조	판매	장소	유흥	면허번호	면허신청	여	부	신고	등록	인·허가	기타
					여 부		○				

설립등기일 현재 기본 재무상황 등

자 산 계	유동자산	고정자산	부채 계	유동부채	고정부채	종업원수
10,000 천원	10,000 천원	천원	천원	천원	천원	명
전자우편주소	sungch@abc.com	국세청이 제공하는 국세정보 수신동의 여부	[○]동의함 [ ]동의하지않음			

210mm×297mm[백상지 80g/㎡ 또는 중질지 80g/㎡]

(뒤쪽)

5. 사업자등록신청 및 사업시 유의사항(아래 사항을 반드시 읽고 확인하시기 바랍니다)

가. 사업자등록 상에 자신의 **명의를 빌려주는 경우** 해당 법인에게 부과되는 각종 세금과 과세자료에 대하여 소명 등을 하여야 하며, 부과된 세금의 체납시 **소유재산의 압류·공매처분, 체납내역 금융회사 통보, 여권발급제한, 출국규제** 등의 불이익을 받을 수 있습니다.

나. 내국법인은 주주(사원)명부를 작성하여 비치하여야 합니다. 주주(사원)명부는 사업자등록신청 및 법인세 신고시 제출되어 지속적으로 관리되므로 사실대로 작성하여야 하며, 주주명의 대여시는 **양도소득세 또는 증여세**가 과세될 수 있습니다.

다. 사업자등록 후 정당한 사유 없이 **6개월이** 경과할 때까지 사업을 개시하지 아니하거나 **부가가치세 및 법인세를** 신고하지 아니하거나 사업장을 무단 이전하여 실지사업여부의 확인이 어려울 경우에는 **사업자등록이 직권으로 말소**될 수 있습니다.

라. **실물거래 없이 세금계산서 또는 계산서를 발급하거나 수취하는 경우** 「조세범처벌법」 제10조제3항 또는 제4항에 따라 해당 법인 및 대표자 또는 관련인은 **3년 이하의 징역 또는 공급가액 및 그 부가가치세액의 3배 이하에 상당하는 벌금에 처하는 처벌**을 받을 수 있습니다.

마. 신용카드 가맹 및 이용은 반드시 사업자 본인 명의로 하여야 하며 **사업상 결제목적 이외의 용도로 신용카드를 이용할 경우** 「여신전문금융업법」 제70조제2항에 따라 **3년 이하의 징역 또는 2천만원 이하의 벌금에 처하는 처벌**을 받을 수 있습니다.

신청인의 위임을 받아 대리인이 사업자등록신청을 하는 경우 아래 사항을 적어 주시기 바랍니다.

대 리 인 인적사항	성 명		주민등록번호	
	주 소 지			
	전화 번호		신청인과의 관계	
신청 구분	[ ] 사업자등록만 신청 [○] 사업자등록신청과 확정일자를 동시에 신청 [ ] 확정일자를 이미 받은 자로서 사업자등록신청 (확정일자 번호:)			

신청서에 적은 내용과 실제 사업내용이 일치함을 확인하고, 「법인세법」 제109조·제111조, 같은 법 시행령 제152조부터 제154조까지, 같은 법 시행규칙 제82조제3항제11호 및 「상가건물 임대차보호법」 제5조제2항에 따라 법인설립 및 국내사업장설치 신고와 사업자등록 및 확정일자를 신청합니다.

20××년   ××월   ××일

신 청 인   주식회사 지성 대표이사 성춘향   (인)

위 대리인   (서명 또는 인)

세무서장 귀하

첨부서류	1. 정관 1부(외국법인만 해당합니다) 2. 임대차계약서 사본(사업장을 임차한 경우만 해당합니다) 1부 3. 「상가건물 임대차보호법」의 적용을 받는 상가건물의 일부를 임차한 경우에는 해당 부분의 도면 1부 4. 주주 또는 출자자명세서 1부 5. 사업허가·등록·신고필증 사본(해당 법인만 해당합니다) 또는 설립허가증사본(비영리법인만 해당합니다) 1부 6. 현물출자명세서(현물출자법인의 경우만 해당합니다) 1부 7. 자금출처명세서(금지금 도·소매업, 액체·기체연료 도·소매업, 재생용 재료 수집 및 판매업, 과세유흥장소에서 영업을 하려는 경우에만 제출합니다) 1부 8. 본점 등의 등기에 관한 서류(외국법인만 해당합니다) 1부 9. 국내사업장의 사업영위내용을 입증할 수 있는 서류(외국법인만 해당하며, 담당 공무원 확인사항에 의하여 확인할 수 없는 경우만 해당합니다) 1부 10. 사업자단위과세 적용 신고자의 종된 사업장 명세서(법인사업자용)(사업자단위과세 적용을 신청한 경우만 해당합니다) 1부

작성 방법

사업장을 임차한 경우 「상가건물 임대차보호법」의 적용을 받기 위하여서는 사업장 소재지를 임대차계약서 및 건축물관리대장 등 공부상의 소재지와 일치되도록 구체적으로 적어야 합니다.
 (작성 예) ○○동 ○○○○번지 ○○호 ○○상가(빌딩) ○○동 ○○층 ○○○○호

사무실임대차(월세) 계약서

임대인(변학도)과 임차인(주식회사 지성)은 아래와 같이 임대차 계약을 체결한다.

[임차 상가건물의 표시]

소 재 지	경기도 용인시 기흥구 동백중앙로 ○○○, ○○○호				
토 지	지 목	대	면 적	500	㎡
건 물	구조/용도	철근콘크리트조 / 사무실	면 적	300	㎡
임차할 부분	○○○호 중 동쪽 일부 (현재 ○○○ 자리)		면 적	33	㎡

[계약내용]
제1조(보증금과 차임) 위 상가건물의 임대차에 관하여 임대인과 임차인은 합의에 의하여 보증금 및 차임을 아래와 같이 지급하기로 한다.

보 증 금	금	이천만 원정 (₩ 20,000,000)						
계 약 금	금	이백만 원정 (₩ 2,000,000) 은 계약시에 지급하고 수령함. 수령인 (변학도 (인))						
중 도 금	금	원정 (₩) 은 년 월 일에 지급하며						
잔 금	금	일천팔백만 원정 (₩ 18,000,000) 은 2022 년 2 월 3 일에 지급한다.						
차임(월세)	금	오십오만 원정 (₩ 550,000)은 매월 3 일에 선불로 지급한다. (부가세 포함) 입금계좌 : ABC은행 123-4567-89-10 / 예금주 변학도						

제2조(임대차기간) 임대인은 위 부동산을 임대차 목적대로 사용·수익할 수 있는 상태로 2022 년 2 월 3 일까지 임차인에게 인도하고, 임대차기간은 인도일로부터 2023 년 2 월 2 일까지(12개월)로 한다.

제3조(사용·관리·수선) ①임차인은 임대인의 동의 없이 위 부동산의 구조·용도 변경 및 전대나 임차권 양도 또는 담보제공을 할 수 없다. ②임대인은 계약 존속 중 위 부동산을 사용·수익에 필요한 상태로 유지하여야 하고, 임차인은 임대인이 위 부동산의 보존에 필요한 행위를 하는 때 이를 거절하지 못한다. ③임차인이 임대인의 부담에 속하는 수선비용을 지출한 때에는 임대인에게 그 상환을 청구할 수 있다.

제4조(계약의 해제) 임차인이 임대인에게 중도금(중도금이 없을 때는 잔금)을 지급하기 전까지, 임대인은 계약금의 배액을 상환하고, 임차인은 계약금을 포기하고 계약을 해제할 수 있다.

제5조(채무불이행과 손해배상) 당사자 일방이 채무를 이행하지 아니하는 때에는 상대방은 상당한 기간을 정하여 그 이행을 최고하고 계약을 해제할 수 있으며, 그로 인한 손해배상을 청구할 수 있다. 다만, 채무자가 미리 이행하지 아니할 의사를 표시한 경우의 계약해제는 최고를 요하지 아니한다.

제6조(계약의 해지) ①임차인은 본인의 과실 없이 위 부동산의 일부가 멸실 기타 사유로 인하여 임대차의 목적대로 사용·수익할 수 없는 때에 그 부분의 비율에 의한 차임의 감액을 청구할 수 있다. 이 경우에 그 잔존부분만으로 임차의 목적을 달성할 수 없는 때에는 임차인은 계약을 해지할 수 있다. ②임대인은 임차인이 3기의 차임액에 달하도록 차임을 연체하거나, 제3조 제1항을 위반한 경우 계약을 해지할 수 있다.

제7조(계약의 종료와 권리금회수기회 보호) ①계약이 종료된 경우에 위 부동산을 원상회복하여 임대인에게 반환하고, 이와 동시에 임대인은 보증금을 임차인에게 반환하여야 한다. ②임대인은 임대차기간이 끝나기 3개월 전부터 임대차 종료 시까지 「상가건물임대차보호법」 제10조의4 제1항 각 호의 어느 하나에 해당하는 행위를 함으로써 권리금 계약에 따라 임차인이 주선한 신규임차인이 되려는 자로부터 권리금을 지급받는 것을

방해하여서는 아니 된다. 다만, 「상가건물임대차보호법」 제10조제1항 각 호의 어느 하나에 해당하는 사유가 있는 경우에는 그러하지 아니하다. ③임대인이 제2항을 위반하여 임차인에게 손해를 발생하게 한 때에는 그 손해를 배상할 책임이 있다. 이 경우 그 손해배상액은 신규임차인이 임차인에게 지급하기로 한 권리금과 임대차 종료 당시의 권리금 중 낮은 금액을 넘지 못한다. ④임차인은 임대인에게 신규임차인이 되려는 자의 보증금 및 차임을 지급할 자력 또는 그 밖에 임차인으로서의 의무를 이행할 의사 및 능력에 관하여 자신이 알고 있는 정보를 제공하여야 한다.

제8조(재건축 등 계획과 갱신거절) 임대인이 계약 체결 당시 공사시기 및 소요기간 등을 포함한 철거 또는 재건축 계획을 임차인에게 구체적으로 고지하고 그 계획에 따르는 경우, 임대인은 임차인이 상가건물임대차보호법 제10조 제1항 제7호에 따라 계약갱신을 요구하더라도 계약갱신의 요구를 거절할 수 있다.

제9조(비용의 정산) ①임차인은 계약이 종료된 경우 공과금과 관리비를 정산하여야 한다. ②임차인은 이미 납부한 관리비 중 장기수선충당금을 소유자에게 반환 청구할 수 있다. 다만, 임차 상가건물에 관한 장기수선충당금을 정산하는 주체가 소유자가 아닌 경우에는 그 자에게 청구할 수 있다.

제10조(중개보수 등) 중개보수는 거래 가액의 ○○% 인 ○○○○○○원(부가세 포함 또는 불포함)으로 임대인과 임차인이 각각 부담한다. 다만, 개업공인중개사의 고의 또는 과실로 인하여 중개의뢰인간의 거래행위가 무효·취소 또는 해제된 경우에는 그러하지 아니하다.

제11조(중개대상물 확인·설명서 교부) 개업공인중개사는 중개대상물 확인·설명서를 작성하고 업무보증관계증서(공제증서 등) 사본을 첨부하여 임대인과 임차인에게 각각 교부한다.

[특약사항]
1. 전기료, 수도료, 도시가스료 등 공과금은 월세와 별도로 임차인이 부담한다.
2. 관리비 20만 원은 별도로 임차인이 부담한다.

본 계약을 증명하기 위하여 계약 당사자가 이의 없음을 확인하고 각각 서명·날인 후 임대인, 임차인, 개업공인중개사는 매 장미다 간인하여, 각각 1동씩 보관한다. 2022년 1월 31일

임대인	주 소	전북 남원시 동충동 ○○○번지					
	주민등록번호 (법인등록번호)	601010-2222222	전 화	010-0000-0000	성 명 (회사명)	변학도	㊞
	대 리 인	주소		주민등록번호		성 명	
임차인	주 소	경기도 용인시 기흥구 동백중앙로 ○○○, ○○○호					
	주민등록번호 (법인등록번호)	000000-0000000	전 화	031-0000-0000	성 명 (회사명)	주식회사 지성	㊞
	대 리 인	주소		주민등록번호		성 명	
공인중개사	사무소소재지	경기도 용인시 기흥구 동백중앙로 ○○-○					
	사무소명칭	잇콘공인중개사	대 표	서명 및 날인			㊞
	등 록 번 호	000-00-00000	전 화	070-000-0000			
	소속공인중개사	서명 및 날인					㊞

전대동의서

임대인	성 명	변학도
	주민등록번호	601010-2222222
	주 소	전북 남원시 동충동 ○○○번지
임차인 (전대인)	성 명	성춘향
	주민등록번호	700101-1234567
	주 소	서울시 서초구 강남대로 ○○○, ○○○호

상기 임대인은 임차인이 아래와 같이 해당 부동산을 전대함에 동의합니다.

- 아 래 -

[전대부동산의 표시]
    소재지 : 경기도 용인시 기흥구 동백중앙로 ○○○, ○○○호
    전대할 부분 : 일부

[전대인]　1) 성명 : 성춘향
        2) 주민번호 : 700101-1234567
        3) 주소 : 서울시 서초구 강남대로 ○○○, ○○○호

[전차인]　1) 법인명 : 주식회사지성
        2) 사업자등록번호 : 000000-000000
        3) 사업장 주소 : 경기도 용인시 기흥구 동백중앙로 ○○○, ○○○호

작성일 2022년 1월 31일

임대인　변 학 도　(인)

주주명부

주주명	주민등록번호	주식의 종류	소유주식수
성춘향	700101-1234567	보통주식	6,000주
이몽룡	681231-9876543	보통주식	4,000주

총주식수 : 보통주식 10,000주

1주의 금액 : 금 1,000원

위 주주명부는 본사에 비치된 주주명부와 대조하여 틀림이 없음을 증명합니다.

20○○년 ○월 ○○일

주식회사지성
(주소 : 경기도 용인시 기흥구 동백중앙로 ○○○, ○○○호)

대표이사 성 춘 향   (법인인감)

주식회사 지성 제2기 정기주주총회 의사록

◆ 일   시 : 2022년 7월 2일(토요일) 오후 3시
◆ 장   소 : 경기도 용인시 기흥구 동백중앙로 ○○○, ○○○호 본사 회의실
◆ 출석주주현황 : 총 2명 중 2명 출석
　　　　　　　　 의결권 있는 총발행주식 10,000주 중 참석주식수 10,000주

주식회사 지성(이하 "본 회사"라 한다)의 대표이사 성춘향은 정관규정에 따라 의장석에 등단하여 위와 같이 법정수에 달하는 주주가 참석하였으므로 본 총회가 적법하게 성립되었음을 알리고 개회를 선언한 후, 다음 의안을 부의하고 심의를 구하다.

제1호 의안 : 제1기 재무제표 승인의 건
의장은 제1호 의안을 상정하면서 당기의 영업상황에 대하여 보고·설명한 한 후 참석주주의 의견을 물은 바, 주주 3명 중 3명의 찬성으로 가결되다.

제2호 의안 : 현금 배당금 결의의 건
의장은 제2호 의안을 상정하면서 정관 제○○조에 의거 기명식 보통주 1,000,000원(주당 100원)의 이익배당을 현금으로 배당하고자 함을 설명한 후 참석주주의 의견을 물은 바, 주주 3명 중 3명의 찬성으로 가결되다.

제3호 의안 : 당해 사업연도 사업계획 승인의 건
의장은 제3호 의안을 상정하면서 정관 제○○조에 의거 당해 사업연도 사업계획을 설명한 후 참석주주의 의견을 물은 바, 주주 3명 중 3명의 찬성으로 가결되다.

이상으로 의안 전부의 심의를 종료하였으므로 의장은 폐회를 선언하다.(총회 종료시간 4시 30분)

위 의사의 경과요령과 및 결과를 명확히 하기 위하여 본 의사록을 작성하고 의장 및 출석이사가 서명 또는 기명날인하다.

2022년 7월 2일
주식회사지성 제2기 정기주주총회

의장 대표이사   성 춘 향 (인)
이   사   이 몽 룡 (인)

주식회사 지성 임시주주총회 의사록

◆ 일 시 : 2022년 3월 13일(일요일) 오후 3시
◆ 장 소 : 경기도 용인시 기흥구 동백중앙로 ○○○, ○○○호 본사 회의실
◆ 출석주주현황 : 총 2명 중 2명 출석
　　　　　　　　의결권 있는 총발행주식 10,000주 중 참석주식수 10,000주

주식회사 지성(이하 "본 회사"라 한다)의 대표이사 성춘향은 정관규정에 따라 의장석에 등단하여 위와 같이 법정 수에 달하는 주주가 참석하였으므로 본 총회가 적법하게 성립되었음을 알리고 개회를 선언한 후, 다음 의안을 부의하고 심의를 구하다.

제1호 의안 : 정관 일부 변경의 건
의장은 제1호 의안을 상정하면서 본 회사의 영업 및 경영상 형편에 의해 회사의 목적에 관한 정관규정 중 제2조를 삭제하고 다음과 같이 변경할 필요가 있음을 설명한 후 가부를 물은 바, 주주 2명 중 2명의 찬성으로 가결되다.

제2조(목적) 당 회사는 다음 사업을 경영함을 목적으로 한다.
　　　1) 부동산의 매매 및 임대
　　　2) 부동산 건축 및 개발
　　　3) 건축물의 내·외부 수리 및 인테리어

제2호 의안 : 감사 해임의 건
의장은 제2호 의안을 상정하면서 본 회사의 감사 박월매가 사임서를 제출함에 따라 그에 대한 이의 여부를 물은 바, 주주 2명 중 2명이 사임에 동의하다.

이상으로 의안 전부의 심의를 종료하였으므로 의장은 폐회를 선언하다.(총회 종료시간 4시 30분)

위 의사의 경과요령과 및 결과를 명확히 하기 위하여 본 의사록을 작성하고 의장 및 출석이사가 서명 또는 기명날인하다.

2022년 3월 13일
주식회사지성 임시주주총회

의장 대표이사　성 춘 향　(인)
이　　사　이 몽 룡　(인)

주식회사 지성 이사회 의사록

◆ 일 시 : 2022년 1월 31일(월요일) 오후 3시
◆ 장 소 : 경기도 용인시 기흥구 동백중앙로 ○○○, 본사 회의실
◆ 출석이사현황 : 이사 총수 2명 중 2명 출석
            감사 총수 1명 중 1명 출석

주식회사 지성(이하 "본 회사"라 한다)의 이사회 의장 성춘향은 정관규정에 따라 의장석에 등단하여 위와 같이 법정수에 달하는 이사가 참석하였으므로 본 이사회가 적법하게 성립되었음을 알리고 개회를 선언한 후, 다음 의안을 부의하고 심의를 구하다.

의 안 : 대표이사 연임의 건

대표이사 성춘향의 임기가 2022년 2월 2일 만료됨에 따라 이에 대한 연임 여부를 물은 바, 이사 전원의 찬성으로 연임이 가결되다.

연임이 결정된 대표이사는 즉석에서 연임을 승낙하다.

이상으로 의안 전부의 심의를 종료하였으므로 의장은 폐회를 선언하다.(이사회 종료시간 오후 4시 30분)

위 의사의 경과요령과 및 결과를 명확히 하기 위하여 본 의사록을 작성하고 의장 및 출석이사가 서명 또는 기명날인하다.

2022년 1월 31일
주식회사지성 이사회

의장 대표이사 성 춘 향 (인)
이   사 이 몽 룡 (인)
감   사 박 월 매 (인)

근로계약서 (연봉직)

주식회사 지성(이하 "갑"이라 한다)과 근로자 오향단(이하 "을"이라 한다)은 상호합의하에 아래 사항에 대하여 성실히 준수할 것을 서약하며 본 근로계약을 체결한다.

1. 근로조건
   (가) 출퇴근시간 : 08:00 ~ 18:00 (주 5일 근무)
   (나) 임금 :
      1) 연 봉 : ① 연봉액 : 12,000,000 원
                ② 기본월급 : 연봉액/12개월 = 1,000,000 원
                ③ 기본월급에는 근로기준법상 연장근로수당, 휴일근로수당 및 월차수당, 생리휴가수당 포함
      2) 퇴직금 : 본인의 의사에 따라 계약체결(갱신) 후 1년마다 1개월분의 임금을 퇴직금으로 지급한다.

2. 취업장소 : 본사 본점 및 사업현장
3. 취업직종 : 부동산 매매 및 임대와 관련한 제반업무
4. 근로계약기간 : 2022년 2월 3일 ~ 2023년 2월 2일 (1년간)

5. 계약해지 사유
   ① 업무를 태만히 하거나 업무수행능력이 부족한 때
   ② 규정 또는 정당한 업무명령을 위반한 때
   ③ 정당한 이유 없이 무단결근 5일 이상 또는 월간 7일 이상 결근한 때
   ④ 도박, 음주, 폭행, 파괴, 풍기문란 등으로 직장규율을 위반하였을 때
   ⑤ 취업 장소 및 취업직종에 대하여 불복할 경우

6. 계약의 연장 : "갑"과 "을"은 계약만료 1개월 전에 재계약하되, 재계약 시점이 도래하기 1개월 전까지 상대방에게 별도의 의사표시가 없을 경우 본 근로계약 조건과 동일하게 1년간 자동연장된 것으로 본다.

7. 본 계약서에 명시되지 않은 사항은 취업규칙 및 근로기준법의 관련조항을 준용한다.

2022년 2월 3일

"갑" 사용자   주식회사잇콘 대표 **성 춘 향** (인)
              (사업자등록번호 : 000000-000000)
              (사업장 주소 : 경기도 용인시 기흥구 동백중앙로 ○○○, ○○○호)

"을" 근로자   **오 향 단** (인)
              (주민등록번호 : 820303 - 1234567)
              (주 소 : 전라북도 남원시 양림길 ○○-○)

일용직 근로계약서

1. 당사자

사용자 (갑)	사업체명	주식회사지성		
	대표자성명	성춘향	사업종류	부동산매매임대업
	소 재 지	경기도 용인시 기흥구 동백중앙로 ○○○, ○○○호		
근로자 (을)	성 명	김방자	주민등록번호	801010 - 9876543
	주 소	경상북도 봉화군 물야면 계서당길 ○○-○		

2. 근로조건

(1) 직 종 : 내부 인테리어 및 설비

(2) 급여의 형태 : 일급 135,000원 (1일 8시간 기준)

(3) 급여의 계산 및 지급 방법 : 급여는 원칙으로 매월 1일부터 말일까지 계산하여 익월 20일에 현금 또는 수취 계좌번호에 입금하는 방법으로 지급한다. 1일 8시간 또는 월 소정근로시간을 근로하지 않은 경우에도 위와 같이 지급하되 일할 또는 월할 계산하여 지급한다.

3. 근로기간 : 2022년 2월 3일부터 2022년 2월 2일까지

당 근로계약에 의해 근무하는 근로자는 위 근로계약기간이 종료되면 별도의 조치 없이 근로관계가 종료된 것으로 본다. 다만 위 기간 이후에도 계속 근로하고자 하는 경우 "을"은 "갑"의 동의를 얻어 새로이 근로계약을 체결하여야 한다.

4. 기타 근로조건

기타 본 근로계약서에 기재되지 않은 사항은 당사 사규 또는 법령 및 관례에 의한다.

2022년 2월 3일

"갑" 사용자   성 춘 향   (인)

"을" 근로자   김 방 자   (인)

업무지시서

(문서번호 : 2022-0001)

결재	작성자	검토자 (대상자)	승인자 (지시자)

지시자	성명	성 춘 향	부서		직위	대표
대상자	성명	오 향 단	부서	조사팀		
참조부서			지시일	2022년 3월 6일		
업 무	투자 대상 물건에 대한 현장조사 건					

해당 업무와 관련하여 대상자에 대해 다음과 같이 업무를 지시합니다.

- 다 음 -

1. 업무내용
   1) 남원시에 위치한 투자 대상 물건에 대한 현장조사 (경매사건번호 2020타경00000)
   2) 대상 물건의 상태 및 주변 환경, 시세 등 조사

2. 기한
   1) 해당 물건 입찰일 전까지

3. 기타사항
   1) 별도의 보고서 작성 없이 지시자에게 즉시 결과를 구두 보고할 것

주식회사지성

	지출결의서 (문서번호 : 2022-0002)	결재	작성자	검토자	승인자

금 액	일금 __일십만팔천__ 원정 (₩108,000)				
발 의	발의일	2022년 3월 2일	발의자	오향단	처리	완결
결 제	결제일	2022년 3월 3일	결제자	성춘향		
지 출	지출일	2022년 3월 10일	담당자	성춘향		
계정과목	업무추진비 (현장조사를 위한 출장의 건)				

지 출 내 용			
No.	적 요	금 액	비 고
1	유류대	50,000	
2	식대	30,000	
3	고속도로통행료	23,000	
4	접대비	5,000	중개소장 면담
5			
6			
7			
8			
9			
10			
합 계		108,000 원	

※ 벌첨 : 지출증빙자료

위 금액의 지출을 결의하오니 결재바랍니다.
2022년 3월 2일

작성자   오 향 단

[지출증빙 부착란]

가지급금 신청서 (문서번호 : 2022-0003)	결재	작성자	검토자	승인자

금 액	일금 __삼천오백만__ 원정 (₩35,000,000)
계정과목	가지급금
정산예정일	2022년 4월 2일
사용목적	투자용 부동산 계약금
산출근거	경기도 부천시 원미구 ○○아파트 매입 계약금 (총 매입가격 350,000,000원 중)
첨부	매매계약서 사본

위와 같이 회계규정시행규칙 제○조에 의거하여 가지급금을 신청합니다.

2022년 3월 2일

신청인 소 속 : 대표이사
        직 급 : 대표이사
        성 명 : 성 춘 향   (인)

부동산매매 계약서

매도인(임꺽정)과 매수인(주식회사 지성)은 아래와 같이 매매 계약을 체결한다.

[부동산의 표시]

소 재 지	인천시 남동구 정각로 ○○ 201호					
토 지	지목	대	대지권	286분의 32	면적	30 ㎡
건 물	구조	철근콘크리트조	용도	주거용	면적	52 ㎡

[계약내용]
제1조(목적) 위 부동산의 매매에 대하여 매도인과 매수인은 합의에 의하여 매매대금을 아래와 같이 지불하기로 한다.

매매대금	금	일억오천만 원정 (₩ 150,000,000) (부가가치세 포함 또는 불포함)				
계 약 금	금	일천오백만 원정 (₩ 15,000,000) 은 계약시에 지급하고 수령함. 수령인 (임꺽정 (인))				
중 도 금	금	오천만 원정 (₩ 50,000,000) 은	2022 년	2 월	13 일에 지급하며	
	금	원정 (₩) 은	년	월	일에 지급하며	
잔 금	금	팔천오백만 원정 (₩ 85,000,000) 은	2022 년	2 월	28 일에 지급한다.	

제2조(소유권이전 등) 매도인은 매매대금의 잔금 수령과 동시에 매수인에게 소유권이전등기에 필요한 모든 서류를 교부하고 등기 절차에 협력하며, 위 부동산의 인도일은 잔금일인 2022년 2월 28일로 한다.

제3조(제한물권 등의 소멸) 매도인은 위 부동산에 설정된 저당권, 지상권, 임차권 등 소유권의 행사를 제한하는 사유가 있거나 제세공과금 기타 부담금의 미납 등이 있을 때에는 잔금수수일까지 그 권리의 하자 및 부담 등을 제거하여 완전한 소유권을 매수인에게 이전한다. 다만, 승계하기로 합의하는 권리 및 금액은 그러하지 아니하다.

제4조(지방세 등) 위 부동산에 관하여 발생한 수익의 귀속과 제세공과금 등의 부담은 위 부동산의 인도일을 기준으로 하되, 지방세의 납부의무 및 납부책임은 지방세법의 규정에 의한다.

제5조(계약의 해제) 매수인이 매도인에게 중도금(중도금이 없을 때에는 잔금)을 지불하기 전까지 매도인은 계약금의 배액을 상환하고, 매수인은 계약금을 포기하고 본 계약을 해제할 수 있다.

제6조(채무불이행과 손해배상) 매도인 또는 매수자가 본 계약상의 내용에 대하여 불이행이 있을 경우 그 상대방은 불이행한 자에 대하여 서면으로 최고하고 계약을 해제할 수 있다. 그리고 계약 당사자는 계약해제에 따른 손해배상을 각각 상대방에게 청구할 수 있으며, 손해배상에 대하여 별도의 약정이 없는 한 계약금을 손해배상의 기준으로 본다.

제7조(중개수수료) 매도인 또는 매수인이 본 계약 이외의 업무를 의뢰한 경우 이에 관한 보수는 중개수수료와는 별도로 지급하며 그 금액은 합의에 의한다.

제8조(중개대상물 확인·설명서 교부) 개업공인중개사는 중개대상물 확인·설명서를 작성하고 업무보증관계증서(공제증서 등) 사본을 첨부하여 임대인과 임차인에게 각각 교부한다.

[특약사항]
1. 현 시설 상태의 계약이며, 등기사항전부증명서 확인함.
2. 잔금일 이전까지 발생한 관리비, 공과금 등은 매도인이 부담하며 잔금일 기준으로 정산함.
3. 매도인은 현재 부동산에 포함된 부합물 및 종물을 그대로 보존하여 매수인에게 양도함.
4. 잔금일 이전에 위 부동산에 남아있던 건축법 등 기타 법령위반 사유로 인해 매수인이 이행강제금 또는 벌금을 내게 되거나, 그 외 재산의 손해(원상회복비용 등)를 입은 경우 매도인은 매수인에게 이를 배상함.
5. 잔금일로부터 6개월 이내에 위 부동산에서 중대한 하자가 발견될 경우 매도인은 매수인에게 이를 배상함.
6. 매수인 명의는 잔금일 이전까지 특정한 자의 명의로 바뀔 수 있음.

본 계약을 증명하기 위하여 계약 당사자가 이의 없음을 확인하고 각각 서명·날인 후 매도인, 매수인, 개업공인중개사는 매 장마다 간인하여, 각각 1통씩 보관한다. 2022년 1월 31일

매도인	주 소	인천시 남동구 정각로 ○○ 201호					
	주민등록번호	601212-9876543	전 화	010-1111-2222	성 명	임꺽정	인
	대 리 인	주소		주민등록번호		성 명	
매수인	주 소	경기도 용인시 기흥구 동백중앙로 ○○○, ○○○호					
	법인등록번호	000000-0000000	전 화	031-000-0000	회사명	주식회사지성	인
	대 리 인	주소	경북 봉화군 계서당길 ○○	주민등록번호	750101-1234567	성 명	이몽룡
공인중개사	사무소소재지	경기도 용인시 기흥구 동백중앙로 ○○-○					
	사무소명칭	잇콘공인중개사	대 표	서명 및 날인			인
	등 록 번 호	000-00-00000	전 화	070-000-0000			
	소속공인중개사	서명 및 날인					인

주택임대차(월세) 계약서

임대인(주식회사 지성)과 임차인(홍길동)은 아래와 같이 임대차 계약을 체결한다.

[부동산의 표시]

소 재 지	인천시 남동구 정각로 ○○ 201호					
토 지	지목	대	대지권	286분의 32	면적	30 ㎡
건 물	구조	철근콘크리트조	용도	주거용	면적	52 ㎡
임차할 부분	201호 전부					

[계약내용]
제1조(보증금과 차임) 위 부동산의 임대차에 한하여 임대인과 임차인은 합의에 의하여 임차보증금 및 월세를 아래와 같이 지불하기로 한다.

보 증 금	금 이천만 원정 (₩ 20,000,000)
계 약 금	금 이백만 원정 (₩ 2,000,000) 은 계약시에 지급하고 수령함. 수령인 (이몽룡 (인))
중 도 금	금 원정 (₩) 은 년 월 일에 지급하며
잔 금	금 일천팔백만 원정 (₩ 18,000,000) 은 2022 년 2 월 13 일에 지급한다.
차임(월세)	금 삼십만 원정 (₩ 300,000)은 매월 13 일에 선불로 지급한다. (부가세 포함 또는 불포함) 입금계좌 : ABC은행 123-4567-89-10 / 예금주 주식회사지성

제2조(존속기간) 임대인은 위 부동산을 임대차 목적대로 사용 수익할 수 있는 상태로 하여 2022년 2월 13일 까지 임차인에게 인도하며, 임대차 기간은 인도일로부터 2024년 2월 12일(24개월) 로 한다.

제3조(용도변경 및 전대 등) 임차인은 임대인의 동의 없이 위 부동산의 용도나 구조를 변경하거나 전대, 임차권 양도 또는 담보제공을 하지 못하며 임대치 목적 이외의 용도로 사용할 수 없다.

제4조(계약의 해지) 임차인의 차임연체액이 2기의 차임액에 달하거나 제3조를 위반하였을 때 임대인은 즉시 본 계약을 해지할 수 있다.

제5조(계약의 종료) 임대차계약이 종료된 경우에 임차인은 위 부동산을 원상으로 회복하여 임대인에게 반환한다. 이러한 경우 임대인은 보증금을 임차인에게 반환하고, 연체임대료 또는 손해배상금이 있을 때는 이들을 제하고 그 잔액을 반환한다.

제6조(계약의 해제) 임차인이 임대인에게 중도금(중도금이 없을 때는 잔금)을 지불하기 전까지, 임대인은 계약금의 배액을 상환하고, 임차인은 계약금을 포기하고 이 계약을 해제할 수 있다.

제7조(채무불이행과 손해배상) 임대인 또는 임차인이 본 계약상의 내용에 대하여 불이행이 있을 경우 그 상대방은 불이행한 자에 대하여 서면으로 최고하고 계약을 해제할 수 있다. 그리고 계약 당사자는 계약해제에 따른 손해배상을 각각 상대방에 대하여 청구할 수 있으며, 손해배상에 대하여 별도의 약정이 없는 한 계약금을 손해배상의 기준으로 본다.

제8조(중개보수 등) 중개보수는 거래 가액의 ○○% 인 ○○○○○○원(부가세 포함 또는 불포함)으로 임대인과 임

차인이 각각 부담한다. 다만, 개업공인중개사의 고의 또는 과실로 인하여 중개의뢰인간의 거래행위가 무효·취소 또는 해제된 경우에는 그러하지 아니하다.

제9조(중개대상물 확인·설명서 교부) 개업공인중개사는 중개대상물 확인·설명서를 작성하고 업무보증관계증서(공제증서 등) 사본을 첨부하여 임대인과 임차인에게 각각 교부한다.

[특약사항]
1. 현 시설 상태의 계약이며, 등기사항전부증명서 확인함.
2. ○○은행 근저당 채권최고액 ○○○○원 설정된 상태임.
3. 임대인은 잔금일 이전에 도배장판을 교체하기로 함.
4. 월세와 별도로 관리비, 공과금 등은 임차인이 부담하며 잔금일 기준으로 정산함.
5. 임차인은 쓰레기 배출, 주차, 기타 여러 문제와 관련하여 입주자들의 자치규정에 따르며 이를 어김으로 인해 발생하는 불이익은 임차인이 책임지기로 함.
6. 각종 소모품 교체로 인한 비용은 임차인이 부담함.

본 계약을 증명하기 위하여 계약 당사자가 이의 없음을 확인하고 각각 서명·날인 후 임대인, 임차인, 개업공인중개사는 매 장마다 간인하여, 각각 1통씩 보관한다.

2022년 2월 3일

임대인	주 소	경기도 용인시 기흥구 동백중앙로 ○○○, ○○○호					
	법인등록번호	000000-0000000	전 화	031-000-0000	회사명	주식회사지성	㊞
	대 리 인	주소	경북 봉화군 계서당길 ○○	주민등록번호	750101-1234567	성 명	이몽룡
임차인	주 소	전남 장성군 황룡면 아곡리 ○○○					
	주민등록번호	000000-0000000	전 화	010-0000-0000	성 명	홍길동	㊞
	대 리 인	주소		주민등록번호		성 명	
공인중개사	사무소소재지	경기도 용인시 기흥구 동백중앙로 ○○-○					
	사무소명칭	잇콘공인중개사	대 표	서명 및 날인			㊞
	등 록 번 호	000-00-00000	전 화	070-000-0000			
	소속공인중개사	서명 및 날인					㊞